Die österreichischen Einflüsse auf die Mordernisierung
des japanischen Rechts

Rechts- und SozialWissenschaftliche Reihe

Herausgegeben von Wilhelm Brauneder

Band 33

PETER LANG
Frankfurt am Main · Berlin · Bern · Bruxelles · New York · Oxford · Wien

Wilhelm Brauneder/Kazuhiro Takii
(Hrsg.)

Die österreichischen Einflüsse auf die Modernisierung des japanischen Rechts

Österreichisch-Japanische Rechtsbeziehungen III

PETER LANG
Europäischer Verlag der Wissenschaften

Bibliografische Information der Deutschen Nationalbibliothek
Die Deutsche Nationalbibliothek verzeichnet diese Publikation in der Deutschen Nationalbibliografie; detaillierte bibliografische Daten sind im Internet über <http://www.d-nb.de> abrufbar.

ISSN 0938-7277
ISBN-10: 3-631-54918-0
ISBN-13: 978-3-631-54918-6

www.peterlang.de

Inhaltsverzeichnis

Vorwort

Dieser Band geht zurück auf die am 20. und 21. März 2003 im Parlamentsgebäude zu Wien sowie an der Rechtswissenschaftlichen Fakultät der Universität Wien (Juridicum) abgehaltene Tagung „Die österreichischen Einflüsse auf die Modernisierung des japanischen Rechts". Die dort gehaltenen Referate über mehrere große Rechts- und Staatsdenker Österreichs sowie über ihre Einflüsse auf Japan wurden intensiv diskutiert und liegen, in der zum Teil davon beeinflussten Fassung, hiermit vor.

Von der letzten Hälfte des 19. Jahrhunderts bis zur ersten Hälfte des 20. Jahrhunderts wurden in Österreich viele wissenschaftliche Leistungen nicht nur in Naturwissenschaften, Medizin, Philosophie oder Ökonomie, sondern auch im Bereich der Rechtswissenschaft vollbracht. Diese juristischen Theorien, in denen sich komplizierte Wirklichkeiten der Vielvölker-Gesellschaft der Habsburger-Monarchie mehr oder weniger widerspiegeln, haben erstaunlicherweise stets großes Interesse bei Politikern und Juristen des damals noch wenig bedeutenden und neu in der Welt auftauchenden Landes in Ostasien erweckt. Es wäre uns eine Freude, wenn die Beiträge in diesem Band einen weiteren Aspekt zur Forschung der Geschichte der österreichischen Rechtswissenschaft beisteuern und ein Interesse an diesen besonderen transnationalen Rechtsbeziehungen fördern könnten.

Die Herausgeber danken vor allem der Japan-Foundation für die finanzielle Unterstützung, mit der die Ausrichtung der Tagung ermöglicht wurde, sowie dem Ludwig-Boltzmann Institut für vergleichende Rechtssystemforschung und dem Institut für Rechts- und Verfassungsgeschichte der Universität Wien, die diese Tagung organisierten. Dem Präsidenten des Nationalrates, Herrn Univ.-Prof. Dr. Andreas Kohl, und dem Dekan der Rechtswissenschaftlichen Fakultät der Universität Wien, Herrn o.Univ.-Prof. Dr. Dr.h.c. Walter Rechberger, danken wir für ihre Gastfreundschaft, dem kaiserlich-japanischen Botschafter, Sr. Exzellenz Hiroshi Hashimoto für sein wohlwollendes Interesse. Das Informations- und Kulturzentrum der japanischen Botschaft in Österreich hat dankenswerterweise unsere Projekte unterstützt und viele Hilfen geleistet. Allen von ihnen gilt ein herzlicher Dank.

Schließlich ist speziell Frau Mag. Alba Caprioli für ihre großen Bemühungen bei der Betreuung der Manuskripte zu danken.

Kazuhiro Takii　　　　Wilhelm Brauneder

Kobe und Wien im Frühjahr 2006

Teil I

Verfassungsstaat

Makoto Ohishi, Kyoto

Johann Freiherr von Chlumecky und die Entstehung des japanischen Parlamentarismus

I. Vorwort

Jeder, der an die neuzeitlichen juristischen Beziehungen zwischen Österreich und Japan denkt, assoziiert diese sogleich mit der Einflussnahme des Wiener Professors für politische Ökonomie und Staatswissenschaft Lorenz von Stein (1815–1890) auf die Verfassungskodifikation. Meines Erachtens trug jedoch der damalige Vizepräsident des Abgeordnetenhauses, Johann Freiherr von Chlumecky (1834–1924), genauso viel zu diesen Beziehungen bei.

Tatsächlich ist Chlumecky in der als autoritär bekannten, offiziellen kaiserlichen Chronik „Meiji-Tenno-Ki" (Die Ära des Kaiser Meiji) namentlich erwähnt und sein Beitrag gepriesen: „Dem Vizepräsidenten des österreichischen Abgeordnetenhauses, Johann Freiherr von Chlumecky, wurden der Verdienstorden erster Klasse sowie der große Kordon der aufgehenden Sonne verliehen und vom Sekretär des Senatsrats, Nobuyoshi Kaieda (1832–1906), der zur Zeit in Europa die Verfassung beziehungsweise das parlamentarische System studierte, anlässlich seines Österreich-Besuches überreicht. Seine Majestät sprach für diese Mühewaltung ein Lob aus"[1].

Die Verdienste Chlumeckys um die Verfassung beziehungsweise um das parlamentarische System in Japan sollen hier in concreto dokumentiert und seine Bedeutung in der Entstehungsperiode der Meiji-Verfassung untersucht werden. Chlumecky war lange Zeit in Vergessenheit geraten, bevor seine Beiträge im Zuge meiner Forschung an der Verfassungsgeschichte Japans wieder das ihnen ge-

1 *Die Imperial Household Agency* (Hrsg), Meiji-Tenno-Ki, Bd 7, Tokyo, 1971, 271f.

bührende Licht erblickten. Wie ich annehme, wurde mir aus diesem Grund für unser Symposium dieses Thema zugeteilt[2].

Der folgenden Betrachtung liegt mein im Zuge des am 20. und 21. März im österreichischen Parlament sowie an der Rechtswissenschaftlichen Fakultät der Universität Wien stattgefundenen österreichisch-japanischen Symposiums gehaltenes Referat zugrunde. Hier sind dem ursprünglichen Manuskript notwendige Ergänzungen und Fußnoten hinzugefügt. Anlässlich des Symposiums ließ mir der große Chlumecky-Kenner Dipl-Ing Martin Pollner nicht nur mehrere wichtige Hinweise, sondern auch ein Porträt des jungen Chlumeckys sowie eine Kopie des Wappens seiner Familie zukommen. Wilhelm Brauneder (Universität Wien) hat mir im Gebäude des Parlaments insbesondere das Porträt Chlumeckys ausführlich und nützlich erläutert. Diesen beiden Herren bin ich zu herzlichem Dank verpflichtet.

II. Zielsetzung des modernen Japan in der Verfassungskodifikation

A. Schaffung einer konstitutionellen Monarchie nach deutschem Vorbild

Die größte verfassungsgeschichtliche Aufgabe des neuen Japan, das 1867 durch die Restauration der kaiserlichen Macht entstanden war, war es, die Voraussetzungen für einen modernen Staat nach europäischem Vorbild zu schaffen und eine konstitutionelle Monarchie aufzubauen. Zu diesem Zweck war es notwendig erstens eine Machtkonzentration am und um den Kaiser zu bilden und zweitens als wiedervereinter Staat die Wiederherstellung der vollkommenen Souveränität zu erreichen, welche durch die ungleichen Verträge mit den westlichen Großmächten beeinträchtigt war. Gleichzeitig war man aber auch drittens bemüht, einen westlichen Konstitutionalismus samt den dazugehörigen Ideen wie Gewährleistung der Rechte, Gewaltenteilung und politischer Verantwortlichkeit einzuführen[3].

Im Zuge der Einführung dieses Konstitutionalismus gab es in der Regierung Meiji eine heftige Auseinandersetzung bezüglich der Auswahl des „Modellstaa-

---

2 Vgl *M. Ohishi*, Giin-Jiritsuken no Kouzou (Die Struktur der Parlamentsautonomie), Tokyo, 1988, 231ff; *ders*, Giinho-Seiteishi no Kenkyu (Studie zur Kodifikationsgeschichte des Parlamentsgesetzes), Tokyo, 1990, 107ff; *ders*, Nihon Kenposhi no Shyuhen (Das Umfeld der japanischen Verfassungsgeschichte), Tokyo, 1995, 172ff.

3 Über die allgemeine Darstellung der Entstehung der Meiji-Verfassung, *M. Inada*, Meiji Kenpo Seiritsushi (Die Entstehungsgeschichte der Meiji-Verfassung), 2 Bde, Tokyo, 1960 u 1962.

tes"[4] für das kommende konstitutionelle System Japans, nämlich ob man den englisch-französischen Konstitutionalismus aufnehmen oder aber der preußischen Theorie folgen sollte. (Mit dem „französischen Konstitutionalismus" ist hier freilich nicht die Dritte Republik, sondern die konstitutionelle Monarchie im Sinne der Juli-Monarchie unter der Verfassung vom 14. August 1830 gemeint.)

Im Oktober 1881 wurde jedoch durch die dramatische Änderung der politischen Lage (den Staatsstreich von 1881) das englisch-französische Konzept einer parlamentarischen Regierung, das von den Radikal-Progressiven unter der Führung des Oberstaatsrats Shigenobu Okuma (1832–1922) verfochten worden war, fallen gelassen, während der von den meisten Regierungsmitgliedern unterstützte moderate Reformplan nach preußischem Vorbild offiziell als Richtlinie der Verfassungsgebung anerkannt wurde[5].

Daraufhin besuchte eine Delegation unter der Leitung des führenden Staatsrats, Hirobumi Ito (1841–1909), Preußen und Österreich, um sich durch den Berliner Verfassungs- und Verwaltungsrechtler Rudolf von Gneist (1816–1895) und von Lorenz von Stein in Wien die Staats- und Verfassungslehre näher erläutern zu lassen. In Japan ist es allgemein bekannt, dass Ito von Lorenz von Stein so sehr angetan war, dass er versucht hatte, diesen nach Japan einzuladen[6].

Nach der Rückkehr von Ito und seiner Delegation im Sommer 1883 engagierte die japanische Regierung einige deutsche Rechtsberater, darunter den Schüler von Gneist Albert Mosse (1846–1925), und führte die innenpolitische Reform in Richtung Konstitutionalisierung fort, die aus dem Aufbau des Kabinettsystems beziehungsweise seiner Legislativabteilung (Ende 1885) sowie der Statuierung des „Kobunshiki" (der kaiserlichen Verordnung über Form und Erlassung von Gesetz und Verordnung) und der Schaffung der Amtsvorschriften für die jeweiligen Ministerien, der heutigen Staatsorganisationsgesetze, (Anfang 1886) bestand. Der inzwischen zum Premierminister ernannte Hirobumi Ito bestellte ein Dreier-Team für die Kodifikationsarbeit, Kowashi Inoue (1843–1895), Miyoji Ito (1857–1934), Kentaro Kaneko (1853–1942), und legte gegen Mai 1886 als Grundausrichtung der Verfassungsgebung fest, dass die Verfassung neben dem kaiserlichen Hausgesetz, welches unter anderem Thronfolge und sonstige kaiserliche Familienangelegenheiten regelte, abgesondert erfasst werden und

---

4 Über diesen Begriff, siehe: *S. Yamamuro*, Hoseikanryo no Jidai (Die Ära der legislativen Beamten), Tokyo, 1988, 3ff.

5 *M. Ohishi*, Nihon Kenposhi (Die Geschichte der japanischen Verfassung, 2. Aufl), Tokyo, 2005, 81ff.

6 *K. Takii*, Doitsu Kokkagaku to Meiji Kokusei (Die deutsche Staatswissenschaft und die Meiji-Staatsverfassung), Kyoto, 1999, 179ff.

nur die Umrisse des Staatssystems mit kompakten und klaren Worten darstellen sollte, um eine materiell dynamische Interpretation zuzulassen[7].

B. Normenstruktur des Meiji-Konstitutionalismus

Mit dem Wort „Meiji-Konstitutionalismus“ meint man jene konstitutionelle Monarchie rund um die erste Verfassung in Asien, deren Rechtsgrundlage sowohl in den Gesetzen des höchsten Ranges, nämlich der Verfassung und dem kaiserlichen Hausgesetz, als auch in den zum Verfassungsrecht erlassenen Begleitgesetzen, wie etwa Parlamentsgesetz, Unterhauswahlgesetz, Oberhausordnung und Haushaltsgesetz, zu finden war. Wie in Japan ziemlich bekannt, stammt die Idee, die Verfassung und ihre Begleitgesetze zur gleichen Zeit zu erlassen, grundsätzlich von Lorenz von Stein[8].

Das Wichtigste unter diesen Begleitgesetzen war das Parlamentsgesetz (Gesetz Nr 2, 1889), welches die für das Unterhaus (mit seinen aus dem Volk gewählten dreihundert Abgeordneten) und für das Oberhaus (mit seinen Mitgliedern aus kaiserlichen, adeligen beziehungsweise kaisertreuen Familienkreisen) gemeinsam geltenden Aktivitäten regelte. Denn die Auswirkung in der Übung des Konstitutionalismus hing vom Machtverhältnis zwischen der bürokratischen Regierung und dem demokratischen Parlament und vom Inhalt dieses Parlamentsgesetzes ab. Es war insofern problematisch, dass gerade dieses Parlamentsgesetz, welches das Machtverhältnis zwischen Regierung und Parlamentskammern bestimmen sollte, aufgrund der Verfassung noch vor der allerersten konstituierenden Parlamentssitzung erlassen wurde und somit den Rechtscharakter einer Regierungsverordnung besaß[9].

III. Entstehung der Meiji-Verfassung und ihre Begutachtung durch Chlumecky

A. Kodifikationsverfahren der Verfassung und des Parlamentsgesetzes

Naturgemäß waren die Reichsverfassung und das Parlamentsgesetz sehr stark miteinander verbunden und die Kodifikationsarbeiten verliefen simultan und

7 *Ohishi*, wie Fn 5, 113ff.

8 *K. Kojima*, Meiji Tenken Taisei no Seiritsu (Die Entstehung des Meiji Hausgesetz- u Verfassungssystems), Tokyo, 1988, 88; *M. Ohishi*, Giinho-Seiteishi, wie Fn 2, 45.

9 *Ohishi*, Giinho-Seiteishi, wie Fn 2, 305; *ders*, Kenposhi to Kenpokaisyaku (Verfassungsgeschichte und Verfassungsauslegung), Tokyo, 2000, 68ff.

parallel. Die drei Verfasser, der als legislativer Beamter hoch angesehene Chefbibliothekar des Hofministeriums Kowashi Inoue (1843–1895) sowie die beiden Sekretäre des Premierministers, Miyoji Ito (1857–1934) und Kentaro Kaneko (1853–1942), arbeiteten unter der Leitung von Premierminister Ito daran. Die federführende Rolle hatte Inoue inne, der neben der endgültigen Vorlage des Parlamentsgesetzes auch den ersten offiziellen Entwurf für die Verfassung darlegte (datiert mit 23. Mai 1887)[10].

Die gesetzliche Festlegung der parlamentarischen Geschäftsordnung war, konstitutionalistisch gesagt, mit dem Grundprinzip der Beachtung der parlamentarischen Unabhängigkeit eigentlich nicht vereinbar. Andererseits war die Intention der Regierung, die freie Geschäftsführung des Parlaments möglichst weit einzuschränken, nachvollziehbar, weil eine Unterordnung der Regierung unter die Volksvertretung für die „souveräne" Regierung prinzipiell inakzeptabel gewesen wäre.

Das war auch der eigentliche Grund dafür, die Geschäftsordnung in Gesetzesform zu erlassen, jedoch bezogen sich die Verfasser zur Rechtfertigung der Gesetzgebung auf die Tatsache, dass ein ähnliches Gesetz auch im damaligen Bayern und Österreich zu finden war. In Wirklichkeit war das österreichische Geschäftsordnungsgesetz nur ein kleines Rechtswerk von 18 Artikeln, das bloß regelte, welche Geschäfte der Zustimmung beider Häuser bedürfen, zB für beide Häuser relevante Angelegenheiten oder die Inaugurationszeremonie, wogegen jene japanische Vorlage dreimal so lang war (insgesamt 57 Artikel) und ihr Geltungsbereich so weit reichte, dass sie viele verschiedene Bereiche wie unter anderem Parlamentsorganisation, Kompetenz der Präsidenten, parlamentarische Sicherheitskräfte, parlamentarischer Haushalt und Ordnungsregeln im Sitzungssaal beinhaltete. In diesem Sinn ist ein großer Unterschied zwischen dem erwähnten europäischen und dem japanischen Gesetz hinsichtlich ihres Grundkonzeptes nicht zu übersehen.

Danach brachten die Verfasser eine Reihe von Revisionen mit zusätzlichen Regelungen ein: zuerst die sog Natsushima-Vorlage (insgesamt 89 Artikel) mit einem Reichsrat, der aus Ober- und Unterhaus bestehen sollte, die Oktober-Vorlage (insgesamt 82 Artikel) mit verschiedenen Rechten des Parlaments wie etwa Fragerecht an den Kaiser, Annahme von Volkspetitionen, Fragestellung an die Regierung, sowie dann die März-Vorlage (insgesamt 78 Artikel) vom darauf folgenden Frühling 1888 mit der finanzbezogenen Regelungen in einem Kapitel. Nun sah die Erstellung der Parlamentsordnung ihrer Endphase entgegen. Bemerkenswert ist aber die Tatsache, dass trotz mancher Änderungen das Recht, den Präsidenten durch das Unterhaus selbst wählen zu lassen und das Selbstentschei-

---

10 *Ohishi*, wie Fn 5, 136ff.

dungsrecht der Geschäftsordnung als Symbol der Selbstverwaltung unberührt blieben.

B. Blitzschlagwirkung der Begutachtung durch Chlumecky

Den großen Kurswechsel in den sich bereits in der Endphase befindlichen Vorlagen der Verfassung beziehungsweise des Parlamentsgesetzes veranlasste das „Gutachten zur Erlassung der japanischen Verfassung" von Chlumecky, welches im Dezember 1887 im Auftrag der japanischen Regierung erstellt wurde und im März 1888 in Japan eintraf.

Dieses umfangreiche Rechtsgutachten war mit zahlreichen verschiedenen Ansätzen bestückt, die man in acht Punkten zusammenfassen kann: 1) Entsendung der Abgeordneten aus dem Präfekturenrat, 2) Passives Wahlrecht für Männer über 30, Erhöhung der legitimierenden Steuerbetragsgrenze, 3) Kaiserliche Ernennung der Präsidenten, 4) Verstärkung der Disziplinargewalt des Präsidenten, 5) Anordnung der Geschäftsordnung in Gesetzesform, 6) Gewährung des Gesetzesvorschlagsrechts für das Parlament (parlamentarische Gesetzesinitiative), 7) Festlegung der durch Gesetz regelbaren Angelegenheiten, 8) Installierung der mit der Verfassung parallel geltenden Gesetze.

Wie erkennbar, bezogen sich viele dieser Vorschläge auf das Parlamentssystem, was aus der damaligen Position von Chlumecky als Vizepräsident verständlich ist. Aus diesem Grund wurde seine Expertise in Japan „Parlaments-Gutachten" genannt. Nachdem viele dieser Empfehlungen auch die Unterstützung des damals in Japan sehr angesehenen Rechtsberaters Hermann Roessler (1834–1894) fanden, schlugen sie sich nicht nur im Entwurf des Parlamentsgesetzes, sondern auch in der Endversion des Verfassungsentwurfs deutlich nieder[11].

Die Verfasser schrieben nämlich den oben erwähnten Wahlmodus für die Parlamentspräsidenten so um, dass die Ernennung des ersten Präsidenten durch den Kaiser erfolgte, dieser aber ab der weiteren Legislaturperiode, wie in der ursprünglichen Fassung vorgesehen, vom Unterhaus gewählt werden sollte, und man entfernte die Zeile „ ...wählt das Unterhaus den Präsidenten/Vizepräsidenten selbst aus seiner Mitte" aus dem Entwurf (ad 3). Man fügte in Anlehnung an die deutsche Vorlage des Mandatarendisziplinargesetzes, die die Regierung Bismarcks dem Parlament vorlegte, die aber von ihm nicht angenommen wurde, ausführliche Tatbestands- beziehungsweise Verfahrensregelungen für Disziplinarmaßnahmen inkl Räumungs- beziehungsweise Ausschlussbefehl hinzu (ad 4). Die gesetzliche Anordnung der Geschäftordnung, die Chlumecky in seiner Begut-

11 Vgl *M. Ohishi*, Giinho-Seiteishi, wie Fn 2, 110ff.

achtung empfahl, war in Japan ohnehin vorgesehen, jedoch wurden auch interne Ordnungen, die eigentlich das Parlament selbst hätte beschließen können, kaiserlicher Entscheidung unterstellt und die Gesetzestexte dementsprechend abgeändert (ad 5).

Auf diese Weise veranlasste das Gutachten Chlumeckys einen großen Kurswechsel noch in der Endphase des Kodifizierungsprozesses für die Verfassung beziehungsweise das Parlamentsgesetz. Die endgültigen Vorlagen der genannten Gesetze wurden ab Mai 1888 dem Geheimen Rat, dem höchsten Beratungsorgan des Kaisers, vorgelegt. Dort wurden allerdings im Laufe der Beratungsgespräche die kaiserliche Ernennung der allerersten Parlamentspräsidenten und das kaiserliche Entscheidungsrecht über die interne Geschäftsordnung, die aufgrund des Gutachtens eingebaut worden waren, wieder gestrichen. Das Parlamentsgesetz trug trotzdem den klaren Stempel Chlumeckys, indem die Disziplinarregelungen mit dem ausführlicheren Inhalt zustande kamen und die Präsidenten von den aus der Mitte des Parlaments vorgeschlagenen Kandidaten durch den Kaiser gewählt wurden.

C. Chlumecky und Japan nach Erlassung der Meiji-Verfassung

Selbstverständlich sind die Kontakte zwischen Chlumecky und Japan nach der Erlassung der Verfassung vom 11. Februar 1889 nicht sofort abgebrochen. Kurz nach ihrer Erlassung wurden ihm der Verdienstorden erster Klasse und der große Kordon der aufgehenden Sonne verliehen. Anlässlich der Übermittlung dieser Ehrung gab Chlumecky angesichts der bevorstehenden Inauguration des Parlaments dem Gast aus Japan, dem Innenminister Aritomo Yamagata (1838–1922), nochmals detaillierte Hinweise und Anweisungen zu unter anderem Abgeordnetenwahl, Einreichung von Gesetzesvorlagen, Organisation der parlamentarischen Ausschüsse, Geschäftsführung des Parlaments und Aufgaben des Vorsitzenden (datiert mit 27. Mai 1889)[12].

Außerdem erteilte er dem Schriftführer des Geheimen Rats, Kentaro Kaneko, der sich ebenfalls nicht nur mit der Verfassungskodifikation, sondern auch mit der Entstehung der sonstigen Grundgesetze, wie zB des Parlamentgesetzes und der Herrenhausordnung, befasst hatte und vom Juli desselben Jahres ein Jahr lang zur Vorbereitung für die Parlamentseröffnung den Parlamentarismus in Europa

12 „Die Rede des ersten Vizepräsidenten des österreichischen Parlaments von Chlumecky" in: Nachlass Kanrokuro Nakayama (aufbewahrt im Archiv zu Recht und Politik des modernen Japans von der juristischen Fakultät der Universität Tokyo). Für die Bekanntmachung dieses Dokumentes ist Herrn K. Takii zu danken.

studiert hatte[13], bei seinem Wien-Besuch verschiedene Ratschläge, die zweifellos bei der Eröffnung des japanischen Parlaments vom 25. November 1890 vom kurz vor seiner Heimkehr, am 26. Mai 1890, zum Chefsekretär des Herrenhauses ernannten Kaneko in die Praxis umgesetzt werden sollten.

IV. Zusammenfassung

Wie hier dargelegt, spielte Johann Freiherr von Chlumecky durch seine Begutachtung der Verfassung sowie durch Gespräche mit japanischen Politikern und Beamten eine bedeutende Rolle in der verfassungsrechtlichen Geschichte Japans. Nach dieser Erkenntnis wundert man sich nicht mehr, warum gerade er in der offiziellen kaiserlichen Chronik namentlich erwähnt wurde. Außerdem beschränkten sich seine Verdienste nicht auf die kodifikationstechnische Ebene der Verfassung und des Parlamentsgesetzes, sondern erstreckten sich bis zur Übermittlung lebendiger, praktischer Weisheiten aus seinen eigenen Erfahrungen als Vizepräsident des Abgeordnetenhauses an die damaligen Schlüsselpersonen in der japanischen Konstitutionalisierungsperiode.

Deshalb darf man, wenn man von der Geschichte der österreichisch-japanischen Rechtsbeziehungen spricht, neben dem Rechtsberater der japanischen Botschaft zu Wien, Lorenz von Stein, auch nicht vergessen Chlumecky zu erwähnen, der gerade in diesem Haus als Präsident des Abgeordnetenhauses tätig war und in der Periode der Kodifikation der Meiji-Verfassung und der Einrichtung des Reichsparlamentes wegen seiner verfassungspolitischen Fachkenntnisse vollstes Vertrauen Japans genoss. Es wäre mir eine große Freude, wenn mein kleiner Bericht, den ich durch glückliche Fügung in dem geschichtsträchtigen österreichischen Parlamentsgebäude vortragen durfte, einen bescheidenen Beitrag zur Erforschung der bilateralen Geschichte und zum wissenschaftlichen Austausch zwischen beiden Ländern leisten könnte[14].

---

13 *K. Kaneko*, Kenposeitei to Oubeijin no Hyoron (Die Verfassungsgebung und die Einschätzung des Westens), Tokyo, 1937, 197ff. Über die konkrete Betrachtung der Reise Kanekos siehe *K. Kaneko*, in: *K. Obuchi* (Hrsg), Studien-Reisebericht über den europäisch- amerikanischen Parlamentarismus, Tokyo, 2001.

14 Über den Lebenslauf Chlumeckys etwa: Neue Oesterreichische Biographie ab 1815, Bd 4, 1927, 73ff; *G. Colmer*, Parlament und Verfassung in Oesterreich, Bd 5, 1907, 8-10.

Kazuhiro Takii, Kobe

Lorenz von Stein und Japans Konstitutionalisierung

I. „Stein-Pilgerfahrten" in Japan; II. Steins Staatslehre anhand der Vorlesungsmitschrift seiner japanischen Schüler: A. Der Staat als eine Persönlichkeit, B. Verfassung und Verwaltung, C. Die Stellung des Monarchen, D. Autonomie der Verwaltung, E. Der evolutionäre Charakter von Steins Staatslehre; III. Stein und die Entwicklung des japanischen Verfassungssystems; IV. Zusammenfassung und Ausblick.

I. „Stein-Pilgerfahrten" in Japan

Lorenz von Stein (1815–1890) war Staatswissenschafter, der in der letzten Hälfte des 19. Jahrhunderts an der Universität Wien unterrichtete. Nach Studium und Forschung nicht nur in seiner Heimat Schleswig-Holstein, sondern auch in Berlin und Paris, wo er seine eigene Gesellschaftslehre konzipierte und konstruierte, befasste er sich in Wien, wo sich seit 1854 sein ständiger Wohnsitz befand, mit Systembildung in mehreren Bereichen der Staatswissenschaft, wie zB der Nationalökonomie, der Finanzwissenschaft, der Verwaltungswissenschaft, dem Bildungswesen, dem Heereswesen usw[1]. Seine wissenschaftliche Tätigkeit widersprach aber der geistigen Hauptströmung seiner Zeit, nämlich dem Positivismus und der Spezialisierung[2]. Mit Recht betonte Carl Menger in seinem Nachruf auf Stein: „Ein Meister des Wortes und des Gedanken, hat Stein viele begeisterte Schüler gewonnen, indes keine Schule geschaffen"[3]. Diese Bewertung galt zumindest in Wien, denn Inama-Sternegg, ein Schüler von Stein, bemerkte wie folgt: „Nur in einem Falle, am Abende seines Lebens, hat er, allerdings in ganz

---

1 Über das Leben und die Werke Steins: *W. Schmidt*, Lorenz von Stein. Ein Beitrag zur Biographie, zur Geschichte Schleswig-Holsteins und zur Geistesgeschichte des 19. Jahrhunderts, Eckernförde, 1956; *R. Schnur* (Hrsg), Staat und Gesellschaft – Studien über Lorenz von Stein, Berlin, 1978; *W. Brauneder*, Lorenz von Steins Wirken in Wien, in: *W. Brauneder – K. Nishiyama* (Hrsg), Lorenz von Steins „Bemerkungen über Verfassung und Verwaltung" von 1889 zu den Verfassungsarbeiten in Japan, Frankfurt a.M. ua, 1992.

2 Darüber *C. Schmitt*, Nachwort, in: *N. Simon* (Hrsg), Lorenz von Stein. Zur preußischen Verfassungsfrage (Reprint), Berlin, 2002.

3 *C. Menger*, Lorenz von Stein, in: Jahrbücher für Nationalökonomie und Statistik, 3. Folge, Bd 1, 1891, 203.

eigenartiger Weise und unter ganz besonderen Verhältnissen, wirklich Schule gemacht; er war der eigentliche Lehrmeister der japanischen Jugend, welcher er die europäische Civilisation, ihre Formen und ihre Veranstaltungen interpretierte"[4] (665): Stein, dem es nicht gelang, in Wien seine Schule zu errichten, habe in Japan seine eigenen Schüler ausgebildet. Diese Bemerkung Sterneggs ist gar kein übertriebenes Lob für seinen verstorbenen Lehrer. In den 1880er Jahren entstand in Japan ein seltsames Phänomen, nämlich „Stein-Pilgerfahrten". Eine große Zahl japanischer Politiker, Beamter sowie Wissenschafter kam aus dem entfernten Japan nach Wien, um hier Lorenz von Stein zu sehen[5]. Als 1882 Hirobumi Ito (1841–1909), die wichtigste politische Figur des damaligen Japan, Europa zwecks Untersuchung des europäischen Konstitutionalismus für den für 1889 geplanten Erlass der Verfassung besuchte, begegnete er Stein in Wien und war von dessen Lehre fasziniert. Seitdem war diese Stadt bis zum Tod Steins 1890 für die politische Elite Japans fast wie ein heiliger Ort[6].

In diesem Beitrag wird die verfassungsgeschichtliche Bedeutung dieses bemerkenswerten Geschehens betrachtet und versucht, auf einen Knotenpunkt zwischen der Geschichte der österreichischen Rechtswissenschaft und der japanischen Verfassungsgeschichte hinzuweisen. Dazu bedienen wir uns im Folgenden zweier Vorlesungsmitschriften, die von japanischen Schülern Steins verfasst wurden. Der eine Schüler hieß Munemitsu Mutsu (1844–1897), der andere Atsushi (Jun) Kawashima (1847–1911). Die beiden in europäischen Sprachen – sowohl auf Englisch als auch teilweise auf Deutsch – geschriebenen Mitschriften, die in der von Wilhelm Brauneder herausgegebenen Rechts- und Sozialwissenschaftlichen Reihe publiziert wurden[7], sind zweifellos die besten Materialien für die Untersuchung der Rezeption der Lehre Steins in die Gedankenwelt der damaligen japanischen Politiker. Mutsu, der wegen seiner Antiregierungs-Tätigkeit ins Gefängnis musste, hat nach seiner Freilassung Europa bereist, wo er nach der Empfehlung Itos in Wien von Stein privat unterrichtet wurde. Nach seiner Heimkehr entschied er sich, sein bisheriges politisches Verhalten zu korrigieren und in der Regierung zu arbeiten. Obwohl der politische Rang Kawashimas viel niedri-

---

4 *K. v. Inama-Sternegg*, Art Stein, Lorenz von, in: Allgemeine Deutsche Biographie, Bd 35, 1893, 665.

5 Über den konkreten Ablauf der „Pilgerfahrten": *K. Takii*, Die japanischen Besucher Steins. Eine Chronik, in: *ders* (Hrsg), Lorenz von Steins Arbeiten für Japan, Frankfurt a.M. ua, 1998.

6 Ein japanischer Diplomat bemerkte in seinen Memoiren, da damals Stein sehr in Mode gewesen wäre, würde der, der ihn auf der Reise in Europa nicht in Wien besuchte, verspottet, als wäre er in Arima nicht baden gegangen (*Tadasu Hayashi*, Nochi ha Mukashi no Ki). Arima ist einer der bekanntesten Badeorte in Japan.

7 *Brauneder – Nishiyama*, wie Fn 1; *Takii*, wie Fn 5.

ger war als der von Mutsu, ist interessanterweise die originale Ausgabe seiner Mitschrift in der nachgelassenen Privatbibliothek Itos aufbewahrt[8], was ein ständiges Interesse dieses Verfassungsvaters beweist. Nun ist aus diesen Texten die Essenz der Belehrungen Steins zu rekonstruieren.

II. Steins Staatslehre anhand der Vorlesungsmitschrift seiner japanischen Schüler

A. Der Staat als eine Persönlichkeit

Zunächst zur Grundanschauung des Staates bei Stein; man kann diese mit „Staat als eine Persönlichkeit" bezeichnen: „Betrachtet man aber den Staat als ein tätiges Wesen, so wird man stets dazu kommen, ihn als eine Persönlichkeit zu betrachten[.]"[9].

Als solche Persönlichkeit solle der Staat drei Momente innehaben: „Jeder einzelne Mensch besitzt sein Ich, seinen Willen und seine tätige Kraft. Allein wir können dieselben in dem einzelnen Menschen nicht äußerlich unterscheiden. Die höhere Natur des Staates aber ist es, daß in ihm jedes dieser drei Momente, die das Leben erzeugen, zu selbständigen Organismen werden, und ihre eigene Gestalt und Namen empfangen. Das individuelle Selbstbewußtsein des Staates als einer eigenen Persönlichkeit heißt als selbständiges Organ das persönliche Staatsoberhaupt, der selbständige Wille heißt die Gesetzgebende Gewalt, und die selbständig thätige Kraft des Staates ist die Vollziehende Gewalt"[10].

Auf diese Weise wird der Staat als eine selbständige Persönlichkeit erklärt, eine solche idealistische Denkweise war jedoch den damaligen Japanern vollkommen fremd. Ein japanischer Schüler konnte sich daraus bloß einen menschlichen Körper vorstellen, wodurch er nur eine vulgarisierte Personifizierung des Staates vornahm[11]. Die philosophische Grundlage der Staatswissenschaft Steins blieb unverständlich für seine japanischen Schüler.

Was aber die praktische Seite seines Staatsdenkens anbelangt, wurde sie von den Japanern im Grunde aufgenommen. Nach Stein sei eine Persönlichkeit vor allem eine Existenz mit eigenem Willen und eigener Tatkraft. Als eine solche sei der Staat nichts anderes als ein Organismus mit einem dynamischen Lebenspro-

---

8 Diese Privatbibliothek Itos befindet sich heute im Kanazawa-Bunko-Museum in Yokohama.

9 *Brauneder – Nishiyama*, wie Fn 1, 78.

10 Ebda 80.

11 Siehe das an das Ende dieses Artikels angehängte Bild des menschlichen Körpers als Staatsorganisation.

zess. Diese Idee begeisterte wohl viele Besucher aus Japan. Nun ist auf dieser Grundlage eine konkrete Struktur von Steins Staatslehre zu analysieren.

B. Verfassung und Verwaltung

Die Dauer der „Stein-Pilgerfahrten" traf mit der Periode der Verfassungsarbeit in Japan zusammen. Ohne Zweifel suchten darum Pilger wie Ito und Mutsu Stein überwiegend aus Interesse für die Verfassungsarbeit auf. Steins Belehrungen forderten von ihnen aber ein neues Verständnis vom Begriff „Verfassung". Nach Stein habe Verfassung zwei verschiedene Bedeutungen, nämlich Verfassung im weiteren Sinn und im engeren Sinn. Im ersteren Sinn bedeutet Verfassung die gesamte Organisation jedes Staates („the entire organization of any State")[12]. Andererseits wird nach Stein die Verfassung im engeren Sinn überhaupt als ein Prinzip der Willensbildung des Staates bezeichnet, das heißt als Bestimmung der Stellung und der Kompetenz der Volksvertretung. Die Aufgabe dieser Verfassung besteht also wesentlich darin, „einen selbständigen Körper für die Teilnahme des Volkes an der Gesetzgebung zu bilden, und damit die Gesetzgebende Gewalt von der vollziehenden zu scheiden"[13].

Noch wichtiger ist aber das Verhältnis der Verfassung zur Verwaltung. Während die Verwaltung einen Paarbegriff zur Verfassung im engeren Sinn bildet, ist die Beziehung der beiden darüber noch hinausgehend wie folgt zu erklären: „The personal principle of the State is Constitution, but Constitution has no direct relation to the natural objects[;] it gives the Condition of the State labor in relation to them, and that is all that constitution can do"[14].

„[A]ll sorts of human labor are included in the labor of the State occupying a large field of nature; and administration is that labour. No people can live without some sort of labor, so no State can exist without Administration. But Administration depends upon constitution and its development, just as an individual labor depends upon the labourer's power and its improvement, for the one is the condition of the other[.]"[15].

Hier wird die enge Beziehung der Verfassung mit der Verwaltung geklärt. Die Verfassung setzt Bedingungen für die Tätigkeit des Staates als Persönlich-

---

12 *Takii*, wie Fn 5, 84. Auch in der heutigen Verfassungslehre sind die Verfassung im materiellen Sinn und die im formellen Sinn zu unterscheiden; man kann zumindest Steins Begriff der Verfassung im weiteren Sinn mit dem der Verfassung im materiellen Sinn gleichsetzen.

13 *Brauneder – Nishiyama*, wie Fn 1, 104.

14 *Takii*, wie Fn 5, 149.

15 Ebda.

keit, mit anderen Worten ist sie das Prinzip der Willensbildung des Staates. Andererseits ist die Verwaltung das Prinzip seiner Tätigkeit. Aus diesen beiden Prinzipien wird der Staat als eigene Persönlichkeit zusammengesetzt. Da die Verfassung und die Verwaltung zwei Grundprinzipien der totalen politischen Struktur des Staates ausmachen, hat man nun die Verfassungsgebung in diesem Zusammenhang neu zu bewerten. In diesem Sinn erschloss Steins Belehrung damaligen japanischen Staatsmännern ein neues Feld der Verfassungsarbeit; die Verfassungsgebung musste nämlich nun als Teil einer Reform der Verfassung im weiteren Sinn betrachtet werden, in der auch der Erneuerung der Verwaltung große Bedeutung zukam.

C. Die Stellung des Monarchen

Als nächstes wenden wir uns Steins Idee des Königtums zu. Für die besonders an der Bildung einer konstitutionellen Monarchie interessierten Japaner richtete sich das primäre Interesse darauf, wie eine solche konkret konstruiert werden sollte.

Stein ist bekannt für seine Behauptung des „sozialen Königtums", womit er eine für die Sozialpolitik aktive Rolle des Königs rechtfertigen wollte[16]. Dagegen betonte er interessanterweise eine beschränkte Stellung des Königs im ganzen Verfassungssystem: „The King or the Chief of the State gives the character of unity to the Ministry as a whole, just as well as to the whole State, but he has no right to order anything on his own account, to the Ministers or to interfere with them in any degree. If such be the case, there will be no responsible Ministry. That the King has no power over the legislative body, is quite clear"[17].

Hier wird der König so dargestellt, dass er keinen besonderen Einfluss auf die Gesetzgebung sowie die Verwaltung ausüben darf. Ihm wird nämlich keine substantielle Funktion in der Politik genehmigt.

„[T]he King shall stand completely outside the pale of the legislative and executive powers; in other words, the Chief of the State is bound not to do anything material as to either the legislative or the executive functions; he must not meddle with any matter that is going on as the working of the State. What he does, ought not to be an actuality but only a formality"[18].

In dieser Weise lässt sich in der Staatstheorie Steins dem König nur eine formelle Funktion wie etwa die Repräsentation der Einheit des Staates zuordnen.

16 Darüber zB *D. Blasius*, Lorenz von Steins Lehre vom Königtum der sozialen Reform und ihre verfassungspolitischen Grundlagen, in: Der Staat 1/1971, 33-51.

17 *Takii*, wie Fn 5, 115f.

18 Ebda 143f.

„The King reigns but does not govern", so ist in der Mitschrift Mutsus ausdrücklich niedergelegt[19]. Während Stein oft nur als Unterstützer einer starken Monarchie betrachtet wird, ist jedoch zu betonen, dass in Wirklichkeit in der Staatslehre Steins, die die japanische Führerschaft so beeindruckte, keine Spur eines solchen Gedankens, sondern vielmehr die Idee einer beschränkten Monarchie zu bemerken ist.

D. Autonomie der Verwaltung

Da der König in dieser Weise politisch hinter die Bühne zurücktreten soll, wird stattdessen auf Beamte als Träger der Regierung des Staates fokussiert. Wenn diese auch weiter vom König ernannt werden, genießen sie nun eine gewisse Autonomie.

„The „Amt" or the Office properly so called is a part of the State organization; the power of the State is realized by its instrumentality. As a servile tool which has no selfworking and conscious existence, it can never perform the highest affairs of the State. Perhaps the King might say that the State Officials are his servants, because he nominates them to their positions. But this nominating is no more than an Official duty of the King as a member of the State organization. The Officials may be nominated by the King; but once nominated they are themselves the members of the same organization; and they must at least have the right that the King shall not dismiss them at his own pleasure[.]"[20].

Diese Autonomie betrifft nicht nur die Beziehung zur Monarchie, sondern auch zur Volksvertretung als einem Gesetzgebungsorgan. Diese Autonomie der Beamten von der Volksvertretung wird mit der folgenden Weltanschauung Steins verständlich:

„It is impossible to have a law for everything. Every law is stationary, but nature is moving[,] so the government is compelled to have its own will which may correspond to the moving nature. Of course, every law recognizes and must recognize the nature of things for which it is enacted, but that nature, which the law recognizes, is in a perpetual flux, so that it becomes impossible for the law to have a lasting command over it. It is only a historical, not a practical idea, that law can command all things; and therefore we come to this conclusion that there must be a power that shall supply the shortcomings of law, and that, consequent-

19 Ebda 123.
20 Ebda 108f.

ly, the government which is that power, must be conceived in a higher scale than the law of the State"[21].

Bei der Verfassung als dem Prinzip der Willensbestimmung des Staates ist die Gesetzgebung der Volksvertretung gemeint. Dieser Wille des Staates muss aber in der sich bewegenden Umwelt immer von der Regierung ergänzt werden, wenn er in die Praxis umgesetzt wird. In diesem Sinn ist die Regierung gefordert, „the law as a whole, or the will of the State in its complete sense" zu vollziehen[22].

Stein definiert zwar die Verfassung als das Prinzip der Willensbestimmung des Staates, aber in der Tat wird dieser hauptsächlich die Funktion der Stellung und der Formierung der Volksvertretung beigemessen. Die Verfassung als solche ist schlechthin „a simple being"[23], mit anderen Worten, ein statisches Wesen.

Dagegen lässt sich die Verwaltung als das Prinzip des Dynamismus des Staates hervorheben; von ihr wird daher erwartet, von „a dependent mechanism either of the legislature or of the King" zu „an independent, self working being" überzugehen[24]. Dies solle nach Stein die primäre Aufgabe bei der Einführung des Konstitutionalismus sein und dafür vor allem müsse man die Ausbildung der Beamten neu ausrichten.

„In Japan there is as yet no „Amt" but only the „Dienst". It must be earnestly hoped for the Empire, that time may come quickly when these two positions shall be strictly separated from one another and the executive body shall be composed only of the State Officials („Beamte"), and not of the simple servants („Diener")"[25].

Nun wäre es ganz unzweifelhaft, dass man für Stein die Bildung des Verfassungsstaats gar nicht mit dem Erlass einer Verfassung gleichsetzen darf. Vielmehr ist dafür in erster Linie eine Verwaltungsreform zu leisten, die ein reibungsloses Funktionieren des Konstitutionalismus ermöglichen soll. Eine solche Verwaltung setzt ein selbsttätiges Beamtentum im oben geschilderten Sinn voraus. Dafür fordert Stein eine Erneuerung der Universitäten als Ausbildungssystem solcher Beamter, worauf hier leider nicht tiefer eingegangen werden kann[26].

---

21 Ebda 129.
22 Ebda 67.
23 Ebda 84.
24 Ebda 109.
25 Ebda 109.
26 Die Lehre vom Universitätswesen nimmt eine wichtige Stellung in seiner ganzen Staatswissenschaft ein: siehe *L. Stein*, Gegenwart und Zukunft der Rechts- und Staatswissenschaft Deutschlands, Stuttgart, 1876. Steins Ratschlag zur Universitätsreform begeisterte Ito besonders, der eine Gegenmaßnahme zu von Privatschulen produzierten politischen Radikalen verlangte. In seinen in Wien geschriebenen Briefen schlug Ito nach Japan wiederholt die Berufung Steins als einen Berater der japanischen Regierung vor, um mit seiner Leitung die Universitätsreform durchzusetzen. Vgl *K. Ta-*

E. Der evolutionäre Charakter von Steins Staatslehre

Die bisherigen Betrachtungen sind nun so zusammenzufassen: Nach der Ansicht Steins werde der Staat als eine eigene Persönlichkeit begriffen, was wohl als eine Variante der deutschen Theorie des Staatsorganismus zu verstehen ist. Wichtig ist daher dessen hoher dynamischer Charakter. Dieser Staat soll als eine Persönlichkeit zwei Funktionen ausüben; seinen eigenen Willen bestimmen und diesen vollziehen. Jene Funktion wird der Verfassung beigemessen, diese der Verwaltung. Aus diesen zwei Prinzipien setzt sich die Verfassung im weiteren Sinn zusammen.

Die Lehre Steins entwickelt sich darüber hinaus weiter und fordert zu einer Selbsttätigkeit der Verwaltung auf. Daher soll die Verwaltung im Zentrum des organischen Wesens des Staates liegen und das Schwergewicht von Steins Belehrungen wird auf die Organisation und die Funktion der Verwaltung gelegt.

Diese hohe Bewertung der Verwaltung und ihre Beziehung zur Verfassung lässt sich wohl auch so erklären: Die Staatsverfassung wird in der Realität von verschiedenen inneren und äußeren Faktoren ihrer Umgebung bestimmt: zB vielfältige Einwirkungen aus der Natur, internationale Beziehungen, öffentlichen Meinungen und verschiedene Sozialfragen wie der Klassenkampf. Diese Probleme muss der Staat mit seiner Verwaltung lösen oder sich ihnen anpassen, damit sich die Verfassung des Staates entsprechend dem wirklichen Fortgang der sie umfassenden Umgebung entwickeln kann. In diesem Sinn kann man die Staatswissenschaft Lorenz von Steins als evolutionäre Staatslehre bezeichnen; Staat ist hier die Einheit, die ständige Interaktion mit der Umwelt durch die Vermittlung der Verwaltung ausüben soll.

III. Stein und die Entwicklung des japanischen Verfassungssystems

Abschließend ist der Einfluss der Lehre Steins auf die Bildung des japanischen Verfassungstaates am Ende des 19. Jahrhunderts zu erwähnen. Vorerst muss man darauf hinweisen, dass die japanischen Verfassungsgeber ihren Blickwinkel von einer Verfassungsurkunde zu einem ganzen System einer Staatsverfassung erweitern konnten. „Da die Verfassung nur grundsätzliche Bestimmungen enthalten

---

kii, Doitsu-Kokkagaku to Meiji-Kokusei (Die deutsche Staatswissenschaft und die Meiji-Staatsverfassung), Kyoto, 1999, 206f. Diese Berufung wurde aber von Stein selber wegen seines hohen Alters abgelehnt. Brief Steins an Ito, den 15. November 1882, in: Ito Hirobumi-Den (Biographie Hirobumi Itos), Tokyo, 1940, Bd 2, 329f.

sollte, braucht man daran nicht viel zu arbeiten", so bemerkte Hirobumi Ito nach dem Unterricht Steins in Wien[27].

Nun wurde das Gewicht der Verfassungsreform vom Erlass der Verfassungsurkunde zur Verwaltungsreform verlagert. Nach seiner Rückkehr im August 1883 beschäftigte sich Ito zunächst mit der Reform des Kaiserhauses, um eine Unterscheidung zwischen dem Kaiser und der Regierung zu ermöglichen, was sicher ein großer Schritt in Richtung Konstitutionalisierung des Monarchen war. Im Dezember 1885 wurde eine große Reform der Verwaltungsorganisation vorgenommen: Das traditionelle Adelsherrschaftssystem wurde abgeschafft und das moderne Kabinettsystem eingeführt, damit auch ein Nichtadeliger die Leitung der Regierung übernehmen kann. Im folgenden Jahr 1886 wurde eine neue Ordnung für die kaiserliche Universität erlassen, was nicht nur eine Erneuerung des höheren Bildungssystems, sondern auch wissenschaftspolitische Maßnahmen sowie ein Ausbildungssystem für die Beamten zum Ziel hatte. Diese Reihe von Reformen passt sich genau den Belehrungen Steins an, wie sich aus der obigen Untersuchung erkennen lässt.

Fazit: Durch die Lehre Steins wurde das Staatsziel bei der Einführung des Verfassungssystems im Meiji-Japan transformiert; nunmehr ging es nicht nur um die kommende Verfassungsurkunde. Wie oben betont, wurde der Schwerpunkt auf die Verfassung im materiellen Sinn verschoben; das heißt auf eine Gesamtstruktur des Staates, in der durch die Arbeit der Verwaltung eine weitere institutionelle Evolution möglich ist.

IV. Zusammenfassung und Ausblick

Die 1880er Jahre werden in Japan als die Zeit der Verfassungsarbeit betrachtet. Was aber in dieser Periode wirklich ausgebildet wurde, war das Verwaltungssystem, das eine Basis für den Konstitutionalismus anbieten sollte.

Nach der Erlassung der Verfassungsurkunde sowie sonstiger Verfassungsgesetze im Jahre 1889 und der daran anschließenden Eröffnung des Parlaments 1890 entstand Japan als ein Verfassungsstaat.

In den 1890er Jahren begegnete der japanische Parlamentarismus einer Reihe von Schwierigkeiten. Aufgrund des Gegensatzes zwischen den auf das Parlament gestützten Oppositionellen und der Regierung sowie dem Beamtentum gab es wiederholt Krisen mit Sistierung der Verfassung.

---

27 *A. Hiratsuka* (Hrsg), Zoku Ito Hirobumi Hiroku (Geheime Dokumentationen Hirobumi Itos, Bd 2), Tokyo, 1930, 46.

Diese Krisen wurden von einer flexiblen Politik Itos gegenüber dem Parlament überwunden. Entgegen der Lehre Steins näherte sich Ito allmählich dem Parlamentarismus an. 1900 gründete Ito seine eigene Partei (Rikken-Seiyu-Kai), mit der er schließlich ins Parlament einzog. Was Ito von Stein erlernte, war nicht nur die Lehre von der Autonomie der Verwaltung, sondern auch der Gedanke der Evolution der Verfassung.

Obwohl Ito 1909 ermordet wurde, hat seine Partei in den 1910er Jahren ihren Einfluss auf die Regierung verstärkt und 1918 konnte sie allein die Regierung bilden, was einen Höhepunkt des Konstitutionalismus in Japan vor 1945 darstellte.

Diese weitere Entwicklung des japanischen Verfassungsstaates nach 1890 zeigt zwar Itos Überwindung der Idee Steins über den Vorrang der Verwaltung, aber andererseits kann man auch sagen, dass das eine japanische Veränderung seiner Belehrung über die Evolution der Verfassung im weiteren Sinn ist.

海江田信義筆・国家人体図三葉（本書註⑯参照）

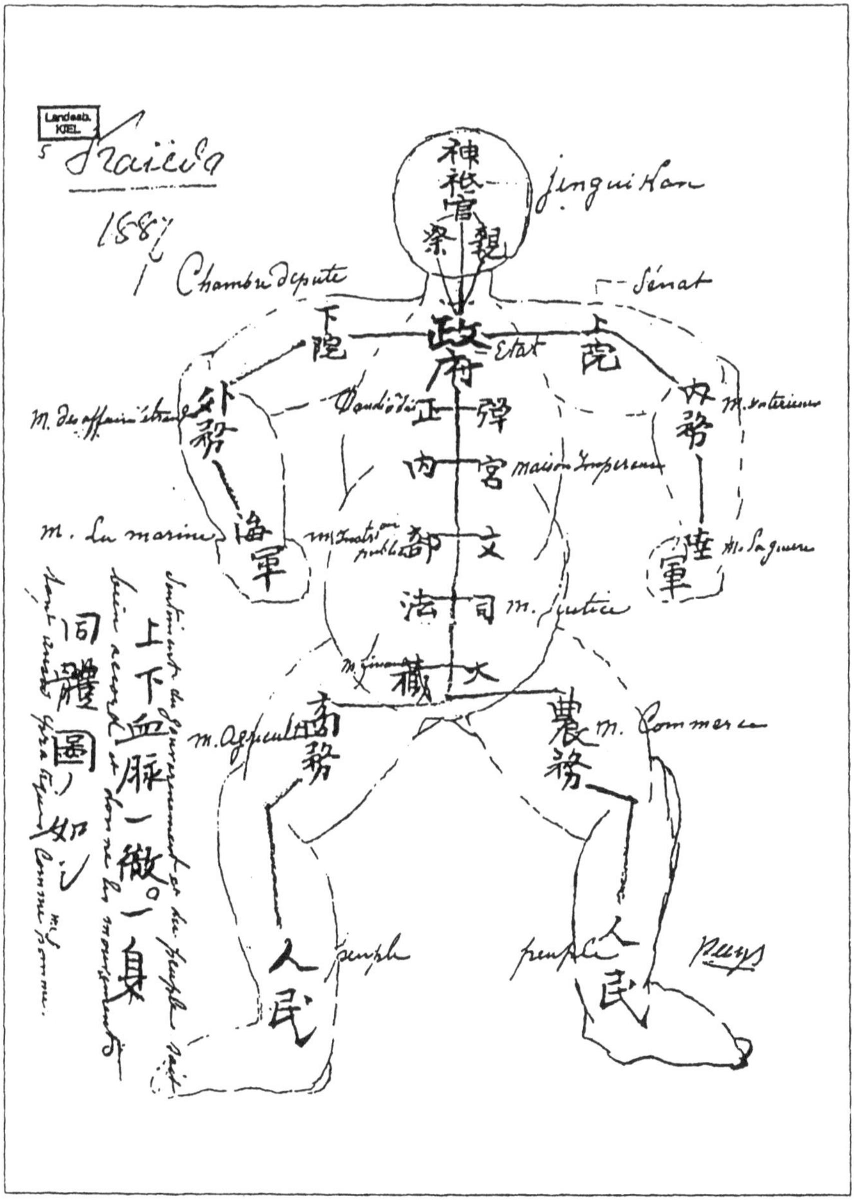

Manfried Welan, Wien

Österreich – Cisleithanien als Verfassungsstaat

I. Das konstitutionelle Zeitalter in baulicher Gestalt; II. Iustitia fundamentum regnorum; III. Kompromiss zwischen Monarch und Bürgertum; IV. „Bauliche Fortsetzung der Monarchie".

I. Das konstitutionelle Zeitalter in baulicher Gestalt

In wenigen Metropolen ist der Aufbau des Verfassungsstaates so in Architektur umgesetzt worden wie in der Haupt-, Reichs- und Residenzstadt Wien. Hier auf dem Heldenplatz und in seinem Umkreis haben Sie das staatsrechtliche Gebäude der konstitutionellen Monarchie in Bauwerken dargestellt.

Die *Hofburg* erinnert an eine Weltmacht, an ein Reich, in dem die Sonne nicht unterging. Sie hat etwas Kosmopolitisches und ist doch wesentlich europäisch und österreichisch. Die neue Hofburg trennt den Burggarten vom Heldenplatz. 20 Figuren an der Fassade stellen Epochen der Geschichte der Königreiche und Länder der Habsburger Monarchie dar. So schließt der Heldenplatz nicht ein und ab. Er ist offen. Er lädt ein.

Die Bauidee eines kaiserlichen Forums, die über den Heldenplatz hinaus hier Gestalt werden sollte, hat sich mit der Idee des bürgerlichen Forums zu einer Architektur der österreichischen Verfassung verwirklicht. Das betrifft nicht nur Geschichte, sondern auch Gegenwart. Rechtsstaatlichkeit und Gewaltenteilung, Föderalismus und Parlamentarismus, Monarchie und Republik, Zentralstaat und Vielfalt der Selbstverwaltung, Recht und Gerechtigkeit finden hier ihren Ausdruck.

All dies macht den Heldenplatz und seine Umgebung zu einem Freilichtmuseum von Recht und Staat. Kurz und gut findet das in goldenen Lettern auf dem äußeren Burgtor seinen Ausdruck: Iustitia regnorum fundamentum. Es hat seinen guten Sinn, dass dieser Satz der Stätte der Macht, der obersten Vollziehung gegenüber steht. In diesem Satz und den umgebenden großen Baulichkeiten kommen Konstanten der Staats- und Rechtsphilosophie zum Ausdruck. In den konkreten Nutzungen des Heldenplatzes und seiner Umgebungen die Variablen der österreichischen Politik im Rahmen des Regierungssystems und auf der Straße.

II. Iustitia fundamentum regnorum

„Iustitia fundamentum regnorum." Das Zitat wird den Sprüchen Salomos zugerechnet: Recht und Gerechtigkeit sind die Grundlage der Staaten.

Aber was ist Gerechtigkeit? Bibliotheken wurden über diese Frage und mögliche Antworten geschrieben. Der größte österreichische Rechtsdenker Hans Kelsen hat einen geistesgeschichtlichen Streifzug durch Gerechtigkeitslehren mit der Antwort geschlossen, dass er nicht wisse, was absolute Gerechtigkeit sei. Er bekannte sich aber zu einer relativen. Im demokratischen Rechtsstaat kommt diese Auffassung am besten zur Verwirklichung. Die Gerechtigkeit der Freiheit in den Grund- und Freiheitsrechten, die Gerechtigkeit der Demokratie in den Gesetzen, welche diese Freiheiten in der einen oder anderen Richtung beeinflussen.

„Iustitia regnorum fundamentum." Recht ist Grund und Schranke der Staaten. Damit ist die Verbindung mit dem modernen Rechtsstaat hergestellt. Nach der österreichischen Bundesverfassung ist alle Staatstätigkeit an Gesetze gebunden.

„Die gesamte staatliche Verwaltung darf nur aufgrund der Gesetze ausgeübt werden." (Art 18 Abs 1 B-VG).

Der Heldenplatz hat vielfach in die österreichische Literatur Eingang gefunden. Aber es gibt nur wenige Texte, die sich mit dem Satz „Iustitia regnorum fundamentum" beschäftigen. Zwei mögen herangezogen werden. Der Publizist und Reichsratsabgeordnete Josef Samuel Bloch (1850-1923), ein Rabbiner, hob hervor, wie die Juden in einem multi- und damit übernationalen Staat wie der Donaumonarchie gleichberechtigt als eine Nation unter anderen leben konnten. Die Juden seien im gewissen Sinn das eigentliche Staatsvolk der Monarchie. Sie hätten durch einen Untergang des multinationalen Österreich am meisten zu verlieren. Österreich aber sei dazu berufen, der Rechtsstaat par excellence und damit ein Vorbild für ganz Europa zu werden.

Art 19 des Staatsgrundgesetzes über die allgemeinen Rechte der Staatsbürger 1867 war ihm der normative Ausdruck der österreichischen Staatsidee. Die Gleichberechtigung aller Volksstämme war Verfassungsgrundsatz und jeder Volksstamm hatte ein unverletzliches Grundrecht auf Wahrung seiner Nationalität und Sprache. Dieses Prinzip der Gleichberechtigung der Nationalitäten war Ausdruck dieser österreichischen Staatsidee und nahm Europa von heute vorweg. Bloch wählte das Burgtor mit seiner Inschrift als sichtbares Symbol der völkerverbindenden kulturell-humanitären Aufgabe Österreichs.

„Österreich sei dazu berufen, die Idee des Rechtes liebevoll zu hegen und zu pflegen, den in anderen Staaten systematisch Verfolgten und Gehetzten Gerechtigkeit, eine sichere Stätte, ein sorgenfreies Asyl zu bieten."

Ein Ministerialerlass aus dem Jahre 1961, der die politische Bildung betrifft, welche damals noch staatsbürgerliche Erziehung genannt wurde, behandelt „Die Republik Österreich als Rechtsstaat im Geschichtsunterricht". Darin wird der Weg Österreichs zum Rechtsstaat dargestellt. Im Zuge der Entstehungsgeschichte des Allgemeinen Bürgerlichen Gesetzbuches (ABGB) aus dem Jahre 1811 wird der Bezug zum Heldenplatz hergestellt.

„Es hat seinen historischen Sinn, dass das Zeitalter der Konstitution ausgehend vom Februar-Patent 1861 um den Grundsatz des Rechtsstaates Iustitia Regnorum Fundamentum das großartige Kaiserforum errichtete, dass Maria Theresiens Blick mit kaiserlicher Gebärde als Mutter ihrer Völker sich auf dieses Fundamentum richtet, dass unter ihren Getreuen, die sie umgeben, vor allem Kanzler Kaunitz steht, dessen unnachsichtige Kritik die Ausarbeitung des Codex Theresianus von der Kompilation zur Kodifikation und zur Redaktion durch Martini drängte. Es ist wohl begründet, dass hinter Haugwitz, dem Reorganisator der gesamten inneren Verwaltung zur Rechten der Kaiserin im Hochrelief Martini steht, der Schöpfer des ABGB und Mitarbeiter am Gesetzbuch schon zu Zeiten der Kaiserin. Neben Martini sitzt Sonnenfels, das aufgeschlagene Buch vor sich, dem er die sprachliche Gestalt schenkte."

Sonnenfels formulierte ja die schönste Bestimmung der österreichischen Rechtsordnung § 16 ABGB:

„Jeder Mensch hat angeborene schon durch die Vernunft einleuchtende Rechte und ist daher als eine Person zu betrachten. Sklaverei oder Leibeigenschaft und die Ausübung einer sich darauf beziehender Macht wird in diesen Ländern nicht gestattet."

Das ist das österreichische Urrecht. Es lässt Art 1 der allgemeinen Erklärung der Menschenrechte 1948 anklingen. Im Ansatz ist die Menschenrechtsordnung als Weltrecht im ABGB schon da. Denn im Gegensatz zum Verfassungs- und Verwaltungsrecht, das manches Staatsbürgern vorbehält, ist das ABGB grundsätzlich nicht ein staatsbürgerliches, sondern ein allgemeines menschenrechtliches Gesetzbuch.

Der Erlass geht in besonderer Weise auf die Gewaltenteilung im Verfassungsstaat ein. Er stellt dem kaiserlichen Forum mit Hofburg und Burgtor das Forum der Bürger gegenüber. Es ist wie der Heldenplatz durch besondere Bauten, wie Parlament, Justizpalast, Rathaus gestaltet:

„Durch das Parlamentsgebäude, wo die Gesetze beraten und beschlossen werden, durch das Wiener Rathaus, der Stätte der Gesetzgebung und der Verwaltung des Bundeslandes und der Bundeshauptstadt Wien, durch die Monumentalbauten für Wissenschaft und Kunst mit der Universität und dem Burgtheater und durch den Justizpalast zur anderen Seite des Parlamentsgebäudes".

Auch in diesem Palast der Justiz findet sich der Satz Iustitia regnorum fundamentum. In diesem „Tempel der Gerechtigkeit" sitzt Justitia als übermenschliche Gestalt in Marmor mit vergoldetem Schwert und Gesetzbuch.

Recht ist die Grundlage von Herrschaft. Herrschaft ist an das Recht gebunden. Platon hat zunächst den personalistischen Ansatz der politischen Ethik in der Politeia formuliert. So lange die Philosophen nicht Könige werden oder die Könige echte Philosophen, also nicht Staatsmacht und Weisheitsliebe in der gleichen Person vereinigt sind, so gibt es kein Aufhören der Übel. .... Diese politische Ethik findet man in vielen Fürstenspiegeln. Auch in den Wahlsprüchen der Habsburger Herrschaft, im Oktogon und Hofburgdurchgang zum Michaeler-Platz spricht sie zu uns. Aber sie greift zu kurz. Zur personsorientierten Ethik muss die institutionsorientierte kommen. Das erst macht den Verfassungsstaat. Deshalb hat der als politischer Akteur von der Praxis tief enttäuschte Platon im „Politikos" und in den „Nomoi" klassisch zum Ausdruck gebracht:

> „Wo das Gesetz einen Herrscher über sich hat, und also nichts gilt, bei einem solchen Staat sehe ich den Untergang vor der Tür; wo dagegen das Gesetz selbst der unumschränkte Herrscher über die Regierenden ist, und die Regierenden nur willenlose Knechte des Gesetzes sind, da erblicke ich das Heil und alle Segnungen, die der Himmel jemals über einen Staat auszugießen vermochte."

Nomos, Basileus, Lex rex, eine Herrschaft von Gesetzen und nicht von Menschen, a rule of law and not of men ist ein uraltes Ideal. Dieses Ideal wurde schon in der konstitutionellen Monarchie so stark verwirklicht, dass wahrscheinlich in dieser Zeit die Rechtssicherheit in Österreich von allen Geschichtsepochen am größten war.

III. Kompromiss zwischen Monarch und Bürgertum

Die Dezember-Verfassung 1867, die aus mehreren Gesetzen bestand, brachte den bürgerlichen Rechtsstaat. Freiheitsrechte – das Staatsgrundgesetz über die allgemeinen Rechte der Staatsbürger gilt noch heute; Gewaltenteilung, Unabhängigkeit der Richter, Gesetzesgebundenheit der Verwaltung, Verwaltungsgerichtsbarkeit, Reichsgericht, Ministerverantwortlichkeit. Alle diese Einrichtungen sind mit einem beschränkten Wahlrecht und dem entsprechenden Parlamentarismus zu einer Einheit kombiniert. Der Wandel von der absoluten zur konstitutionellen Monarchie mit bürgerlicher Mitwirkung an der Gesetzgebung und bürgerlichen Grundfreiheiten verwirklichte die Entwicklung von der feudal-ständischen zur bürgerlichen Gesellschaft mit Rechtsfreiheit und Rechtsgleichheit der Person, Privatautonomie und Privateigentum, wie sie schon das ABGB im Privatrecht gebracht hatte. 1867 war in Österreich der Verfassungsstaat der Neuzeit vollendet.

Es hat seinen guten politischen Sinn für die Zeit der konstitutionellen Monarchie, dass das Kaiserforum zum Forum der Bürger hin offen blieb. Es hat seine gute und schöne Bedeutung, dass das Grün des Volksgartens das Kaiserforum mit dem Forum der Bürger lebendig natürlich verbindet.

Das Bürgertum war gegenüber dem militärischen und monarchischen Obrigkeitsstaat selbstbewusst geworden. Es wurde repräsentiert und repräsentativ. Seine Selbstdarstellung erfolgte vielfältig. Es stellte sich in großen Kulturzeiten Europas baulich dar. Der Däne Theophil Hansen ließ im Parlamentsgebäude die griechisch-römische Antike wieder erstehen, der Rathausbau im Sinne der deutschen Stadt im Mittelalter wurde vom Dombaumeister Friedrich Schmitt, dessen Tätigkeit von Köln bis Bukarest reichte, im gotischen Stil nachgebildet. Das Gebäude der Universität, die der Wissenschaft und ihrer Lehre in Freiheit gewidmet ist, wurde im modernen Renaissancestil von Heinrich Ferstel entworfen, der von Paris bis Tiflis tätig war. Dem Rathaus gegenüber erstand im feierlichen Barockstil das Hofburgtheater durch Karl Hasenauer und Gottfried Semper.

Der in den Staatsgrundgesetzen 1867 niedergelegte historische Kompromiss zwischen Monarch und Bürgertum erhielt in den neuen Monumentalbauten seine architektonische Gestalt. Im historisierend gesteigerten Barock, der von Semper und Hasenauer entworfenen Hofmuseen, der Hofoper und der neuen Hofburg stellten sich Autorität und Macht des Kaisers dar. Er vereinigte nach der Verfassung 1867 als einziges Subjekt der Staatsgewalt diese vollständig in seiner Person und war geheiligt, unverletzlich und unverantwortlich. Der Kaiser personifizierte die österreichische Staatsidee mit seinem Wahlspruch „Viribus unitis". Denn der Staat war der verdinglichte Herrschaftsgedanke seiner Dynastie und ein Konglomerat und vielen verschiedenen Heimaten, aus dem sich der Begriff des gemeinsamen Vaterlandes nur durch einen komplizierten staatsrechtlichen Denkprozess ergab. Verwirklicht war dieser Begriff im Mitimperium der kaiserlichen Beamtenschaft und in der Einheit der Armee, aber auch im Bildungswesen. So sah der Rektor Tomaczuk der 1867 gegründeten Franz-Josephs-Universität Czernowitz die österreichische Staatsidee im Bildungswesen.

Heute residieren in der neuen Hofburg seine Majestät das Buch, alte Kulturen und internationale Konferenzen. Die österreichische Nationalbibliothek, ein Teil des kunsthistorischen Museums und das Konferenzzentrum fanden hier ihr Heim. Der Kulturstaat Österreich zeigt sich hier wie so oft von seiner repräsentativen Seite. Im Übrigen hat der Kaiser die neue Hofburg nicht bezogen und auch der Bundespräsident nicht. Sie residieren in der alten.

Jahrhundertelang war die Stadt in ihrer Architektur vom ersten und zweiten Stand geprägt. Die barocke Hofburg als Residenz des Kaisers, die eleganten Palais des Hochadels, der gotische Stephansdom und eine Unzahl kleiner verstreuter Kirchen – das war die Stadt. Im neuen Bauvorhaben der Ringstraße feierte der dritte Stand in der Architektur den Sieg des verfassungsmäßigen Rechts über die herrscherliche Macht und den Sieg der weltlichen Kultur über den religiösen Glauben. Keine Paläste, Festungen und Kirchen beherrschen die Ringstraße, sondern die Zentren der Verfassung, einer konstitutionellen Regierung, einer aufgeklärten Kultur und der Selbstverwaltung. Parlament, Justizpalast, Rathaus, Universität. Die alte Stadt hatte sich organisch entwickelt. Das konstitutionelle Wien war wie die österreichische Konstitution geplant. Die geplante Rationalität stand gegen das organisch Gewachsene. Wie in der Verfassung der Kompromiss zwischen Monarch und Bürgertum seinen normativen Niederschlag fand, so vereinigten sich in der Planung des Heldenplatzes und der Ringstraße monarchische, militärische Erwägungen einerseits und bürgerlich-liberale Repräsentationswünsche andererseits. Als Ort der politischen Repräsentation wurden Ringstraße und Heldenplatz auch Ausdruck der österreichischen Staatsidee. Wie diese waren sie einem Bedeutungswandel ausgesetzt und trotzdem im Grundsätzlichen überzeitlich präsent. Staat und Recht, Rechtsstaat und Staatsrecht, Parlament und Gesetzgebung, Verwaltung und Selbstverwaltung, Gesetz und Gerichtsbarkeit – sie blieben Konstanten wie Kunst und Wissenschaft, Universität und Theater.

IV. „Bauliche Fortsetzung der Monarchie“

Zu Beginn der Neuzeit wurde Österreich eine Weltmacht. 400 Jahre blieb es Großmacht. Mitte des 19. Jhdts war es noch der größte europäische Staat nach Russland. Aber die Niederlage gegen Preußen 1866 und der Ausgleich mit Ungarn 1867 waren Ausdruck einer Krise in Permanenz. Mit ihr war freilich auch der Weg zum Rechtsstaat und zur Demokratie verbunden. Österreichs Weg zum Rechtsstaat und zur demokratischen Republik ist mit Niederlagen gepflastert.

Heute in der demokratischen Republik ist der Gesamtkomplex Ausdruck der umfassenden Gewaltenteilung der Verfassung. Durch Ballhaus und Hofburg als Stätten oberster Organe der Vollziehung, Bundespräsident, Bundeskanzler und Bundesminister, durch das Parlament als Stätte der Gesetzgebung und den Justizpalast als Sitz der Gerichtsbarkeit ist die organisatorische Gewaltentrennung der Verfassung sinnlich wahrnehmbar gemacht.

Ein besonderer Anwendungsfall der Gewaltenteilung ist die Selbstverwaltung. Das Rathaus als Verwaltungszentrum der Bundeshauptstadt Wien und die Monumentalbauten für Wissenschaft und Kunst stellen die bürgerliche, die akademische und die künstlerische Autonomie in unterschiedlichen Stilen dar.

Alle diese Bauten sind aus der konstitutionellen Monarchie. Die franzisko-josephinische Zeit und Gesellschaft hat sich in ihnen wie in der Verfassung 1867 zum Ausdruck gebracht. Und wie die Bauten heute noch stehen, bestehen die Institutionen des Verfassungsstaates noch im heutigen Verfassungsrecht fort. Die Republik Österreich setzt in ihrem Recht und in ihren Institutionen mehr als jeder Nachfolgestaat des alten Imperiums die Monarchie fort. Die Fortsetzung der konstitutionellen Monarchie in der demokratischen Republik – diese Kontinuität ist so ein Teil der Identität Österreichs.

Teil II

Hans Kelsen

Atsushi Takada, Kyoto

Der Einfluss von Hans Kelsen auf die japanische Verfassungsrechtswissenschaft nach dem Zweiten Weltkrieg

I. Einleitung

Es ist bekannt, dass Hans Kelsen auf die Entwicklung der japanischen Rechtswissenschaft einen sehr großen Einfluss ausgeübt hat. Das gilt insbesondere für die japanische Verfassungsrechtswissenschaft, und zwar auch die nach dem Zweiten Weltkrieg. In diesem Beitrag werde ich Inhalte und Gründe der Einflüsse von Kelsen auf die japanische Verfassungsrechtswissenschaft darstellen. Damit entsteht zugleich ein Überblick über den Charakter und die Entwicklung der japanischen Verfassungsrechtswissenschaft, besonders nach dem Zweiten Weltkrieg.

II. Der Einfluss von Kelsen auf Toshiyoshi Miyazawa

Der wichtigste Grund, warum Kelsen die japanische Verfassungsrechtswissenschaft nach dem Zweiten Weltkrieg, im Gegensatz zur deutschen, beeinflussen konnte, liegt darin, dass in Japan die akademischen Vertreter des öffentlichen Rechts, die in den 1920er und 1930er Jahren von Kelsen beeinflusst worden waren, in der 1945 wiederaufgebauten Verfassungsrechtswissenschaft eine zentrale Rollen gespielt haben. Einer der wichtigsten war Toshiyoshi Miyazawa. Die japanische Verfassungsrechtswissenschaft hat sich unter der Meiji-Verfassung entwickelt, die 1889 unter dem starken Einfluss von Preußen sowie Österreich erlassen worden war. Sie blieb in der ersten Phase, nach der Auffassung von Miyazawa, „theologisch" oder „metaphysisch", in der zweiten „naturrechtlich". Demgegenüber forderte Miyazawa in den 1930er Jahren, dass die Verfassungsrechtswissenschaft als „Wissenschaft" hergestellt werden sollte. Er wurde dabei von der Ideologiekritik und der Demokratietheorie von Kelsen sehr stark beeinflusst. In seiner Abhandlung „Der Begriff des Volksvertreters" (1934)[1], in der er die Bedeutung des Parlamentarismus trotz des Gegenwindes der Zeit betonte, lässt sich nachvollziehen, wie genau er die Theorie von Kelsen verstanden hat, und, wie wichtig die Ergebnisse der Rezeption von Kelsen für sein Denken waren.

III. Die Verfassungslehre Miyazawas und die japanische Verfassungsrechtswissenschaft nach dem Zweiten Weltkrieg

A. „Verfassungswissenschaft" und „Verfassungsrechtsdogmatik"

Miyazawa unterschied strikt in seiner Systematik zwischen „Verfassungswissenschaft" und „Verfassungsdogmatik", zwischen „theoretischer Erkenntnis" und „praktischem Werturteil", zwischen „theoretischer Doktrin" und „Auslegungs-

1 Jetzt in *Toshiyoshi Miyazawa*, Kenpo no Genri (Prinzipien der Verfassung), 1967, 185ff.

doktrin", worin der Einfluss von Kelsen gesehen werden kann[2]. Diese Unterscheidungen wurden in der Verfassungsrechtswissenschaft nach dem Zweiten Weltkrieg als ihre Grundstruktur aufgenommen. Das kam natürlich daraus, dass diese Unterscheidungen rational und universell formuliert sind und daher auch für die japanische Wissenschaft wichtig waren. Es hing aber auch auf mit der besonderen Lage der japanischen Verfassungsrechtswissenschaft nach dem Zweiten Weltkrieg zusammen.

B. Die Lage der „Verfassungsrechtsdogmatik" nach dem Zweiten Weltkrieg

1. Gegensätze zwischen Praxis und Lehre in der Auslegung des Art. 9 JV

Trotz der Existenz des Art. 9 der Japanischen Verfassung (JV), der den Verzicht auf Krieg als Mittel internationaler Auseinandersetzungen festlegt[3], hat die Regierung ohne Verfassungsänderung auf Grund einer grammatisch fragwürdigen Auslegung eine „Wiederaufrüstung" durchgeführt und mit den USA einen Sicherheitsvertrag abgeschlossen. Dadurch wurde es für die japanische „Verfassungsrechtsdogmatik" schwierig, Rechtsauslegungen auf Objektivität zu gründen. Japanische Verfassungsrechtswissenschafter konnten daher gar nicht anders, als sich des praktischen Charakters und der Wertbezogenheit der Rechtsauslegung sehr deutlich bewusst zu sein.

2. Die Struktur der Gegensätze in der Frage des Konstitutionalismus

Gegensätze zwischen Praxis und Lehre in der Verfassungsrechtsauslegung wurden nicht nur im Art. 9 JV, sondern allgemein sichtbar. Die Regierungspartei, die Liberal-demokratische Partei (LDP), die die JV als eine von den Besatzungsmächten „aufgezwungene Verfassung" betrachtete, strebte deshalb besonders in den 1950er und 60er Jahren die totale Revision der Verfassung an. Sie bewertete

2 *H. Hara*, Hans Kelsen und das Studium des Rechts in Japan, in: Schriftenreihe des Hans Kelsen-Instituts II, Der Einfluss der Reinen Rechtslehre auf die Rechtstheorie in verschiedenen Ländern, 1978, 102ff.

3 Art. 9 der JV Abs. 1: In aufrichtigem Streben nach einem auf Gerechtigkeit und Ordnung gegründeten internationalen Frieden verzichtet das japanische Volk für alle Zeiten auf den Krieg als ein souveränes Recht der Nation und die Androhung oder Ausübung von militärischer Gewalt als Mittel zur Beilegung internationaler Streitigkeiten, Abs. 2: Um den Zweck des Absatz 1 zu erreichen, werden keine Land-, See- und Luftstreitkräfte oder sonstige Kriegsmittel unterhalten. Ein Kriegsführungsrecht des Staates wird nicht anerkannt.

dabei sogar konstitutionalistische Grundprinzipien als negativ und forderte stattdessen eine „Rückkehr zur Tradition“. In der Praxis der Verwaltung und der Rechtsprechung ist auch trotz der Entstehung der neuen Verfassung eine solche traditionelle Linie im Sinne der alten Verfassung eingehalten worden. Bestimmte Auslegungspraxen der Regierung, der Verwaltung und der Rechtsprechung blieben ablehnend gegenüber einigen Prinzipien und Werten der geltenden Verfassung. Die japanische Verfassungsrechtswissenschaft musste sich daher an die Aufgabe machen, die Verfassung dadurch zu verteidigen, dass sie eine Lehre der Verfassungsauslegung entwickelte, die sich an Verfassungsprinzipien und -werten orientiert .

C. Die Lage der „Verfassungswissenschaft“ nach dem Zweiten Weltkrieg

I. Staatsstruktur beziehungsweise Verfassungsorgane und Verfassungsgerichtsbarkeit

Die Betonung der Bedeutung der „Verfassungswissenschaft“, die von der „Verfassungsrechtsdogmatik“ unterschieden wird, beruhte auch auf dem Umgang mit der Verfassung nach dem Zweiten Weltkrieg. Leistungen der „Verfassungswissenschaft“ wurden hauptsächlich im Bereich der Staatsstruktur und der Verfassungsorgane erbracht. Dabei spielte ein institutioneller Faktor eine große Rolle. Die japanische Verfassungsgerichtsbarkeit gehört nach der Auffassung der Praxis und der herrschenden Lehre der Wissenschaft zum amerikanischen Typ, der anhängige, konkrete Rechtsstreitigkeiten als Vorbedingung des eigenen Tätigwerdens hat. Die japanische Praxis der Rechtsprechung war darüber hinaus allgemein sehr zurückhaltend mit Verfassungsauslegungen und versuchte daher immer zu vermeiden, Fälle verfassungsrechtlich zu lösen. Am ehesten geschah dies noch im Bereich der Grundrechtsauslegungen. Sie wurden tatsächlich hauptsächlich durch anhängige, konkrete Rechtsstreitigkeiten bestimmter Personen entwickelt. Dagegen war es besonders selten, dass Verfassungsrechtsauslegungen über Staatsstrukturprinzipien und Verfassungsorgane in der Rechtsprechung entwickelt wurden, obwohl es gerade in diesen Bereichen viele wichtige Verfassungsfragen gibt. So wurde es unvermeidlich für die japanische Verfassungsrechtswissenschaft, Staatsstruktur und Verfassungsorgane „verfassungswissenschaftlich“ zu behandeln.

2. Die Realität des Staatsstrukturprinzips und der Verfassungsorgane als Gegenstand der wissenschaftlichen Kritik

Im Bereich der Staatsstruktur und der Verfassungsorgane wurde also die Bedeutung der „Verfassungswissenschaft" und die der Theorie von Kelsen besonders betont. Dabei spielte auch eine wichtige Rolle, dass es in diesem Bereich viele fragliche Praxen gab, die eine wissenschaftliche Kritik erforderlich machten. Ideologiekritik wurde z.B. gegenüber allen Auslegungen von der Verfassung geübt, in denen versucht wurde, trotz der Verankerung des Volkssouveränitätsprinzips in der JV den Übergang der Souveränität vom Kaiser (Tenno) auf das „Volk" zu verschleiern. Auch Verzerrungen des Parlamentarismus wurden zum Anlass für Funktionsanalysen des Parlaments und für Untersuchungen über die Voraussetzungen des Parlamentarismus.

IV. Die Auslegung der Grundrechte in der japanischen Verfassungsrechtsdogmatik nach dem Zweiten Weltkrieg vom praktischen Werturteil zum Entscheidungsmaßstab in der Verfassungsgerichtsbarkeit

A. Rechtsauslegung als „Technik" – Miyazawa

Die Generation der Verfassungsrechtswissenschafter nach Miyazawa und die nachfolgende Generation haben die „Verfassungsrechtsdogmatik" vor allem im Bereich der Grundrechte weiterentwickelt. Sie betonten die Wertbezogenheit der Dogmatik und setzten sich davon ab, indem sie Rationalität und Objektivität der Grundrechtsauslegung hervorhoben. Das führte zu einer Debatte, die sehr technisch ablief. Miyazawa erfasste allerdings schon in den 1920er Jahren das Verhältnis der „Verfassungswissenschaft" zur „Verfassungsdogmatik" parallel zum Verhältnis von „Wissenschaft" und „Technik"[4]. Insofern hat die Entwicklung der Grundrechtsdogmatik seit den 1970er Jahren die Systematik der Theorie von Miyazawa nicht durchbrochen.

4 *T. Miyazawa*, Horitsugaku niokeru Kagaku to Gijyutsu (Wissenschaft und Technik in der Rechtswissenschaft), jetzt in: *ders*, Horitsugaku niokeru Gakusetsu (Die wissenschaftliche Lehre in der Rechtswissenschaft), 1968, 33ff. In dieser Abhandlung wurde Miyazawa von François Gény stark beeinflusst, der einen großen Einfluss auch auf die freie Rechtsbewegung in Deutschland hatte.

B. Rechtsprechung und Verfassungsrechtsdogmatik

1. Die Tendenz der Rechtsprechung zu den Grundrechten

Die betont technische Entwicklung der Grundrechtsdogmatik in Japan hängt auch mit der Lage der Grundrechtsauslegungen in Japan zusammen. Japanische Gerichte agieren in Fragen von Grundrechtsauslegungen sehr zurückhaltend, allerdings aktiver als in Verfassungsrechtsauslegungen über Staatsstrukturprinzipien und Verfassungsorgane. Das gilt besonders für das Oberste Gericht – außer der Zeit des dritten Präsidenten Kisaburo Yokota[5](1960–66) und des vierten Präsident Masatoshi Yokota (1966–69), die deren Amtszeit von japanischen Fachleuten manchmal als „Prager Frühling im Obersten Gericht" bezeichnet wird. Da es nicht möglich erschien, die politischen Konstellationen um das Oberste Gericht rasch zu ändern, war es notwendig für die japanische „Verfassungsdogmatik", Lehren mit dem technischen Charakter zu entwickeln, die sogar auch das Oberste Gericht überzeugen würden.

2. Der amerikanische Einfluss auf die japanische Verfassungsrechtsdogmatik

Vom Beginn der 1970er Jahre an wurde die japanische Verfassungsrechtsdogmatik von amerikanischer Rechtssprechung und Verfassungsrechtswissenschaft stark beeinflusst. Dahinter stand die folgende Überlegung: Wenn die japanische Verfassungsgerichtsbarkeit zum amerikanischen Typ gehöre, sollte die japanische sich an der amerikanischen orientieren, die durch das ständige Lösen von konkreten Fällen ihre technische Rationalität erhöht habe. In der Tat wurde die amerikanische „double-standard-theory" von der herrschenden Lehre der japanischen Verfassungsrechtswissenschaft übergenommen. Sie gehört seit den 1930er Jahren zu den Grundsätzen der amerikanischen Verfassungsgerichtsbarkeit. Danach ist in Grundrechtsfällen eine strenge Gerichtskontrolle von starker Intensität nur dann gerechtfertigt, wenn es sich um den demokratischen Willensbildungsprozess handelt. Die herrschende Lehre der japanischen Wissenschaft versuchte die Gerichtspraxis davon zu überzeugen, wenigstens in solchen Grundrechtsfällen aktiver zu sein, bei denen es um den demokratischen Willensbildungsprozess geht. Das Oberste Gericht hat zwar das Prinzip erwähnt, hat es aber bis jetzt grundsätzlich nicht angewendet, so dass die starke Zurückhaltung in Grundrechtsfällen unverändert geblieben ist.

---

5 Er ist ein von Kelsen beeinflusster Völkerrechtler. Siehe *Hara*, Hans Kelsen und das Studium des Rechts in Japan, 99ff.

3. *Die Grundrechtslehre als Entscheidungsmaßstab für die Verfassungsgerichtsbarkeit – korrekte Erkenntnis der Technik oder „Verfassungstheorie" als Werturteil des Dogmatikers?*

Trotz der Entwicklung einer am amerikanischen Vorbild orientierten „Verfassungsrechtsdogmatik" mit einer ausgeprägt technischen Rationalität blieben Gegensätze zwischen Gerichtspraxis und Lehre in der Auslegung von Grundrechten bestehen. Es ist eigentlich sehr fraglich, ob Ergebnisse der im amerikanischen Kontext entwickelten Gerichtspraxis die universale Geltungskraft einer technischen Rationalität besitzen. Denn auch auf der Grundlage der aus den USA übernommenen Prinzipien blieben aktivere Grundrechtsauslegungen angesichts der unveränderten Konstellation um das japanische Oberste Gericht ungehört. Es geht deshalb bei der Erforschung der amerikanischen Rechtsprechung in Japan einerseits um die exakte Erkenntnis der amerikanischen Praxen. Welchen Entscheidungsmaßstab sollen japanische Gerichte eigentlich übernehmen? Diese Frage hängt andererseits nach der herrschenden Lehre von der „Verfassungstheorie" ab, deren Charakter als Reflektion des „Werturteils" jedes Verfassungsrechtswissenschafters manchmal in Japan, meiner Ansicht nach problematischerweise, zu stark betont wird. Die Unterscheidung von „Erkenntnis" und „Werturteil" bleibt daher weiter bestehen. Wo kann dann in der Auslegung von Grundrechten, die sich ja unvermeidlich auf „Werturteile" bezieht, Rationalität gefunden werden? Dazu gibt es zur Zeit in der japanischen Verfassungsrechtswissenschaft noch keine neue Grundlinie, die breite Unterstützung genösse.

V. Staatsstruktur und Verfassungsorgane in der japanischen Verfassungsrechtswissenschaft nach dem Zweiten Weltkrieg

A. *Die Rezeption von Kelsen in der „Verfassungswissenschaft" und ihre Problematik*

1. *Zwei Ideologiekritiken und „soziologische" Forschungen nach Demokratie*

Auch die Verfassungsrechtswissenschafter, die zur nächsten oder übernächsten Generation nach Miyazawa gehörten, sind von der Ideologiekritik von Kelsen beeinflusst worden. Die Ideologiekritik in der Verfassungswissenschaft hat sogar eine Weiterentwicklung erfahren. Durch Fortschritte der Forschung wurde es erleuchtet, dass zwei Arten von Ideologiekritik unterschieden werden sollten:

Die erste Art von Ideologiekritik versuche zu erklären, dass eine bestimmte Idee eine objektive, wissenschaftliche Maske trage, obwohl sie nur subjektive

Wünsche oder Hoffnungen bestimmter Menschen darstelle. Diese Kritik setze wissenssoziologisch an; sie versuche, solche Ideen durch eine Art Von–den–Masken–Absehen zu entlarven.

Die zweite Art von Ideologiekritik versuche zu erklären, dass eine bestimmte Idee substantialisiert, personifiziert oder verdoppelt werde. Diese immanente Kritik versuche Ideen durch die Deutung ihrer Logik oder Struktur aufzuklären[6].

Die Ideologiekritik wurde aber trotz dieser Differenzierung von manchen Verfassungsrechtswissenschaftern weiter mit der ersten wissenssoziologischen Kritik gleichgesetzt.

Was die soziologische Funktionsanalyse der Demokratie und die daraus abgeleiteten Reformvorschläge für konkrete Institutionen der Demokratie, die von Kelsen in seiner Demokratietheorie durchgeführt wurden[7], betrifft, so wurden sie zwar als wichtig betont, übten aber letztlich keinen großen Einfluss auf die Diskussion in Japan aus.

2. Stagnation der „Verfassungswissenschaft"

Trotz der Betonung der Bedeutung der „Verfassungswissenschaft" haben sich seit den 1970er Jahren ihre Leistungen allmählich verringert. Auch im Bereich der Verfassungsorgane wurde die Verfassungsgerichtsbarkeit zum zentralen Thema der Wissenschaft. Wenn von Demokratie gesprochen wurde, dann am ehesten im Zusammenhang mit dem Thema „Verfassungsgerichtsbarkeit und Demokratie". Die zentralen Themen der „Verfassungswissenschaft" dagegen, wie z.B. Volkssouveränitätsprinzip, Parlamentarismus, haben eher weniger Aufmerksamkeit erfahren.

---

6 *T. Yamashita*, Kenpokagaku no Houhouronn (Methodenlehre der Verfassungswissenschaft), in: *Y. Sugihara* (Hrsg), Kenpougaku no Houhou (Methode der Verfassungsrechtswissenschaft), 1984, 222ff.
Kelsen selber benutzt in der Tat den Begriff „Ideologie" in zwei Bedeutungen. Der erste heißt „eine die Wirklichkeit verhüllende, sie verklärende oder entstellende Vorstellung" (*H. Kelsen*, Reine Rechtslehre, 1. Aufl, 1934, 38) oder „eine nicht-objektive, von subjektiven Werturteilen beeinflusste, den Gegenstand der Erkenntnis verhüllende, sie verklärende oder entstellende Darstellung dieses Gegenstandes" (ebda, 2. Aufl, 1960, 111). Der zweite heißt der „der Natur entgegengesetzte Geist" (ebda, 1. Aufl, 37) oder der „Gegensatz zur Wirklichkeit von Seins-Tatsachen" (ebda, Reine Rechtslehre, 2. Aufl, 111). Der Gegenbegriff des ersten muss „Wissenschaft" sein, der des zweiten „Wirklichkeit". *H. Kelsen*, Allgemeine Rechtslehre im Lichte materialistischer Geschichtsauffassung, AfSozialw./Sozialp. Bd 66, 1931, 5, 30.

7 *H. Kelsen*, Vom Wesen und Wert der Demokratie, 2. Aufl, 1929, insb 38ff.

3. „Über Ideologiekritik"?

Das unzureichende Verständnis für die Theorie von Kelsen und die Stagnation der „Verfassungswissenschaft" überhaupt haben methodisch problematische Ergebnisse oder Tendenzen in der Forschung ausgelöst. Ein typisches Beispiel bildet die Argumentation von Kazuyuki Takahashi. Ideologiekritik reiche nicht aus, so meint er, wenn sie nur enthülle, dass Ideen keine Verwirklichung durch Institutionalisierung fänden, oder, dass Ideen in Institutionen nicht ideengemäß funktionierten. Auch um Ideologiekritik konstruktiver zu machen, müsse die Wissenschaft über Ideologiekritik hinausgehen, indem sie mögliche, den Ideen angepasste Institutionen , den Einklang der Institutionen mit den Ideen und die Vorbedingungen der Institutionen erforsche[8].

Damit seine Behauptung überhaupt einen Sinn haben könnte, wäre es allerdings notwendig, dass noch mehr geschieht: An den Ideen müsste eine zweite, immanente Ideologiekritik durchgeführt werden, und es müsste eine soziologische Funktionsanalyse der realen Demokratie vorgenommen werden. Wegen des Mangels solcher Forschungen sind seine Reformvorschläge zum parlamentarischen Regierungssystem sowohl als „Verfassungswissenschaft" als auch aus „Verfassungsrechtsdogmatik" trotz ihres wissenschaftlichen Anspruchs unzulänglich geblieben, worauf ich später näher eingehen werde.

B. Die Bedeutung der Theorie von Kelsen in der Gegenwart – mit Bezug auf die „Reform der Staatsstruktur" in den 1990er Jahren

1. Die „Reform der Staatsstruktur" in den 1990er Jahren

Die Verfassungsorgane galten wegen der Stabilität der politischen Situationen in Japan lange Zeit für die „Verfassungswissenschaft" nur als Gegenstand der theoretischen Kritik. Das hat sich in den 1990er Jahren durch die „Reform der Staatsstruktur" grundsätzlich verändert. Die Staatsstruktur und die Verfassungsorgane sind plötzlich zu den zentralen Themen der Wissenschaft geworden.

a) „Politische Reform"

Zur „politischen Reform", die 1994 eingeführt wurde, gehörten unter anderem Änderungen des Wahlsystems, wie die Einführung des Mehrheitswahlsystems,

---

8 *K. Takahashi*, Kokumin Naikakusei no Rinen to Unyo (Idee und Verwendung des Systems vom Volkskabinett), 1994, 7ff.

und die Etablierung einer Parteienfinanzierung. Diese grundsätzlichen Erneuerungen des politischen Systems hatten zum Ziel, die Wahlen von personalisierten, hauptsächlich von Fraktionen der Parteien und Unterstützungsgruppen der Kandidaten getragenen Abläufen hin zu einem Verfahren zu entwickeln, das hauptsächlich von den Parteien getragen würde und Machtwechsel ermöglichen sollte[9].

b) „Verwaltungsreform"

Zur „Verwaltungsreform", die in den 1990er Jahren angegangen wurde, gehörte unter anderem die „Reform der Zentralregierung". Sie beinhaltet die Stärkung der Führung durch den Ministerpräsident, das Kabinett, die umfassende Restrukturierung der nationalen Verwaltungsorgane sowie die Reduzierung der Verwaltungsfunktionen. Diese Erneuerungen zielen darauf, die politische Führung der Regierung gegenüber der starken Verwaltungsbürokratie zu stärken. Dahinter stand der Gedanke, dass die Verwaltung, die bisher das „Volk" zum abhängigen Verwaltungsobjekt macht, reduziert werden sollte, um das Volk als Regierungssubjekt zum Verantwortungsträger einer „gesunden" Staatsführung zu machen[10].

c) Theoriearme Reform

Diese „Reformen" stellten zwar die größten „Reformen" der Staatsstruktur seit der Entstehung der „neuen Verfassung" 1947 dar, die als wichtigste Umgestaltung nach dem zweiten Weltkrieg gilt. Die Reformpläne wurden aber nur mit schlagwortartigen Zielen entworfen. Sie beruhten auf keiner „Theorie", welche die Probleme der Staatsstruktur in Japan analysieren und ein darauf aufbauendes Verständnis ermöglichen kann. Diese „Reformen" können daher kein Rezept zur Lösung der Probleme sein. Für die Staatsstruktur in Japan sind deshalb wissenschaftliche Untersuchungen und weitere „Reformen" nötig, die nicht nur dem Namen nach als „Reformen" gelten.

2. Die Lehre vom „Volkskabinett" und ihre Problematik

Als ein repräsentatives Beispiel in der japanischen Verfassungsrechtswissenschaft, das die „Reform der Staatsstruktur" in den 1990er Jahren umfassend zu

9 *A. Takada*, Das Parteirecht in Japan, in: Mitteilungen des Instituts für Deutsches und Europäisches Parteienrecht, 6. Jahrgang (1996), 41ff , auch in: http://www.fernuni-hagen-de/law/forum/fo-vortr.html; *ders*, Die Parteiinstitution in Japan, in: *D. Tsatsos* (Hrsg), 30 Jahre Parteiengesetz in Deutschland – Die Parteiinstitution im internationalen Vergleich, 2002, 301ff.

10 *A. Takada*, Die „Verwaltungsreform in Japan – Abkehr vom „System des informellen Verwaltungshandelns"?, DÖV 2002, 265ff.

rechtfertigen sucht, gilt die vom französischen Verfassungsrechtwissenschafter M. Duverger beeinflusste Lehre vom „Volkskabinett" von Kazuyuki Takahashi, die großes Interesse in den wissenschaftlichen Kreisen in Japan erregt hat. Sie zeigt aber eher die Mängel der aktuellen Forschung in der japanischen Verfassungsrechtswissenschaft.

a) Die Lehre vom „Volkskabinett"

Nach Auffassung von Takahashi liegt die Bedeutung des parlamentarischen Regierungssystems in der Gegenwart nicht in der Gewaltenteilung zwischen Kabinett und Parlament, sondern in der demokratischen Regierung, bei der das Volk durch Parlamentswahlen den Regierungschef und das Regierungsprogramm (wenn auch als Paket) faktisch „direkt" wählen könnte. Es sei dafür nicht ausreichend, dass die Meinung des „Volkes" sich im Parlament widerspiegele. Vielmehr sei es notwendig, dass das „Volk" sich in Parlamentswahlen dazu äußern könnte, welches Regierungsprogramm und welche Regierungsträger es wolle, und dass die Politik darauf beruhend betrieben würde. Ein „starker", d.h. vom Volk faktisch „direkt" gewählter Regierungschef und das Volkskabinett seien in der Lage, politische Entscheidungen gegen den Widerstand der mächtigen japanischen Bürokratie durchzusetzen. Die Rolle der Opposition im Parlament müsste demnach nur in der Kontrolle der Regierung und dem Angebot politischer Alternativen bei der nächsten Wahl gesehen werden[11]. Auf der Grundlage dieser Überlegungen bewertet Takahashi die „Reform der Staatsstruktur" in den 1990er Jahren als positiv[12].

b) Ideologiekritik an der Lehre vom „Volkskabinett"

Es ist möglich ,sogar notwendig, der Lehre vom „Volkskabinett" gegenüber Ideologiekritik zu treiben: Wer ist dabei das „Volk"? Wie „direkt" ist die Wahl? Was wird dabei als das „Regierungsprogramm als Paket" betrachtet? Durch eine solche Kritik ließe sich klären, dass die Lehre von Takahashi nicht als Ergebnis einer „Verfassungswissenschaft" betrachtet werden kann. Sie bildet vielmehr eine normative Behauptung ohne ausreichende wissenschaftliche Eignung.

---

11 *K. Takahashi*, Kokumin Naikakusei no Rinen to Unyo. 28ff.

12 *N. Ashibe*, Isao Sato, Kazuyuki Takahashi, Yoichi Higuchi, Zadankai Nihonkokukenpo 50nenn no Ayumi (Diskussionsgespräch – 50 Jahre Japanische Verfassung), Jurisuto (Jurist) 1089 (1996), 26ff.

c) Zur Notwendigkeit einer funktionalistischen Analyse der Demokratie der Gegenwart bei der rechtspolitischen Diskussionen

Die Lehre vom „Volkskabinett" könnte vielleicht als wissenschaftliche rechtspolitische Argumentation betrachtet werden, die aufzeigt, wie das parlamentarische Regierungssystem in der Demokratie der Gegenwart funktionieren sollte. Die Ziele dieses rechtspolitischen Konzepts können aber unter den Bedingungen einer Demokratie der Gegenwart nicht verwirklicht werden.

Der wichtigste Grund hierfür ist darin zu sehen, dass in fragmentarisierten Gesellschaften höherer Komplexität, wie sie für die Gegenwart charakteristisch sind, große Organisationen ihren entscheidenden Einfluss auf die Bürger verlieren. Entsprechend wachsen auch die Schwierigkeiten, die vielfältigen Interessensgegensätze in der Gesellschaft in nur zwei politischen Programmen, das der Regierung und das der Opposition, zu bündeln und zur Wahl zu stellen. Um möglichst breite Bevölkerungsschichten ansprechen zu können, müssen die Programme vage gehalten werden. Wenn Parteien in dieser Art von Gesellschaft von der Polarisierung der Interessen profitieren möchten, müssen sie ihr Image verkaufen, das durch die Aufstellung möglichst charismatischer Persönlichkeiten als Kandidaten für wichtige öffentliche Ämter geschaffen wird. Es ist sehr fraglich, ob unter diesen Umständen die Tatsache, dass das Volk den Regierungschef faktisch „direkt" wählen kann, als bedeutsam für die Demokratie angesehen werden kann[13].

Ein weiterer Argumentationsstrang von Takahashi geht dahin, dass ein „starker" Regierungschef und das Volkskabinett in der Lage seien, politische Ent-

13 Nach meiner systemtheoretischen Auffassung der Demokratie liegt ihre funktionalistische Bedeutung darin, dass die politische Kommunikation, die die Herausbildung der Alternativen Mehrheit und Minderheit vorbereitet, erhalten und ausgebaut wird, so dass Entscheidungen aufgrund dieser Auseinandersetzung getroffen werden können. Nach dieser funktionalistischen Betrachtung der Demokratie können Mobilität und Stabilität als zwei wichtige Gesichtspunkte der Demokratie gesehen werden. Von diesem Standpunkt aus betrachtet hat die Demokratie in Japan trotz der Fragmentarisierung der Gesellschaft Probleme im Bereich der Mobilität. Symptomatisch hierfür ist, dass die politische Kommunikation in Japan in den 1980er Jahren deutlich an Umfang und Intensität verloren hat. Das Konzept von Takahashi, das sich in der Realität in der „politischen Reform" Japans wiederfindet und das die Bedeutung der Demokratie vor allem darauf reduziert, dass zwischen zwei konkurrierenden Regierungsprogrammen und Kandidaten für das Amt des Regierungschefs ausgewählt wird, kann unter den japanischen Bedingungen die negative Wirkung haben, dass sich die Mobilität noch weiter verringert. In der von geringer Mobilität gekennzeichneten japanischen Demokratie muss die politische Kommunikation intensiviert werden. Die effektivsten rechtspolitischen Maßnahmen hierzu liegen in der Abschaffung der Hindernisse für die politische Kommunikation.

scheidungen gegen den Widerstand der mächtigen japanischen Bürokratie durchzusetzen. Es ist aber sehr fraglich, ob die Schwäche der Politik gegenüber der Bürokratie tatsächlich auf institutionelle Gründe zurückgeht. Tatsächlich konnte sich die Politik in den 1960er und 1970er Jahren, trotz ähnlicher institutioneller Voraussetzungen wie heute, gegenüber der Bürokratie behaupten[14].

Eine rechtspolitische Argumentation müsste eigentlich auf einer Funktionsanalyse der Demokratie der Gegenwart im Allgemeinen und der Demokratie in Japan im Besonderen beruhen und auf dieser Grundlage an die japanische Situation angepasst werden. Die Lehre vom „Volkskabinett" erfüllt deshalb nicht die Voraussetzungen einer rechtspolitischen Argumentation.

d) Die Lehre vom „Volkskabinett" als Verfassungstheorie?

Die Lehre vom „Volkskabinett" kann auch nicht als „Verfassungstheorie" bezeichnet werden, die den Stoff des Verfassungsrechts auf einer höheren Ebene der Abstraktion als „Verfassungsrechtsdogmatik" wissenschaftlich behandelt, also eine Abstraktion der Abstraktionen bildet[15]. Die „Verfassungstheorie" muss sich zu mindest auf die „Verfassungsrechtsdogmatik" beziehen. Die Ausführungen von Takahashi können aber keinen Berührungspunkt mit der „Verfassungsrechtsdogmatik" haben, weil die Lehre vom „Volkskabinett" in der JV keine Basis findet. Nach der JV handelt das japanische Volk durch Vertreter im Parlament (Präambel). Das Parlament wird als das höchste Organ der Staatsgewalt (Art. 41) bezeichnet und seine Mitglieder gelten als Vertreter des ganzen Volks (Art. 43I). Der Ministerpräsident wird durch Beschluss des Parlaments bestimmt (Art. 67I). Mehr als die Hälfte der Minister, die vom Ministerpräsident ernannt werden, müssen aus dem Kreis der Parlamentsmitglieder ausgewählt werden (Art. 68I). Aufgrund dieser Bestimmungen muss das Kabinett „verfassungstheoretisch" eher als „Parlamentskabinett" bezeichnet werden[16]. Eine Rela-

14 Meiner Ansicht nach, haben sich danach rechtliche und gesellschaftliche Beschränkungen der politischen Tätigkeit dahingehend ausgewirkt, dass weniger Personen mit herausragenden persönlichen Qualitäten in die Politik eintraten. Dieser Mangel machte sich in den 1980er Jahren bemerkbar. Es wäre rechtspolitisch dringend geraten, diese Beschränkungen abzuschaffen. Dieser Punkt ist auch eine Schwachstelle in Takahashis Ausführungen, da er sich nicht darüber äußert, wie führende Persönlichkeiten der Politik aus der Gesellschaft rekrutiert und an ihre Aufgaben im politischen Entscheidungsprozess herangeführt werden können.

15 *N. Luhmann*, Rechtssystem und Rechtsdogmatik, 1974, 13.

16 Auch nach einer funktionalistischen Analyse der Demokratie der Gegenwart muss die Bedeutung des Parlaments betont werden. Um in der Demokratie einer fragmentarisierten Gesellschaft hoher Komplexität, wie der japanischen, Mobilität und Stabilität in ein Gleichgewicht zu bringen, müssen vor allem Effektivität und Flexibilität des

tivierung der Bedeutung des Parlaments darf daher „verfassungstheoretisch" auf keinen Fall stattfinden.

3. Zur Notwendigkeit von „Verfassungswissenschaft" und „Verfassungstheorie"

Der Wandel in der Staatsstruktur in Japan erhöht die Notwendigkeit von weiteren wissenschaftlichen Untersuchungen der Verfassungsorgane. Die Theorie von Kelsen wird dabei weiterhin die japanische Verfassungsrechtswissenschaft beeinflussen.

a) „Verfassungswissenschaft" und Kelsen

In der „Verfassungswissenschaft" wird die Theorie von Kelsen zweifellos ihren Einfluss behalten. In der Zeit der Stagnation der „Verfassungswissenschaft" ist die Sensibilität für den Begriff oder die logische Struktur der Verfassungsrechtswissenschaft zurückgegangen. Die Ideologiekritik, besonders in ihrer zweiten Form, die erklärt, dass eine bestimmte Idee substantialisiert, personifiziert oder verdoppelt wird, kann für die Wiederherstellung der Wissenschaftlichkeit eine wichtige Rolle spielen.

Bei den Diskussionen über die „Reform der Staatsstruktur" in den 1990er Jahren wurde deutlich, dass eine funktionalistische Analyse der Demokratie der Gegenwart als Grundlage für rechtspolitische Diskussionen in Japan fehlt. Die soziologische Funktionsanalyse der Demokratie und die darauf beruhenden Reformvorschläge für konkrete Institutionen der Demokratie, die Kelsen in seiner Demokratietheorie ausführt, sollten mehr nachgeschlagen werden.

b) „Verfassungstheorie" und Kelsen?

Kelsen versteht seine Theorie als „Wissenschaft". Wenn aber die „Verfassungstheorie" nicht ein Teilsystem des Wissenschaftssystems, sondern des Rechts-

---

Parlaments erhöht werden. In Beziehung auf die Mobilität kann das Parlament nicht mehr nur auf dem als Wahlergebnis alle vier Jahre einmal gezeigten „Willen des Volks" beruhen, aus dem heraus die Regierung jeweils gebildet wird. Eine Politik, die sich allein an der öffentlichen Meinung ausrichtet, kann jedoch keine Stabilität schaffen. Die Bedeutung der „Repräsentation" des Volks und des „freien Mandats" gegen Volk und Parteien muss unter dem Aspekt dieses Gleichgewichts betont und neu interpretiert werden. Nur auf der Basis eines Parlaments aus „freien" Abgeordneten als starke „Repräsentation" kann die Regierung die Stabilität erhalten, ohne an Mobilität zu verlieren. Konkret kann das „Parlamentskabinett" der Demokratie, wie es eben entworfen wurde, ein unter der JV realisierbares Konzept des parlamentarischen Regierungssystems sein.

systems sein sollte, wie beispielsweise Luhmann es andeutet[17], dann würde es der Absicht von Kelsen zuwiderlaufen, seine Theorie als „Verfassungstheorie" zu betrachten, die als Meta-Theorie der „Verfassungsrechtsdogmatik" gilt. Es gibt aber besonders in seiner Demokratietheorie mehrere Elemente, die ohne Zweifel als „Verfassungstheorie" betrachtet werden können, wie z.B. die Begründung der Demokratie durch die Freiheit (Autonomie), die Rechtfertigung des Mehrheitsprinzips durch die Freiheit[18], und diejenigen Elemente, welche Weiterentwicklungen der „Verfassungstheorie" beeinflussen können, wie z.B. die Befürwortung des Parlamentarismus[19]. Es ist noch nicht klar, ob die „Verfassungstheorie" als ein Teilbereich der Verfassungsrechtswissenschaft in Japan etabliert werden kann. Wenn aber die „Verfassungstheorie" von Staatsstruktur und von den Verfassungsorganen überhaupt in Japan erforscht werden sollte, dann besteht auch die Chance, dass die Demokratietheorie von Kelsen diese Forschung beeinflussen wird.

VI. Ausblick

Wegen der Lage und der Aufgaben der Verfassungsrechtswissenschaft in Japan nach dem Zweiten Weltkrieg hat die Demokratietheorie von Kelsen ihre Grundstruktur ständig beeinflusst. Die „Verfassungsrechtsdogmatik" muss in Zukunft auf der Basis der Unterscheidung zwischen „Verfassungsdogmatik" und „Verfassungswissenschaft" sich ausdifferenzieren, womit die Rationalität der Verfassungsauslegung erhöht wird, die unvermeidlich Werturteile enthält. In der „Verfassungswissenschaft" in Japan ist zu erwarten, dass sie durch erneute Forschun-

17 Niklas Luhmann betonte zuerst die Wissenschaftlichkeit der Rechtstheorie (*N. Luhmann*, Rechtssystem und Rechtsdogmatik, 13). Er betrachtete sie aber später „als denjenigen Teil des Rechtssystems", „der das Ganze reflektiert", als „Theorie des Systems im System" (*N. Luhmann*, Selbstreflexion des Rechtssystem – Rechtstheorie in gesellschaftstheoretischer Perspektive, in: *ders*, Ausdifferenzierung des Rechts, 1981, 422). Die Stellung der Verfassungstheorie hängt vom Verhältnis zwischen Recht und Wissenschaft in jeder Gesellschaft. Es würde in Japan möglicherweise schwierig sein, die Verfassungstheorie in das Rechtssystem einzuordnen, solange Verfassungsrechtspraxis und Verfassungsrechtswissenschaft auch in Zukunft sehr weit auseinandergerissen bleiben.

18 *E.-W. Böckenförde*, Demokratie als Verfassungsprinzip, in: *J. Isensee – P. Kirchhof*, Handbuch des Staatsrecht I, 1987, Rn. 36 u 56; *M. Morlok*, Demokratie und Wahlen, in: *P. Badura – H. Dreier* (Hrsg), Festschrift 50 Jahre Bundesverfassungsgericht II, 2001, 562.

19 *O. Lepsius*, Die erkenntnistheoretische Notwendigkeit des Parlamentarismus, in: *M. Bertschi* ua (Hrsg), Demokratie und Freiheit, 1999, 157ff.

gen zur Demokratietheorie von Kelsen Weiterentwicklungen erfahren wird. Auch im Bereich der „Verfassungstheorie“ der Staatsstruktur und der Verfassungsorgane, die in Japan noch zur Zukunftsmusik gehört, könnten Theorien von Kelsen Einflussmöglichkeiten finden. Auch in Zukunft werden sich daher wohl der Charakter und die Entwicklung der japanischen Verfassungsrechtswissenschaft weiter dadurch erläutern lassen, dass der Einfluss von Kelsen auf die japanische Verfassungsrechtswissenschaft in seinen Inhalten und Gründen dargestellt wird.

Theo Öhlinger, Wien

Hans Kelsen und das österreichische Bundesverfassungsrecht: Ein kritischer Rückblick

I. Kelsens Mitwirkung an der Entstehung der Bundesverfassung; II. Kelsens Einfluss auf die (richterliche) Auslegung der Verfassung; III. Österreichischer Gesetzespositivismus und Reine Rechtslehre: A. Kelsens Kritik am Gesetzespositivismus, B. Die Reaktion der österreichischen Verfassungsdogmatik; IV. Der methodische Wandel von Lehre und Judikatur.

Die folgenden Ausführungen beziehen sich auf die Bedeutung und den Stellenwert Hans Kelsens für das österreichische Verfassungsrecht. Diese Bedeutung ist schlicht überragend. Kein anderer Jurist hat im 20. Jahrhundert einen vergleichbaren Einfluss auf dieses Verfassungsrecht in all seinen Facetten – Verfassungsgesetzgebung, Verfassungsrechtsprechung und Verfassungsrechtswissenschaft – ausgeübt.

I. Kelsens Mitwirkung an der Entstehung der Bundesverfassung

Kelsen hat an der Entstehung der Bundesverfassung von 1920 mitgewirkt. Die Bedeutung dieser Mitwirkung wird allerdings manchmal falsch eingeschätzt. In den Medien wird die österreichische Bundesverfassung gerne als „Kelsen-Verfassung" bezeichnet oder Kelsen als „Vater" dieser Verfassung genannt. Das ist so gewiss nicht richtig. Die österreichische Bundesverfassung hat viele „Väter". Es ist daher auch nicht ganz korrekt, wenn es etwa im Stiftbrief des Hans-Kelsen-Instituts[1] heißt: „Die Republik verdankt Hans Kelsen ihre Verfassung". Österreich hätte zweifellos auch ohne Hans Kelsen eine Verfassung. Aber sie würde in manchen Teilen anders aussehen als das B-VG von 1920.

Hans Kelsen war zunächst Berater von Staatskanzler Karl Renner und wissenschaftlicher Mitarbeiter der Staatskanzlei[2]. Als solcher erstellte er eine Reihe von Verfassungsentwürfen, deren Systematik alle weiteren Entwürfe beeinfluss-

1 Abgedruckt in *R. Walter – C. Jabloner – K. Zeleny* (Hrsg), 30 Jahre Hans Kelsen-Institut, 2003, 107.
2 Näher ua *G. Stourzh*, Wege zur Grundrechtsdemokratie, 1989, 312 f.

te[3]. Er war Mitglied eines vierköpfigen – hochrangigen – Komitees, das von der Staatsregierung im Mai/Juni 1920 zur Ausarbeitung eines Verfassungsentwurfes eingesetzt wurde (neben Kanzler Renner noch Vizekanzler Jodok Fink und Staatssekretär Michael Mayr)[4]. Und er war schließlich Experte des Unterausschusses des Verfassungsausschusses der Konstituierenden Nationalversammlung, der vom 11. Juli bis zum 24. September 1920 den Text des B-VG ausarbeitete. Dabei lässt sich der Einfluss Kelsens auf die Textierung des B-VG in wesentlichen Punkten nachweisen. Ich erwähne – ohne jeden Anspruch auf Vollständigkeit – nur drei bemerkenswerte Beispiele.

Auf Kelsen geht die Formulierung des zweiten Satzes in Art 1 B-VG zurück, wonach das *Recht (der Republik) vom Volke ausgeht* – eine Formulierung, mit der die klassische Formel, dass alle (Staats-)Gewalt vom Volk ausgehe, in einer die Rechts- und Staatstheorie Kelsens reflektierenden Weise abgewandelt wird. Kelsen hat, ausgehend von seiner Identifizierung des Staates mit dem Recht, die traditionelle Gewaltterminologie sowohl aus der Sprache des positiven Verfassungsrechts als auch aus der Begrifflichkeit der österreichischen Rechtswissenschaft verbannt – Letzteres freilich nicht immer zum Vorteil einer Lösung der hinter dieser Terminologie stehenden Probleme[5].

Auf Kelsen geht weiters – so berichtet jedenfalls Adolf J. Merkl[6] – die Formulierung des *Legalitätsprinzips* in Art 18 B-VG zurück. Wie immer dies gewesen sein mag[7] – Kelsen hat jedenfalls mit seiner Demokratietheorie[8] das Verständnis dieser Bestimmung seitens der Rechtslehre und Judikatur ganz entscheidend geprägt. Dieses Verständnis des Legalitätsprinzips inkludiert nicht nur eine strenge Bindung der Verwaltung an das Gesetz (wie sie einer klassischen Tradition des Rechtsstaats entspricht), sondern auch eine verfassungsrechtliche Verpflichtung der Gesetzgebung, das Handeln der Verwaltung hinreichend genau zu

---

3 Vgl *A. Merkl*, Hans Kelsen als Verfassungspolitiker, in: JBl 1931, 385; ausführlich auch *Stourzh*, wie FN 2, 317 ff; *G. Schmitz*, Die Verfassungsgespräche mit den österreichischen Ländern 1919/20, in: ZNR 1979, 21-40; *ders*, Die Verfassungsentwürfe Karl Renners von 1918 und 1919, in: Schriftenreihe des Hans Kelsen-Instituts 16, Karl Renners Briefe aus Saint Germain und ihre rechtspolitischen Folgen, 33ff.

4 *F. Ermacora*, Quellen zum Österreichischen Verfassungsrecht (1920), 1967, 16; vgl *W. Brauneder – W. Bhil*, Forschungen zur österreichischen Verfassungsgeschichte der Jahre 1918–1938, in: ZNR 1979, 41-51.

5 Vgl *R. Novak*, Grenzen und Möglichkeiten des Legalitätsprinzips, in: ÖVA 1970, 1, 11 ff.

6 *Merkl*, wie FN 3, 386.

7 Vgl auch *Stourzh*, wie FN 2, 329.

8 *H. Kelsen*, Vom Wesen und Wert der Demokratie, 2. Aufl 1929, 69 ff. Vgl auch dazu *Merkl*, wie FN 3, 387 f.

determinieren[9]. Die Verwaltung wird dadurch auf einen bloßen „Vollzug" des Gesetzes reduziert und so zum Vollstrecker des im Gesetz repräsentierten Volkswillens. Art 18 B-VG wurde in diesem Verständnis zu einem Spezifikum des österreichischen Verfassungsrechts, zur „Zentralnorm der demokratischen Rechtsstaatlichkeit" Österreichs[10].

Schließlich die Verfassungsgerichtsbarkeit: Kelsen selbst hat sie als sein „persönlichstes Werk"[11] bezeichnet. Bekanntlich ist der österreichische Verfassungsgerichtshof (VfGH) das älteste spezielle Verfassungsgericht der Welt und hat als solches die Verfassungsentwicklung in Europa vor allem in der zweiten Hälfte des 20. Jahrhunderts maßgeblich beeinflusst. Man bezeichnet dieses österreichische Modell der richterlichen Gesetzesprüfung daher auch, vor allem in den romanischen Ländern, als *Kelsenianisches Modell*[12].

Die Protokolle des Verfassungsunterausschusses sprechen freilich eine etwas andere Sprache. Was offensichtlich auf eine Anregung Kelsens zurückgeht, ist die Befugnis des VfGH, Gesetze, die der VfGH in anderem Zusammenhang anzuwenden hat, von Amts wegen zu prüfen (Art 140 B-VG). Die Politiker hatten nur ein Antragsrecht der Bundesregierung und der Landesregierungen vorgesehen und den VfGH gewissermaßen als Schiedsrichter in Kompetenzstreitigkeiten zwischen dem Bund und den Ländern konzipiert[13]. Sie dürften die Tragweite der von Kelsen angeregten Ergänzung kaum erfasst haben. Es war aber genau diese Befugnis des VfGH, die zum Motor der Weiterentwicklung dieser Institution wurde, und zwar von einem bloßen Schiedsrichter zwischen Bund und Ländern zu einem umfassenden Hüter der Verfassung und im Besonderen der Grundrechte[14].

Zusammengefasst: Kelsen war zweifellos ein „wichtiger Mitgestalter des Bundes-Verfassungsgesetzes 1920"[15]. Er hat – in den Worten von Gerald

9 Vgl *H. P. Rill*, Art 18 B-VG, in: *H. P. Rill – H. Schäffer (Hrsg)*, Bundesverfassungsrecht Kommentar, 1. Lfg 2001, Rz 5 ff.

10 *Rill*, wie FN 9, Rz 1 ff.

11 *H. Kelsen*, Archivaufnahme, in: *Walter – Jabloner – Zeleny*, wie FN 1, 89, 90.

12 Siehe etwa *L. Favoreu*, Le contrôle juridictionnel des lois et sa légitimité. Développements récents en Europe Occidentale, 1984, 21.

13 *Th. Öhlinger*, Verfassungsgerichtsbarkeit und parlamentarische Demokratie, in: *H. Schäffer* ua (Hrsg), FS Melichar, 1983, 125, 135. Die aus den Akten der Staatskanzlei erkennbare Entwicklung der einschlägigen Ideen Kelsens zeichnet *Stourzh*, wie FN 2, genau nach. Auch sie nehmen ihren Ausgangspunkt bei der Suche nach einer Garantie gegen kompetenzwidrige Landesgesetze.

14 *Th. Öhlinger*, Die Entstehung und Entfaltung des österreichischen Modells der Verfassungsgerichtsbarkeit, in: *B.-Ch. Funk* ua (Hrsg), FS Adamovich, 2002, 581, 592 f.

15 *R. Walter*, Hans Kelsen 1881–1973, in: W. Brauneder (Hrsg), Juristen in Österreich 1200–1980, 1987, 290, 291.

Stourzh[16] – „sehr bedeutenden Anteil an der Form der Bundesverfassung", dagegen „geringeren – doch nicht geringen – Anteil an ihrem Inhalt".

II. Kelsens Einfluss auf die (richterliche) Auslegung der Verfassung

Kelsen hat aber die österreichische Verfassungsgerichtsbarkeit auch noch in anderer Weise maßgeblich geprägt, nämlich durch sein methodisches Verständnis. Kelsen hat sich für eine große Zurückhaltung der Verfassungsrichter gegenüber verfassungsrechtlichen Termini wie „Gerechtigkeit, Freiheit, Gleichheit, Billigkeit, Sittlichkeit usw" ausgesprochen[17]. Nun sind zwar manche dieser Termini – Gerechtigkeit, Billigkeit, Sittlichkeit, anders als etwa Freiheit und Gleichheit – im Verfassungsrecht gar nicht üblich; aber was Kelsen damit anzusprechen scheint, ist die regelmäßige *Terminologie eines Grundrechtekatalogs*. Kelsen steht einer solchen Terminologie der Verfassung mit großem Misstrauen gegenüber und empfiehlt explizit ihre Vermeidung – ein etwas paradoxes Postulat, macht es doch die Auslegung des Verfassungstextes zum Kriterium seiner Formulierung. (Es ist dies eine bemerkenswerte Abwandlung der neo-kantianischen Wissenschaftstheorie des frühen Kelsen[18], wonach nicht der Gegenstand die Methode, sondern die Methode den Gegenstand bestimmt.) Soweit eine solche Terminologie dennoch vorliegt, plädiert Kelsen für einen ausgeprägten *judicial self-restraint*. Ich zitiere wörtlich: „Daß es ... Sinn der Verfassung nicht sein kann, durch den Gebrauch eines nicht näher bestimmten, so vieldeutigen Wortes wie jenes der Gerechtigkeit oder eines ähnlichen, jedes vom Parlament beschlossene Gesetz von dem freien Ermessen eines politisch mehr oder weniger willkürlich zusammengesetzten Kollegiums, wie es das Verfassungsgericht ist, abhängig zu machen, versteht sich von selbst".

Der VfGH ist diesem Ratschlag zunächst gefolgt. Berühmt ist eine Entscheidung aus 1928[19] – Kelsen selbst gehörte von 1921 bis 1930 dem VfGH an –, in der es um die Verfassungsmäßigkeit eines Mietengesetzes ging. Der VfGH bestritt nicht, dass die damals geltende Regelung eine Eigentumsbeschränkung darstelle, die von Verfassungs wegen nur im öffentlichen Interesse („allgemeines Wohl") zulässig sei. Was jedoch im öffentlichen Interesse liegt, habe ausschließlich der parlamentarische Gesetzgeber zu beurteilen. „Der VfGH muss es aber

---

16 *Stourzh*, wie FN 2, 325.

17 Siehe *H. Kelsen*, Wesen und Entwicklung der Staatsgerichtsbarkeit, in: VVDStRL 5, 1929, 30, 68 ff.

18 Siehe etwa *H. Kelsen*, Das Problem der Souveränität und die Theorie des Völkerrechts, 1920, 10 f.

19 Slg. 1123.

entschieden ablehnen, in einer solchen Frage eine Meinung zu äußern." Betrachtet man die Entwicklung der Rechtsprechung in den letzten Jahrzehnten[20], so wird deutlich, wie weit sich inzwischen die Judikatur des VfGH von dieser Position entfernt hat.

III. Österreichischer Gesetzespositivismus und Reine Rechtslehre

Nach 1945 hat allerdings der VfGH den Auslegungsstil der Zwanzigerjahre zunächst nahtlos fortgesetzt[21] und auch die Verfassungsrechtswissenschaft ist dem grosso modo gefolgt – das freilich unter weitgehendem Verlust jenes theoretischen Tiefgangs, den die rechtstheoretische Position Kelsens selbst kennzeichnet.

A. Kelsens Kritik am Gesetzespositivismus

Kelsen hat in seiner Rechtstheorie sehr scharf und deutlich die Grenzen der Leistungsfähigkeit der traditionellen juristischen Auslegungsmethoden (einschließlich rechtsdogmatischer Konstruktionen) aufgezeigt[22]. Kelsens Rechts-

---

20 Siehe die Nachweise bei *Th. Öhlinger*, Verfassungsrecht, 5. Aufl 2003, Rz 874 ff.

21 Zum methodischen Selbstverständnis des VfGH in dieser Epoche siehe *M. Welan*, Der Verfassungsgerichtshof – eine Nebenregierung?, in: *H. Fischer* (Hrsg), Das politische System Österreichs, 3. Aufl 1982, 271, 306: Die Richter sind „meist praktizierende oder zumindest ‚kommunizierende' Gesetzespositivisten und betrachten sich überwiegend als ‚Gefangene des Wortlauts' der Verfassung".

22 *H. Kelsen*, Reine Rechtslehre, 2. Aufl 1960, 346 ff; ähnlich auch noch *R. Walter*, Philosophische Hermeneutik und Reine Rechtslehre, in: *H. Vetter – M. Potacs* (Hrsg), Beiträge zur juristischen Hermeneutik, 1990, 41, 48; einschränkend allerdings ebda 51: „Soweit Ergebnisse mit den Mitteln festgelegter oder normierter Auslegungsregeln erzielbar sind, erscheinen die Anforderungen an eine objektive Wissenschaft erfüllt." Dieser Schein trügt: § 6 ABGB macht aus jurisprudentiellen Schriften noch keine exakte Wissenschaft mit falsifizierbaren oder gar verifizierbaren Ergebnissen, weil dem die argumentative Struktur von Auslegung widerspricht. – Ähnlich wie Walter argumentiert auch *W. Ott*, Die Reine Rechtslehre als rechtspositivistische Theorie, in: *Walter – Jabloner – Zeleny*, wie FN 1, 13, 26: Wortinterpretation und Ermittlung des vom Gesetzgeber tatsächlich Gewollten (subjektiv-historische Interpretation) können „von einer exakten Rechtswissenschaft geleistet werden"; ebenso eine teleologische Interpretation, soweit sich „der Zweck einer Norm aus dem Wortlaut oder den Materialien ermitteln (lässt)", was dann freilich wiederum auf eine Wortlaut- und subjektiv-historische Interpretation hinausläuft. Diese seien aber als exakte Wissenschaft möglich. – Dazu sei hier nur Folgendes kurz angemerkt: Natürlich kann man ein rechtliches Phänomen, zB die Sätze eines Gesetzes, auch unter grammatikalischen und historischen Gesichtspunkten und in diesem Sinn nach eini-

theorie, klassisch formuliert in der zweiten Auflage der „Reinen Rechtslehre", ist eine *Strukturtheorie des Rechts, keine Theorie einer anwendungsbezogenen Rechtsdogmatik.* Ihr Beitrag zur Auslegung und Rechtsdogmatik besteht vielmehr gerade darin, deren mangelnde „Wissenschaftlichkeit" aufzuzeigen: Das gesatzte Recht gibt seiner Anwendung bloß einen „Rahmen" vor, der durch Erkenntnisse einer rechtlichen Strukturtheorie im einen oder anderen Fall reduziert, aber keineswegs zur Gänze ausgefüllt werden kann. (Das Kelsen'sche Bild des „Rahmens" ist seinerseits unscharf, weil es zwei Aspekte vermengt, die man in rechtlicher Sicht klar auseinander halten sollte: den Spielraum, den das Recht seiner Anwendung intentional – im Sinne von „Ermessen" – einräumt, und jenen Auslegungs-"Spielraum", der sich aus der Unschärfe der Sprache des Rechts ergibt; hier geht es nur um Letzteres.) Auslegung (Interpretation) im Sinne einer „traditionellen" (fallbezogenen) Jurisprudenz[23] erfüllt dagegen nicht die strengen Kriterien des an den Naturwissenschaften orientierten Wissenschaftsbegriffs Kelsens[24]: Sie kann in Bezug auf einen konkreten Sachverhalt den strittigen

---

germaßen exakten wissenschaftlichen Kriterien untersuchen und auf diese Weise den Gehalt des vorgegebenen Rechts über einen ersten Eindruck hinaus näher präzisieren. Man sollte dies im Bedarfsfall auch unbedingt tun. Und es ist positiv zu bewerten, dass sich Vertreter der Reinen Rechtslehre von einer Befolgung dieses Postulats nicht dadurch abhalten lassen, dass es sich dabei nicht um „reine" juristische Methoden und im Fall der historischen Analyse nicht einmal um eine normative Methode handelt. (Zur Grammatik als eigenständiges Normensystem [„Wertsystem"] siehe *A. J. Merkl*, Rezension von Hans Kelsen, Das Problem der Souveränität und die Theorie des Völkerrechts. Beitrag zu einer reinen Rechtstheorie, in: Gesammelte Schriften Bd 2, 2. Teilband, 2002, 609, 610.) Nur: Das oben im Text angesprochene Auslegungsproblem lässt sich damit lediglich reduzieren, aber nicht auflösen. Siehe dazu sogleich oben im Text.

23 In der Begrifflichkeit Kelsens ist dies die „Interpretation ... durch das rechtsanwendende Organ" (Reine Rechtslehre, wie FN 22, 346) als „geistiges Verfahren, das den Prozess der Rechtserzeugung in seinem Fortgang von einer höheren zu einer, von der höheren bestimmten, niedrigeren Stufe begleitet" (so *Ott*, wie FN 22, 25). Tatsächlich ist aber auch der Großteil der rechtswissenschaftlichen Literatur der Sache nach nicht bloße „Beschreibung" des Rechts (wie dies *Kelsen*, Reine Rechtslehre, wie FN 22, 352 ff, von einer „rechtswissenschaftlichen" Interpretation verlangen würde), sondern nimmt einen auf konkrete Falllösungen bezogenen Standpunkt ein. Die sich selbst – auch im Gefolge der Reinen Rechtslehre – als Rechtsdogmatik verstehende Rechtswissenschaft (siehe *R. Walter – H. Mayer*, Bundesverfassungsrecht, 9. Aufl 2000, Rz 1 f) beschreibt das Recht von einem rechtlichen Standpunkt aus, nimmt also eine „Teilnehmerperspektive" ein. Im Sinn einer strengen exakten Wissenschaft ließe sich Recht aber nur „von außen" beobachten und „beschreiben". Siehe dazu *N. Luhmann*, Das Recht der Gesellschaft, Suhrkamp Taschenbuch 1993, 496 ff.

24 Richtig *R. Thienel*, Kelsen, in: *M. Stolleis* (Hrsg), Juristen, 2001, 354, 355. *Walter*, wie FN 22, 46 f, spricht in diesem Zusammenhang von einem analytischen Wissenschaftsbegriff.

Inhalt eines Gesetzes nicht in einem streng wissenschaftlichen Sinn verifizieren oder falsifizieren, sondern nur Argumente liefern. Soweit diese Argumente – wie im Regelfall strittiger Rechtsfragen – gegenläufig sind, bedürfen sie einer Abwägung. Weil sich aber das Gewicht von Argumenten nicht messen (quantifizieren) lässt, kann eine solche Abwägung schon begrifflich nicht exakt sein: Rechtliche Argumente können daher nichts „beweisen", sondern nur „überzeugen" beziehungsweise „rechtfertigen". Überzeugen und rechtfertigen zu wollen, das heißt zetetisch zu argumentieren[25], ist aber das genaue Gegenteil von exakter Wissenschaft. Es ist, wie jeder selbstkritische Praktiker einräumen wird, mehr Kunst als Wissenschaft.

B. Die Reaktion der österreichischen Verfassungsdogmatik

Der „Ausweg", den die österreichische Rechtswissenschaft im Bereich des öffentlichen Rechts (Verfassungs- und Verwaltungsrecht) aus dem Dilemma der Unverzichtbarkeit, Gesetze auszulegen, und der mangelnden wissenschaftlichen Exaktheit einer solchen „Jurisprudenz" gefunden zu haben meint, ist der Rückzug auf das, was am vorgegebenen Recht scheinbar sicher ist: der Wortlaut des Gesetzes, allenfalls noch in Verbindung mit einer nachweisbaren Absicht des Gesetzgebers[26].

1. Was den *Wortlaut* betrifft, so scheitert dieser Rückzug freilich an der Vagheit und Unbestimmtheit der menschlichen Sprache. Kelsen hat diese Vagheit und Unbestimmtheit der Sprache des Rechts erkannt, ohne freilich viel mehr als diese Feststellung zu treffen (und daraus abgeleitet, dass das Recht seine Anwendung nicht abschließend determinieren kann – siehe zuvor). Der Verzicht auf eine tiefere Auseinandersetzung mit Sprache und Kommunikation als Existenzform

---

25 Dazu *F. Wimmer*, Du sollst argumentieren! – zur Ethik des Überzeugens, in: *Vetter – Potacs*, wie FN 22, 106, 108 ff.

26 Insofern besteht zwischen der radikalen Kritik Kelsens an den traditionellen Auslegungsmethoden und dem traditionellen österreichischen Gesetzespositivismus in der Tat ein kausaler Zusammenhang. Vgl dazu schon *Th. Öhlinger*, Bemerkungen zur Verfassungsdogmatik, in: ZVR 1978, 257, 259. Der maßgebende Theoretiker dieses Gesetzespositivismus war Ludwig Adamovich sen., für den Verfassungsrecht „streng formales Recht" war (*L. Adamovich*, Probleme der Verfassungsgerichtsbarkeit, in: JBl 1950, 73, 74); dazu auch *E. Loebenstein*, Einfluß und Bedeutung von Ludwig Adamovich (Vater) auf Rechtslehre und Rechtsetzung genereller und individueller Art im Bereich des öffentlichen Rechts, in: *R. Machacek* (Hrsg), GS Ludwig Adamovich sen., 1990, 16 ff. Zum Zusammenhang zwischen Reiner Rechtslehre und traditionellem (von Kelsen theoretisch bekämpften) Gesetzespositivismus siehe auch unten bei FN 37.

des Rechts und als Bedingung dafür, dass Menschen sich über „ihr" Recht verständigen können, ist zweifellos ein Defizit einer Rechtstheorie, die mit einem so umfassenden Anspruch auftritt wie dies die Reine Rechtslehre tut. Damit hängt wohl auch jene Verdinglichung des Rechts zusammen, die schon bei Kelsen selbst zu beobachten ist[27], und die sich bei seinen Nachfolgern bis zur Behauptung versteigt, man könne (und müsse sich darum bemühen,) ein „Recht an sich" außerhalb jeder Interpretation (zu) erkennen[28] – ein Rückschritt in eine nicht nur

---

27 Dazu auch *B.-Ch. Funk*, Rechtswissenschaft als Erkenntnis und kommunikatives Handeln, dargestellt anhand von Entwicklungen in der Staatsrechtslehre, in: JRP 2000, 65, 69 ff; *St. Hammer*, Rechtswissenschaft als Argumentation, in: *J. Busch – Ch. Konrath* (Hrsg), SchreibGuide Jus, 2002, 67, 68.

28 Siehe *R. Walter*, Das Recht als objektive Gegebenheit oder als Bewußtseinsinhalt, in: ÖJZ 1992, 281. Zum kritizistischen Ausgangspunkt der Reinen Rechtslehre steht dies in diametralem Gegensatz: siehe *O. Weinberger*, Reine Rechtslehre zwischen Kritizismus und analytischer Philosophie, in: ZÖR 2000, 367, 371 f. Die These, dass Recht nur als etwas „objektiv Gegebenes, Starres" seine Funktion erfüllen könne (so *Walter*, ebda 283), begründet nicht den Schluss, dass „Recht an sich" erkennbar sei, sondern argumentiert, dass nicht sein kann, was nicht sein darf – ein nicht gerade Kelsenianisches Theorem. Der weitere Einwand (*Walter*, ebda), dass demnach „Recht insoweit nicht vorhanden (sei), soweit etwa ein Bewußtseinsverlust eintritt", ist allerdings durchaus zutreffend beobachtet: Soweit dies den „Bewusstseinsverlust" aller Menschen meint, gibt es in der Tat kein Recht mehr, wenn es keine Lebewesen mit menschlichem Bewusstsein mehr gibt; Bewusstseinsverlust einzelner Menschen bringt jenes Recht zum Erlöschen, dass nur diese Menschen kannten. Diese Feststellung widerlegt aber nicht die Einsicht, dass Recht nur im Bewusstsein von Menschen existiert. Richtig ist aber an dieser Kritik, dass der Terminus „Bewusstsein" missverständlich ist, weil es nicht um isoliertes, sondern um kommunizierendes Bewusstsein geht: Recht existiert in kommunikativen Prozessen (richtig *Funk*, Rechtswissenschaft, wie FN 27; ferner *B.-Ch. Funk*, Abbildungs- und Steuerungsleistungen der Rechtswissenschaft. Recht und Rechtswissenschaft als Konstrukte gesellschaftlicher Kommunikation, in: *B.-Ch. Funk* ua [Hrsg], FS Adamovich, 2002, 111 ff): Recht besteht aus Kommunikationen und Strukturablagerungen von Kommunikationen. Es ist als solches Teil der Gesellschaft: siehe *Luhmann*, wie FN 23, 31 ff.
Es geht mit dieser Einsicht nicht darum, eine „Emanzipation der Vollziehung von der Gesetzgebung" zu inaugurieren oder zu propagieren – so aber *R. Walter*, Demokratie – Probleme ihrer Verwirklichung, in: *M. Akyürek ua* (Hrsg), Verfassung in Zeiten des Wandels, 2002, 43, 47 f –, sondern ausschließlich darum, in einer wissenschaftlichen und damit wertfreien Weise die (komplexe) Realität des Rechtsvollzuges (seine kommunikative Struktur) zu beschreiben und zu erklären. Diese Realität wirft unter demokratietheoretischen Gesichtspunkten schwierige Fragen auf (insofern richtig *Walter*, ebda). Man löst aber solche Fragen nicht dadurch, dass man vor dieser Realität die Augen verschließt (in diesem Sinn auch *Funk*, FS Adamovich, ebda 121). Wer durch eine Reduktion der zulässigen Auslegungsmethoden auf grammatikalische und subjektiv-historische Interpretation Rechtssicherheit gewinnen will, verengt entweder den normativen Gehalt des vorgegebenen Rechts (in wessen Interesse das immer lie-

präkantianische, sondern sogar präcartesianische (also mittelalterliche) Erkenntnistheorie.

2. Was die *Absicht des historischen Gesetzgebers* anlangt, ist auch diese selten eindeutig belegbar. In der Regel scheitert dies schon an der Unbestimmtheit dessen, wer genau der „Gesetzgeber" ist. Zweifellos ist das nicht der einzelne Abgeordnete, der sich zu einer Gesetzesinitiative im Parlament (zustimmend) äußert. Die Annahme, dass die Parlamentsmehrheit die in einer Regierungsvorlage oder einer sonstigen Initiative formulierten Begründungen bei Unterlassen eines expliziten Widerspruchs teilt, ist eine (nützliche, aber deshalb nicht wahre) Fiktion. Gewiss ist jedes aus den Materialien ableitbare Argument gewichtig, aber es ist nicht „wissenschaftlich" zwingend. Die hier einschlägige Geschichtswissenschaft würde wohl etwas mehr an „Beweisen" verlangen. Aber es geht eben bei der historischen Gesetzesinterpretation in Wahrheit „nie um eine faktische (soziologische) Motivforschung, sondern immer nur um Gründe, die juristisch Sinn geben und als vernünftig einsehbar dargestellt werden können"[29].

3. Faktisch bedeutete die Reduktion der Auslegung (Rechtsdogmatik) auf Wortlaut sowie Intention des historischen „Gesetzgebers" (verbunden mit dem Theorem, allein damit Rechtsprobleme lösen zu können) nur die Fortsetzung jenes *naiven Gesetzespositivismus*, der die österreichische Rechtslehre und Gerichtsbarkeit des öffentlichen Rechts in einer weit in das 19. Jahrhundert zurückreichenden Tradition charakterisiert – ein Gesetzespositivismus, der seinen Ursprung wohl in den obrigkeitsstaatlichen Strukturen Österreichs hat[30]: Das Ge-

---

gen mag) und trifft eine Vorentscheidung zugunsten einer im Spiel stehenden Wertung (nämlich Rechtssicherheit) zu Lasten anderer Wertungen (zB Gerechtigkeit) oder aber behauptet autoritär einen Inhalt des im konkreten Fall relevanten Gesetzes ohne zureichende Auseinandersetzung mit möglichen Gegenargumenten. Beides entspricht weder dem Kelsenianischen Ideal exakter (wertfreier) Wissenschaft noch dem gebotenen Standard von Rechtswissenschaft schlechthin.
Dass in zahlreichen Einzelfällen gerade die Judikatur des VfGH grammatikalischen und historischen (aber auch sonstigen) Auslegungsaspekten zu wenig Rechnung trägt und insofern im Auslegen oft allzu „frisch und munter" vorgeht (so *Walter*, ebda), ist allerdings durchaus richtig. Der Rückzug auf einen naiven (weil die Bedingungen der Möglichkeit von Auslegung verkennenden) Gesetzespositivismus ist jedoch kein generell wirksames Heilmittel.

29 *Luhmann*, wie FN 23, 530.

30 Zur etatistischen Tradition Österreichs etwa *W. Mantl*, Liberalismus und Antiliberalismus in Österreich. Eine Spurensuche, in: *E. Brix – W. Mantl* (Hrsg), Liberalismus, 1996, 15 ff. Wie sehr diese Tradition in der heutigen Staatsrechtslehre noch immer nachwirkt, belegt der verbreitete Terminus des „Normunterworfenen" (von *A. Somek*, Die Ermächtigungsnorm, www.juridicum.at/forschung/vwp1.htm, treffend als „begriffliches Ungetüm" qualifiziert).

setz, das noch bis zum Ende der Monarchie ein Befehl des Kaisers war[31], kommt „von oben"; und es ist den „Untertanen" nicht erlaubt, am Wortlaut eines solchen Befehls zu tüfteln und zu rütteln.

Diese Einstellung beruht freilich auf der Selbsttäuschung, dass der Wortlaut uninterpretiert verständlich sei. Der Leser begegnet aber dem Wortlaut nicht an sich, sondern nur so, wie er ihn versteht[32]. Wir können – dies ist eine zentrale Erkenntnis von Kelsens Landsmann und Zeitgenossen Ludwig Wittgenstein – die Grenze der Sprache nicht übersteigen. Die Behauptung, der Wortlaut sei klar, blendet – sofern er nicht für jedermann klar ist[33] – dieses unvermeidbare Vorverständnis aus. Gerade darin besteht die „Naivität" dieser Art von Gesetzespositivismus. Das heißt selbstverständlich nicht, dass der Rechtstext und die Absicht seiner „Erzeuger" nicht hohe Relevanz hätten; sie sind nur nicht die einzigen Daten, auf die sich der Rechtsanwender stützen kann, und determinieren vor allem dessen Entscheidung nicht abschließend. Ihre Bindungskraft ist vielmehr sehr begrenzt.

4. Letzteres gilt in besonders hohem Maß für Teile des *Verfassungsrechts,* vor allem die Grundrechte: Einem Satz etwa wie „Das Eigentum ist unverletzlich" (Art 5 StGG) kann eine bloße Wortinterpretation – darin ist Kelsen vorbehaltlos zuzustimmen – alles oder nichts abgewinnen. Und die Frage nach der Absicht des Verfassungsgesetzgebers scheitert schon am hohen Alter dieser Bestimmung (1867 – siehe unten IV). Eine auf Wortlaut und historische Absicht eingeschränkte Auslegung findet sich damit zwischen der Scylla, solchen Teilen der Verfassung den normativen Gehalt abzusprechen, und der Charybdis, sie als nahezu grenzenlose Ermächtigung eines Verfassungsgerichts zu verstehen. Die österreichische Judikatur der 1950er bis 1970er Jahre ist denn auch durchaus in diese Falle getappt: Sie hat einigen wenigen Grundrechtsbestimmungen der Bundesverfassung jede Kontur genommen. Das trifft ganz besonders auf den Gleichheitssatz (Art 7 B-VG) zu, der zu einer fast unbegrenzten Ermächtigung entwickelt wurde, Gesetze auf ihre (verfassungsgesetzlich nirgends angeordnete) „Sachlichkeit" zu prüfen. Auf der anderen Seite wurde der Gehalt einer Mehrzahl

31 Die Promulgationsformel der Gesetze lautete bis zum Ende der Monarchie: „Mit Zustimmung beider Häuser des Reichsrates finde ich anzuordnen wie folgt".

32 Treffend *J. Isensee*, Staat im Wort, in: *J. Ipsen ua* (Hrsg), FS 180 Jahre Carl Heymanns-Verlag, 1995, 571, 587. Richtig auch *M. Thaler*, Die rechtliche Beurteilung und ihre Artikulierung, in: *B.-Ch. Funk ua* (Hrsg), FS Adamovich, 1992, 691, 695 ff.

33 Natürlich gibt es in vielen Fällen Übereinstimmung zwischen den aktuellen und potentiellen Interpreten einer Norm, die in einem solchen Fall nicht zum Problem und insofern nicht zum Thema der Rechtswissenschaft wird.

der Grundrechtsbestimmungen der Bundesverfassung nahezu auf eine normative Bedeutungslosigkeit (gegenüber dem Gesetzgeber[34]) reduziert[35].

Der traditionelle österreichische Gesetzespositivismus deckt sich allerdings mit Kelsens – freilich weniger rechtstheoretisch, als vielmehr demokratietheoretisch begründetem – *judicial restraint*[36]. Beide erlauben einem Verfassungsgericht (in seiner eigentlichen Funktion der Gesetzesprüfung) die Aufhebung eines Gesetzes nur dann, wenn dieses dem Wortlaut und intendierten Sinn der Verfassung einigermaßen deutlich widerspricht. (Auch) insofern konnte der Eindruck entstehen, dass der Gesetzespositivismus im theoretischen Rechtspositivismus der Reinen Rechtslehre eine Begründung findet[37].

Österreich hat sich mit der nahtlosen Fortsetzung des traditionellen und durch die Reine Rechtslehre scheinbar wissenschaftstheoretisch geadelten Gesetzespositivismus lange Zeit gegenüber jenem *tief greifenden Wandel des Verfassungsverständnisses* abgeschottet, der im übrigen Europa nach 1945 feststellbar ist – ein Wandel, der zum Teil auf einer Renaissance naturrechtlicher Vorstellungen, vor allem aber (und richtigerweise) auf einer (Wieder-)Entdeckung der grundlegenden Werte und Ziele des „Verfassungsstaates" in dem durch die amerikanische und französische Revolution begründeten Sinn beruht.

IV. Der methodische Wandel von Lehre und Judikatur

Erst in den späten 1970er Jahren setzt auch in Österreich ein Wandel ein. Der Anstoß dazu dürfte gar nicht so sehr von der Verfassungswissenschaft ausgegangen sein[38], als vielmehr von der *Judikatur des EGMR in Straßburg*. Die EMRK

---

34 Die statistisch gesehen effektive Bedeutung der Grundrechte gegenüber der Verwaltung beruht auf einer besonderen Kompetenz des VfGH zur Prüfung von verwaltungsbehördlichen Bescheiden (Art 144 B-VG), die inhaltlich nur eine Verdoppelung der verwaltungsgerichtlichen Prüfung unter reduzierten Gesichtspunkten („Gesetzlosigkeit", „Denkunmöglichkeit" etc) darstellt; siehe *Öhlinger*, wie FN 20, Rz 725 ff.

35 Siehe die Nachweise bei *Th. Öhlinger*, Die Grundrechte in Österreich, in: EuGRZ 1982, 216, 217 f.

36 Siehe zuvor II.

37 Siehe dazu auch *G. K. Wielinger*, Hans Kelsen, in: W. Mantl (Hrsg), Politik in Österreich, 1992, 766, 785. *F. Bydlinski*, Gesetzeslücke, § 7 ABGB und die „Reine Rechtslehre", in: *Ch. Faistenberger – H. Mayrhofer* (Hrsg), GS Franz Gschnitzer, 1969, 101, 104 ff, sieht als ein anderes Verbindungsglied zwischen Reiner Rechtslehre und naivem Gesetzespositivismus – von ihm als „Rechtssicherheitsideologie" und „Gesetzeswortlautgläubigkeit" bezeichnet – die Lückentheorie der Reinen Rechtslehre.

38 Siehe aber *G. Winkler*, Wertbetrachtung im Recht und ihre Grenzen, 1969; *W. Antoniolli*, Die rechtliche Tragweite der Baugesetze der Bundesverfassung, in: *M. Imboden*

ist ja seit 1958 Bestandteil der österreichischen Rechtsordnung, wobei es erst eines Aktes des Verfassungsgesetzgebers bedurfte, um ihren Rang als Verfassungsrecht gegen die abwehrende Haltung des VfGH festzustellen[39]. Sie hat sich erst allmählich einen festen Platz in der Rechtsprechung des VfGH gesichert. Auf der anderen Seite war aber der VfGH fast immer bereit, der Auslegung der EMRK durch den EGMR (und auch die frühere EKMR) zu folgen. Das musste auf Dauer zu einer Kluft im Verständnis der einzelnen Grundrechtsbestimmungen im österreichischen Verfassungsrecht führen.

Denn dem – sehr zersplitterten – Bestand an Grundrechtsbestimmungen im österreichischen Verfassungsrecht gehört neben der EMRK auch noch immer der aus der monarchischen Verfassung übernommene Grundrechtekatalog des Staatsgrundgesetzes von 1867 an. Der VfGH hat diese Kluft dadurch vermieden, dass er – wie gesagt, beginnend um 1980 – auch die originär österreichischen Grundrechtsregelungen in ähnlicher Weise auslegte wie der EGMR die EMRK. Dieser sehr freie, rechtsschöpferische – in Untertreibung „evolutiv“ genannte – Stil des EGMR steht nun freilich in konträrem Gegensatz sowohl zum traditionellen naiven Gesetzespositivismus als auch zu Kelsens Theorie der Verfassungsgerichtsbarkeit.

Parallel zu dieser Entwicklung der Grundrechtsjudikatur hat der VfGH auch das Potential der leitenden Prinzipien der Bundesverfassung, vor allem des rechtsstaatlichen Prinzips, „entdeckt“. Auch das steht in konträrem Gegensatz zu Kelsen. Soweit die leitenden Grundsätze im Verfassungstext überhaupt formuliert werden – in diesem Sinn lassen sich die Art 1 und 2 B-VG verstehen –, hat ihnen Kelsen explizit einen relevanten Rechtsinhalt abgesprochen[40]. Das rechtsstaatliche Prinzip wird im Verfassungstext als solches gar nicht genannt. Weder in seinem Kommentar (1922) noch in seinem Kurzlehrbuch des österreichischen Verfassungsrechts (1923) wird es daher von Kelsen überhaupt erwähnt. Heute hat es eine ganz zentrale Bedeutung in der Judikatur des VfGH. Dies stellt freilich Rechtsschöpfung in einem Sinn dar, die weit über jene rechtsschöpferische Komponente hinausreicht, die gerade nach Kelsen jedem richterlichen Akt zukommt. Insofern passt auf derartige Entscheidungen auch nicht mehr das Bild des Stufenbaus: Verfassungsgerichtliche „Erkenntnisse“ (§ 36 VfGG) dieser Art lassen sich nicht mehr als „Vollzug“ einer übergeordneten Rechtsebene des gesatzten Ver-

---

ua (Hrsg), FS Merkl, 1970, 33, 39, der programmatisch von einem – zu überwindenden – „ganz engen Positivismus, der am Wort der Verfassung klebt“, spricht.

39 BGBl 1964/59. Dazu näher *Th. Öhlinger*, Art 50 B-VG, in: *K. Korinek – M. Holoubek* (Hrsg), Österreichisches Bundesverfassungsrecht, Kommentar, 3. Lfg 2000, Rz 7.

40 *H. Kelsen – G. Froehlich – A. Merkl*, Die Bundesverfassung vom 1. Oktober 1920, 1922, 65 f.

fassungsrechts verstehen, sie prägen vielmehr das Verständnis dieser Rechtsebene und sind ihr insofern mindestens gleich-, wenn nicht vorrangig.

Mit diesem Wandel der Verfassungsjudikatur und einem parallelen Wandel auch der Verfassungsrechtswissenschaft hat Kelsen auch seine Rolle als „Übervater" des österreichischen Verfassungsrechts eingebüßt. Es gibt heute Verfassungsrechtslehrer in Österreich, die sich wahrscheinlich mit Roland Dworkin und anderen zeitgenössischen Rechtstheoretikern intensiver auseinander gesetzt haben als mit Kelsen. Vor etwa 30 Jahren wäre so etwas noch undenkbar gewesen. Noch in meiner Generation haben wir alle als „Schüler" Kelsens begonnen.

Es gibt nach wie vor einen kleinen Kreis von Verfassungsrechtslehrern, die sich selbst als Anhänger und Bewahrer der Reinen Rechtslehre verstehen (ohne sich freilich in ihren praxisbezogenen Arbeiten strikt an Kelsen zu halten[41]). Insofern herrscht heute ein *Methodenpluralismus* in der österreichischen Verfassungsrechtswissenschaft. Das ist in Bezug auf die *Wissenschaft* wohl positiv zu bewerten: So wenig es einer scheinbaren Rechtssicherheit dienlich ist, wenn alle für das Verständnis eines Rechtstextes relevanten Gesichtspunkte aufgezeigt werden, so sehr ist das aus der Sicht einer „reinen" Wissenschaft zu begrüßen.

Problematischer ist ein solcher Methodenpluralismus in der *Judikatur*. Tatsächlich finden sich in der gegenwärtigen Rechtsprechung des VfGH in methodischer Hinsicht Elemente eines sehr formellen Verfassungsverständnisses neben sehr kühnen und phantasievollen Begründungen seiner Entscheidungen[42]. Das macht die Rechtsprechung unberechenbar. Es ist dem VfGH noch nicht gelungen, eine überzeugende Synthese aus den verschiedenen methodischen Ansätzen zu finden, die er sich im Laufe seiner – vergleichsweise langen – Geschichte angeeignet hat. Zwar gibt es durchaus gute Gründe, dem VfGH eine dogmatisch stringentere Argumentation, eine striktere Bindung an den vorgegebenen Text des Verfassungsrechts und eine daraus resultierende größere Zurückhaltung gegenüber dem parlamentarischen Gesetzgeber zu empfehlen[43]. Insofern verdienen es die Überlegungen Kelsens zur Funktion der richterlichen Gesetzesprüfung in ei-

---

41 Vgl die Kritik von *Walter*, Demokratie, wie FN 28, 48, an der Verwendung des vom VfGH „frei erfundenen" (so explizit Walter) Sachlichkeitsgebotes durch die Lehre und die zahlreichen auf diese „Erfindung" gestützten Argumente in Schriften der von Walter selbst (siehe *Walter*, in: Walter – Jabloner – Zeleny, wie FN 1, 12) zur Schule der Reinen Rechtslehre gezählten Autoren. Siehe zB *H. Mayer*, Verfassungsrechtliche Probleme der Prospektkontrolle, in: ÖBA 1992, 955, der sich dort ganz unbefangen auf eine Entwicklung der Judikatur beruft und darauf gestützt zur Feststellung einer Verletzung des Art 7 B-VG gelangt.

42 Siehe dazu auch *Th. Öhlinger*, Verfassung und Demokratie in Österreich zu Beginn des 21. Jahrhunderts, in: *Ch. Brünner ua* (Hrsg), FS Welan, 2002, 217, 222.

43 Siehe oben FN 28 (letzter Absatz).

ner parlamentarischen Demokratie[44] nach wie vor, ernst genommen zu werden[45]. Eine Rückkehr zum Kelsen'schen *judicial restraint* der 1920er Jahre ist aber – schon im vorgegebenen internationalen Kontext[46] – nicht mehr zu erwarten. Auch aus dieser Sicht hat sich die Bedeutung Kelsens gewandelt.

44 Siehe oben II.

45 Siehe dazu auch *A. Somek*, Intuitives Verfassungsrecht. Eine Exegese zur Ordnungssystemjudikatur des österreichischen Verfassungsgerichtshofs, in: *B. Feldner – N. Forgó* (Hrsg), Norm und Entscheidung, 2000, 253, 279.

46 Dazu gehört außer dem bereits angesprochenen EGMR auch der EuGH mit einer noch freieren und rechtsschöpferischen Judikatur. Dazu *Th. Öhlinger*, Gesetz und Richter unter dem Einfluss des Gemeinschaftsrechts, in: *P. Hänni* (Hrsg), FS Fleiner, 2003, 719.

Teil III

Franz Klein

Rieko Ueda, Kumamoto

Franz Klein und die Reform des japanischen Zivilprozesses in der Taishô-Zeit (1912–1926)

I. Einleitung; II. Ein Überblick über die japanischen Zivilprozessordnung von 1890 und die Reformarbeiten; III. Die Reformarbeit von 1911 bis 1926: A. Japanische Kontakte mit Juristen in Österreich B. Zeitcharakteristik der Taishô-Zeit, C. Die Einflüsse der österreichischen ZPO von 1895 auf die Reformarbeit, D. Eine Rede von Yokota am Richtertag in Seoul; IV. Die österreichische ZPO in japanischen Fachzeitschriften; V. Die Anwälte und das Reformgesetz von 1926: A. Die Anwaltschaft der Taishô-Zeit, B. Die Juristen der Rechtsauskunftsstellen; VI. Schlussbemerkung.

I. Einleitung

Während nach der von Rudolf von Jhering (1818–1892) vertretenen Idee „Kampf ums Recht"[1] der Prozess nur dem Parteiinteresse zu dienen habe, betonte Franz Klein (1854–1926), dass das Zivilverfahren neben Privatinteressen auch dem Gemeinwohl diene. Somit solle der moderne Staat den Prozess nicht lediglich als Instrumentarium für die Rechtsdurchsetzung ansehen, sondern ihn in sein sozialpolitisches Programm integrieren, indem die geistigen, wirtschaftlichen und gesellschaftlichen Fähigkeiten und Bedingungen der Menschen geachtet werden, um die „Zirkulationsstörungen" des Rechtsstreits zu beseitigen[2].

Aufgrund dieses Konzeptes verlangte Klein bei der Abfassung der Zivilprozessordnung die stärkere Prozessleitungsbefugnis des Richters, die Vermeidung der von der deutschen Zivilprozessordnung von 1877 vorgesehenen Koppelung zwischen Dispositionsgrundsatz und Verhandlungsmaxime, die Aufgabenteilung zwischen Gericht und Parteien und somit den Aufbau einer Arbeitsgemeinschaft von beiden, die Verfahrenskonzentration und andere Maßnahmen zur Beschleunigung sowie Vereinfachung des Prozesses[3].

---

1 *R. Jhering*, Kampf ums Recht, Vortrag, Wien 1872.

2 *F. Klein – F. Engel*, Der Zivilprozess Oesterreichs, 197.

3 Zur ZPO von 1895 etwa *N. Schoibl*, Die Entwicklung des österreichischen Zivilverfahrensrechts, in: *H. Hofmeister* (Hrsg), Forschungsband Franz Klein (1854–1926): Leben und Wirken (=Beiträge des Symposiums „Franz Klein zum 60. Todestag"), 1988.

Im Zusammenhang mit den Zeitströmungen weist Rudolf Wassermann darauf hin, dass die deutsche Zivilprozessordnung 1877 die auf die französischen Zivilprozessordnung (Code de procédure civile) von 1806 zurückzuführende Idee des Liberalismus vertrat, während die österreichischen ZPO hingegen auf dem Gedankengut der „Wohlfahrt", auf „sozialen Gedanken" beruhte. Daher bezeichnet er sie als ein „soziales Zivilprozessrecht", worunter man eine Prozessordnung versteht, die sich nicht mehr an dem bindungslos und isoliert gedachten Individuum, sondern an dem konkreten Menschen in der sozialen Wirklichkeit orientiert[4].

Um sein neues Verfahrenssystem zu verwirklichen, bemühte sich Klein um mehr als nur die Abfassung eines Entwurfs. Während des parlamentarischen Werdeganges seines Entwurfs versuchte er auch auf Einwände, insbesondere jene der Anwaltschaft, bis zum letzten Moment einzugehen[5]. Beim Inkrafttreten des neuen Gesetzes setzte er die Justizreform im weiteren Sinne (d.h. Einstellung weiterer Richter, Gerichtsorganisationsreform, Gründung des Gerichtsinspektorats) durch[6].

Wie bekannt, hat die österreichische ZPO auf die Prozessrechtsentwicklung vieler fremder Länder eine Vorbildwirkung gehabt. Sie diente z.B. als Vorbild für die Novellierung des deutschen Zivilprozessrechts. Ferner beeinflusste sie auch die Rechtsentwicklung in Italien, Griechenland, Skandinavien, Ungarn, Polen und Nordafrika; wenn nicht immer die Leitideen selbst, doch schon die zu ihrer Verwirklichung führenden konkreten prozessualen Lösungen wurden übernommen[7].

Durch die Übernahme der deutschen Zivilprozessordnung 1877 und die von der österreichische ZPO angeregte Reform von 1926 erhielt Japan diese zwei Zivilprozessgesetze. Die Übernahme des ersten geschah unabhängig von der Zeitströmung Japans, die zu den Ideen des Liberalismus noch nicht gegriffen war.

Angesichts der Reform von 1926 lernte auch Japan viel vom österreichischen Recht.

---

4 *R. Wassermann*, Der soziale Zivilprozess, 1978, 27.

5 Zur Anwaltsfrage etwa, *P. Böhm*, in: *H.Hofmeister* (Hrsg), Kodifikation als Mittel der Politik. Vorträge und Diskussionsbeiträge über die deutsche, schweizerische und österreichische Kodifikationsbewegung um 1900, 1986, 73; *F. Kübl*, Geschichte der österreichischen Advokatur, 128ff; *ders*, Österreichs Zivilprozeßordnung und Advokatur, in: FS zur Fünfzigjahrfeier der österreichischen Zivilprozeßordnung 1898–1948, 1948, 113.

6 *O. Leonhard*, Zur Geschichte der österreichischen Justizreform vom Jahre 1898, in: FS, wie Fn 5, 126.

7 Zur umfassenden Wirkungsgeschichte *B. Schöniger-Hekele*, Die österreichische Zivilprozeßreform 1895: Wirkung im Inland bis zum Ausbruch des Ersten Weltkrieges 1914; Ausstrahlung ins Ausland, 2000.

Anhand von Protokollen der Reformarbeiten und sonstiger Dokumente wird nun untersucht wie die österreichische ZPO und ihre Prozessidee auf die Reform der japanischen ZPO Einfluss nahmen. Ferner wird auch die Rolle des Zivilprozesses in der damaligen japanischen Gesellschaft analysiert.

II. Ein Überblick über die japanischen Zivilprozessordnung von 1890 und die Reformarbeiten

Die erste moderne japanische Zivilprozessordnung wurde im Jahre 1890 als Gesetz verkündet (Gesetz Nr 29 von 1890). Außer manchen Abweichungen bezeichnet man die ZPO 1890 als „eine Art von Übersetzung" der deutschen Zivilprozessordnung 1877, weil der Verfasser Hermann Techow aus Deutschland kam und weil man aus der frühen japanischen Gerichtspraxis keine zu den neuen Gesetzbüchern passenden Erfahrungen hatte[8]. Daher stellt sich heraus, dass die Meiji-Regierung die der deutschen ZPO 1877 zugrunde liegenden Idee des Liberalismus fast nicht berührte.

Es lässt sich leicht nachvollziehen, dass nach dem Inkrafttreten der ZPO 1890 in Japan die gleichen Probleme wie in Deutschland (zB Prozessverschleppung und Prozessverspätung) auftraten. Bereits im Dezember 1895 wurde eine Untersuchungskommission zur Reform der Zivilprozessordnung (Minjisoshô Kaisei Chôsa Iinkai) im Justizministerium eingesetzt. 1903 wurde der Reformentwurf angefertigt und veröffentlicht, aber dieser Entwurf wurde im Parlament nicht behandelt. Es gab aber in Bezug auf die Prozessbeschleunigung noch keine wesentlichen Unterschiede zwischen dem Inhalt dieses Entwurfs und dem Gesetz von 1890. Zu dieser Zeit war es noch unklar, worin das Problem lag, ob es die Unerfahrenheit der japanischen Juristen war, die sich erst an die moderne Gerichtspraxis gewöhnen mussten, oder das Prozesssystem an sich[9].

Im Mai 1911 nahm der Ausschuss für Gesetzuntersuchung (Hôritsu torishirabe iinkai)[10] die Reformarbeit an der Zivilprozessordnung in Angriff. Diesmal war

---

8 Zur Kodifikation der japanischen ZPO in der deutschen Sprache etwa, *H.Nakamura*, Die Rezeption des deutschen Rechts in Japan, in: ZZP 1971, 74-90; *R.Ueda*, Die Gesetzgebungen auf dem Gebiet des Zivilprozesses in den „sozialen Perioden": Am Beispiel der österreichischen Zivilprozeßordnung von 1895 und der Reform des japanischen Zivilgerichtsverfahrens von 1926, Jur. Diss, Univ. Wien, 1999.

9 *G. Suzuki*, Shin minjisoshôhô no jutai yori shussan made [Von der Empfängnis zur Geburt der neuen Zivilprozessordnung]. Hôsôkai zasshi [Lawyers Association Journal] 8/12, 1930, 484.

10 Kaisei minjisoshôhôan shingi no enkaku [Die Chronik der Beratung des Reformentwurfs der ZPO], in: Hôsôkai zasshi 8/12, 1930, 461-462; Zu rechtlichen Streitpunkten der Reformarbeit *Y. Someno*, Wagakuni minjisoshôseido ni okeru tenkaiten [Der

das ausdrückliche Ziel die Prozessbeschleunigung und zu diesem Zwecke wurden die ausländischen Gesetzgebungen mehrmals reflektiert. Als Ergebnis dieser Arbeit wurde 1926 eine Novelle zur Zivilprozessordnung verkündet, die 1929 in Kraft trat (Gesetz Nr 61 von 1926). Die Änderungen betrafen hauptsächlich das Erkenntnisverfahren.

III. Die Reformarbeit von 1911 bis 1926

A. Japanische Kontakte mit Juristen in Österreich

Aus dem Jahre 1910 sind drei Protokolle vorhanden, die von der Ordensverleihung an insgesamt acht Justizbeamten und Richter berichten[11]: Peter Freiherr Fellener von Feldegg (Präsident des k.k. Landesgerichts im Zivilsachen in Wien), Eduard von Mackowitz (Ministerialsekretär des k.u.k Justizministeriums), Eduard Fischer-Colbrie (Ratsekretär des k.k. Obersten Gerichts- und Kassationshofs in Wien), Franz Edler von Marquet (Referent des k.k. Landesgerichts in Wien), Karl Edler von Sögner (Richter des Landesgericht in Zivilsachen in Wien), Karl Wolfgang Schachner (Richter des k.k. Bezirksgerichts in Wien), Adolf Lemayer (Präsident des k.k. Handelsgerichts in Wien), Karl Coulon (Landesgerichtsrat des k.k.Handelsgericht in Wien)[12]. Diese hatten dem Staatsanwalt Gorô Yokota, dem Justizministerialrat Kakusaburô Yamauchi und dem Richter des Obersten Gerichtshofes Hideo Yokota viel geholfen, als sie angesichts der Reform der japanischen ZPO zu Nachforschungen und zur Materialsammlung über die Gerichtsbarkeit nach Österreich gesandt worden waren. Weder die entsandten Japaner noch die österreichischen Juristen waren „große“ oder „führende“ Rechtswissenschafter, sondern Berufsrichter oder Beamte des Justizministeriums.

Diesen Ordensverleihungen vorangehend steht auch der Name Franz Kleins im Verzeichnis vom 1903[13]. Drei Gründe wurden für die Ehrung angegeben: Erstens habe Klein zwei repräsentative japanische Rechtswissenschafter, nämlich Professor Hozumi an der Universität Tokio, sowie Professor (Extraordinarius)

Wendepunkt des japanischen Zivilprozesssystems], in: *T. Nakatsukasa*, Minjisoshô no riron [Theorie des Zivilprozesses], 1970, 1-59.

11 *N.Umetani* (Hrsg), Meijiki gaikokujin jokun shiryô shûsei [Die Sammlung der Auszeichnungen der Ausländer in der Meiji-Zeit] IV, 1991, 182, 255-256, 282, 439.

12 Um die Namen in Deutsch nachzuschlagen wurde benutzt: K.u.k. Hof- und Staatshandbuch der Österreichisch-Ungarischen Monarchie für das Jahr 1910.

13 *Umetani*, wie Fn 11, 51; *R. Sprung*, Der Lebensweg Franz Kleins, in: *Hofmeister*, wie Fn 3, 35.

Katsumoto an der Universität Kyoto anlässlich ihres Forschungsaufenthaltes in Österreich tatkräftig unterstützt. Zweitens habe er sich um die vom japanischen Kulturministerium entsandten Studenten gekümmert, wobei durch seine Hilfe „ausschlaggebende Fortschritte im Bereiche der japanischen Rechtswissenschaft erzielt worden" seien. Drittens habe er auch die vom Justizministerium entsandten vier Beamten sehr gut betreut.

Es ist nicht zu erfahren, ob und wie weit diese japanischen Juristen jemals mit Klein über die Prozessideen oder die österreichische ZPO diskutierten. Aus den Protokollen erkennt man Klein nur als den österreichischen Staatsbürokraten.

Nach etwa vierzigjährigen Erfahrungen mit der Gerichtspraxis europäischen Stils sieht man also eine neue Phase österreichischen Einflusses auf die japanische Gesetzgebung, jedoch ohne Einwirken bestimmter Rechtswissenschafter.

B. Zeitcharakteristik der Taishô-Zeit

Die Reformarbeit an der ZPO fand in einer neuen Epoche, der Taishô-Zeit, statt. Der Erste Weltkrieg führte Japan in eine Hochkonjunktur und brachte endlich außenpolitisch die weltweite Anerkennung als eine führende Macht. Die forcierte Industrialisierung hatte aber die Lebensbedingungen der Japaner verschlechtert. Diese Zeit wird von zwei kontradiktorischen Zeitströmungen geprägt. Die eine ist die verschärfte Kontrolle der Bevölkerung durch die Regierung und die andere ist die als „Taishô-Demokratie" bezeichnete liberale Strömung, die durch verschiedene politische Bewegungen mit Forderungen nach sozialen Reformen und einem erweiterten Wahlrecht im Volk umschrieben werden kann.

Diese Zeitströmungen trugen schließlich zwei kontroverse Früchte, als 1925 einerseits das Allgemeine Wahlrecht für Männer eingeführt[14] und andererseits das Gesetz zur Aufrechterhaltung der öffentlichen Sicherheit (Chian iji hô)[15] erlassen wurde. Während das erstere der demokratischen Volksbewegung entgegenkam, gab das andere der Regierung die Handhabe, gegen Gewerkschaften und oppositionelle Vereinigungen rigoros einzuschreiten.

In dieser Periode fand gleichzeitig eine Sozialgesetzgebung statt[16]: zB das Fabrikgesetz, das Krankenversicherungsgesetz und das Gesetz über das Mindestalter von Industriearbeitern, mit dem die Kinderarbeit eingeschränkt wurde. Kennzeichnend für diese Zeit ist auch die beginnende Abfassung mehrerer

---

14 Shûgiin Giin Senkyo hô [Das Gesetz über Wahlen für Abgeordnete des Unterhauses]: Gesetz Nr 47 von 1925.

15 Gesetz Nr 46 von 1925.

16 Zur Charakter der Gesetzgebungen in der Taishô-Zeit in deutscher Sprache etwa *G. Rahn*, Rechtsdenken und Rechtsauffassung in Japan, 1990.

Schlichtungsgesetze (chô tei hô) zur Regelung bei Arbeitskämpfen oder Streitigkeiten um Miet- und Pachtobjekte[17]. Angesichts der Wirtschaftskonjunktur und der Zunahme der Rechtsstreitigkeiten wurde die Schlichtungsgesetzgebung bis kurz vor dem Ausbruch des Zweiten Weltkrieges weiter ausgebaut und auch häufig angewandt.

C. Die Einflüsse der österreichischen ZPO von 1895 auf die Reformarbeit

Mehr als die Hälfte der Mitglieder des Ausschusses für Gesetzesuntersuchung kamen entweder aus Gerichten beziehungsweise Ministerien[18]. Trotz der Teilnahme einiger Rechtsanwälte hatten deshalb die Justizbeamten in diesem Ausschuss die Oberhand.

Von diesem Ausschuss wurde zuerst eine Fachkommission (shusa iinkai) aus 15 Mitgliedern organisiert, in der auch die oben erwähnten Gorô Yokota und Kakusaburô Yamauchi tätig waren. Hier wurden insgesamt 24 Reformanträge behandelt und über die Annahme abgestimmt[19]. Aufgrund der Diskussionen in dieser Kommission verfasste der Abfassungsausschuss (ein dreiköpfiges Kodifizierungsteam) einen Entwurf. Über diesen Entwurf sollte zuerst in der Fachkommission, dann in der Generalversammlung des Ausschusses abgestimmt werden. Der eigentliche Entscheidungsträger der Reformarbeit war daher die Fachkommission.

Aus den stenographischen Protokollen der Fachkommissionen ist ersichtlich, dass zu jeder Frage die ausländischen Gesetzgebungsbeispiele vorgestellt wurden[20]. Die abendländische Legislative übte zwar nur mittelbaren, aber dennoch starken Einfluss auf die japanische Gesetzgebung aus, indem sie zur Neu-Installierung einzelner Rechtsinstitutionen herangezogen wurde. Die Beispiele von

---

17 *Y. Honma*, Shôwa zenki no minji shihô [Administration of Justice in the Showa Era before the World War II] Shizuoka daigaku hôkei kenkyû [The Journal of Law and Economics, Shizuoka University] 43, 1969, 1-29.

18 Aus dem Namenverzeichnis, in: *H. Matsumoto – M.Kouno – K.Tokuda* (Hrsg), Nihon rippô shiryô zen shû,Taishô kaisei hen, [Materialien zur japanischen Gesetzgebungen in der Taishô-Zeit] X, 1993, 17-18; *R. Ueda*, Taishôki ni okeru Minjisoshôhôkaiseisagyô to zaiyahôsô[The Revision Process of the Law of Civil Procedure in the Taishô Period and the Private Practice Lawyers], in: Kumamoto daigaku kyôikugakubu kiyou [The Memoirs of the Faculty of Education, Kumamoto University], 2002, 3-4.

19 *Suzuki*, wie Fn 9, 483-512.

20 Minji soshô hô kaisei shusa iinkai nisshi [Beratungsprotokolle der Fachkommission] (Sitzungsprotokolle vom 21.6.1911 bis 17.2.1915), in: *Matsumoto – Kouno – Tokuda*, wie Fn 18, 625-695.

Deutschland, Österreich und Ungarn wurden dabei viel häufiger als andere in Erwägung gezogen; vor allem die aus Österreich. Die österreichischen Rechtsinstitutionen erläuterte hauptsächlich Yokota, der, wie am Anfang erwähnt, durch Studienaufenthalt in Österreich von den Mitgliedern am besten über die österreichische ZPO 1895 Bescheid wusste. Yamauchi, der ebenfalls in Österreich gewesen war, verhielt sich hingegen eher zurückhaltend. Seine Aufgabe schien vielmehr im Vergleich der Systeme mehrerer:

Der Abkehr von der reinen Verhandlungsmaxime, die als Franz Kleins Verdienst bezeichnet wird, entsprachen zB das Verbot der vereinbarten Fristverlängerung und Terminänderung, die amtswegige Beweisaufnahme, die Parteivernehmung durch den Richter und die Zurückweisung einer Klage wegen fehlender Prozessvoraussetzungen oder wegen eines unberechtigten Anspruchs.

Der Verfahrenskonzentration, die auch ein Hauptanliegen der österreichischen Zivilprozessreform von 1895 war, dienten zB die Ausdehnung der Schriftlichkeit, die Einschränkung des Versäumnisurteils, die Beschränkung des Rechtsmittels und die Einführung des Vorbereitungsverfahrens.

Die Einführung des Vorbereitungsverfahrens war in Japan eine der wichtigsten Reformmaßnahmen. Nach der japanischen ZPO 1890 konnten Angriffs- und Verteidigungsmittel bis zum Schluss der mündlichen Verhandlung geltend gemacht werden. Außer einigen Ausnahmen galt daher weitgehend das Prinzip der zwanglosen Reihenfolge. Um die Einheitlichkeit der mündlichen Verhandlung aufzunehmen, schlug Yokota das vorbereitende Verfahren wie bei der österreichischen ZPO vor[21].

Während sonstige Mitglieder hauptsächlich über die Schriftsätze diskutiert hatten, schlug Yokota das vorbereitende Verfahren neu vor. Das vorbereitende Verfahren, welches noch in der ZPO 1877 (§§ 313) beziehungsweise von 1890 (§§ 208) auf Mahnklagen beziehungsweise Vermögensstreitigkeiten beschränkt war, wurde nun wie in der österreichischen ZPO (§§ 245ff) auch auf andere Verfahren ausgedehnt. Als Yokota zum ersten Mal dieses System aus Österreich vorstellte, stimmten andere Mitglieder nicht gleich zu: Matsuoka sagte zum Beispiel, dass ein solches Verfahren zu umständlich sei. Trotzdem schlug Yokota wiederholt sein verbessertes Konzept vor[22]: „Mein Konzept hat im Wesentlichen die österreichische ZPO von 1895 zum Vorbild [---]. Ich sage nicht, dass man auf jeden Rechtsstreit die erste Tagsatzung anwenden soll. Ich habe in Österreich gesehen, dass sie nicht immer erfolgreich war, sondern sogar manchmal die Sache komplizierter machte. Trotzdem trägt dieses Verfahren grundsätzlich zur Schnel-

21 Aussage von *Yokotan – Matsumoto – Kouno – Tokuda*, wie Fn 18, 681-682.
22 Ebda.

ligkeit und Wahrheitsfindung bei, indem der Richter mit frischem Gedächtnis den Parteien gegenübersteht und sich auf die Sache besser konzentrieren kann."

Seine Besuche von Gerichtsverhandlungen in Österreich hatten Yokota überzeugt, dass die Konzentration der Verhandlung der raschen und gerechten Lösung der Rechtsstreitigkeiten diente, so seien zB widersprüchliche Zeugenaussagen durch Fragen oder Gegenüberstellungen zu bereinigen; die Richter und andere Beteiligte können sich auf die Sache konzentrieren, welche zur leichteren Wahrheitsfindung führt. Andererseits wusste Yokota bereits, dass die erste Tagsatzung in Österreich in der Praxis nicht immer funktionierte. Daher wollte er, von der österreichischen ZPO abweichend, keine inhaltliche Beschränkung der Schriftsätze zwischen dem ersten und den anderen Verhandlungsterminen. Aufgrund seiner diesbezüglichen Erfahrungen wurde er ins Kodifikationsteam aufgenommen und ferner wurde schließlich entschieden, das vorbereitende Verfahren in den Entwurf einzubeziehen[23].

In den parlamentarischen Beratungen gab es einige Änderungen, die tendenziell zur Milderung der Offizialmaxime und der stärkeren Rücksichtnahme auf Parteiinteressen neigten. Die drei wesentliche Änderungen waren: die Abschwächung des ursprünglich vereinbarten Terminänderungsverbots, die Einschränkung der Parteivernehmung (durch den Richter) und die Streichung der Rechtsmitteleinschränkung[24].

D. Eine Rede von Yokota am Richtertag in Seoul

Am 14. Dezember 1929 hielt Yokota vor den Richtern in Korea, das Japan seit 1910 besetzt hielt und in dem deshalb das japanische Rechtssystem galt, ein Referat, um ihnen die Zielsetzung und die richtige Anwendung der ZPO zu erläutern[25]: Man solle diese aus dem Gesichtspunkt der Prozessökonomie und Gerechtigkeit beurteilen. Das erste Prinzip, dessen wesentliches Element die Beschleunigung der Prozesse sei, würde auch der Nationalökonomie zugute kommen. Bezüglich des zweiten Prinzips erfordere die gerechte Gerichtsbarkeit einen guten Richter und ein gutes Verfahrensrecht – durch die Ausdehnung der Offizialmaxime und die Einführung des vorbereitenden Verfahrens solle sie verwirklicht werden. Yokota erwartete daher von den Richtern, dass sie durch ihre neuen Befugnisse, etwa Prozessleitung oder Aufklärungsrecht, die Verhandlun-

---

23 *Matsumoto – Kouno – Tokuda*, wie Fn 18, 689.

24 *Someno*, wie Fn 10, 46.

25 *G. Yokota*, Minjisoshôhôkaishaku no kisokannen taru shinpôkaisei no shushi to sono un-yô ni tsuite [Über den Zweck und die Anwendung des Reformgesetzes als Grundbegriffe der Interpretation des Zivilprozeßrechts], in: Shihô kyôkai zasshi, 1930, 19ff.

gen schnell und konzentriert erledigten. Die Richter der höheren Instanz sollten die Tatsachenbeurteilung der ersten Instanz beachten und sie nur mit „äußerster Vorsicht" verändern. Hier entsteht sogar der Eindruck, als ob Yokota die bei der parlamentarischen Behandlung gestrichene Rechtsmitteleinschränkung in der Praxis wieder auferwecken wollte.

IV. Die österreichische ZPO in japanischen Fachzeitschriften

Obwohl die Reformarbeit bis zur Vollendung des Entwurfs nicht veröffentlicht wurde, richteten einige Juristen ihre Aufmerksamkeit auf die österreichische ZPO.

Tsunesaburô Saitô, Professor an der Universität Kyoto, versuchte zwischen 1911 und 1912 einen eingehenden Kommentar zur österreichischen ZPO zu verfassen, um zur Reform des japanischen Zivilprozesses beizutragen. Dieses Projekt konnte er jedoch nicht vollenden[26]. Auf der letzten Seite fanden die Vorschriften des Armenrechts in Österreich Beachtung, welche zwar kurz auch in der Fachkommission behandelt wurden, jedoch nicht zur Abstimmung kamen.

Im Jahre 1911 stand in der Juristischen Zeitung (Hôritsu shinbun) ein kurzer Artikel von Rechtsanwalt Ichirô Kiyose, der die österreichische ZPO 1895 zum Vorbild empfahl, da sie einerseits „die Vorteile der deutschen Zivilprozessordnung beibehielt, anderseits aber die Offizialmaxime neben der Verhandlungsmaxime einführe und die richterlichen Befugnisse verstärke, um sozial Schwache besser zu schützen"[27]. In diesem Artikel ist der Name Kleins nicht zu finden, jedoch wohl seine These, dass die Gerichtsbarkeit eine Sozialpolitik sei.

Rôzô Kijimoto (1872–1922) war einer der wichtigsten unter den Rechtswissenschaftern, die sich mit der österreichischen ZPO beschäftigten. Noch bevor die Reformarbeit des Justizministeriums begann, hatte er bereits auf die Reformbewegung der deutschen ZPO unter dem Einfluss der österreichischen ZPO 1895 aufmerksam gemacht und die Novellierung der japanischen ZPO vorgeschlagen[28]. Er betonte dabei die Notwendigkeit der ausführlichen rechtsvergleichenden Forschungen insbesondere in Deutschland, Österreich und England.

26 *T. Saitô*, Ôstoria minjisosyouhou ni tsukite [Über die österreichische Zivilprozessordnung], in: Kyoto hôgakkai zasshi [Kyoto Law Review], 1911, 1709–1731, 1912, 598-613, 1118–1133.

27 *I. Kiyose*, in: Hôritsu shinbun [Juristische Zeitung], 727, 1911.

28 *R. Kijimoto*, Minjisoshôhô kaisei sôan kenkyû wo itasu guroku zenshi [Vorgeschichte des Reformentwurfs der ZPO], Kyoto hôgakkai zasshi 1908, 935-943; *ders*, Doitsu ni okeru minjisoshôhô kaisei no kiun [Die Bewegung zur Reform der ZPO in Deutschland], Kyoto hôgakkai zasshi, 1909, 150-163.

Ferner sah er die Notwendigkeit der Justizreform im weiteren Sinne voraus. Er vergaß nicht die Überprüfung der geltenden Gerichtsorganisation. Allerdings schlug er nur vereinzelt konkrete Reformen vor. Er plädierte zB in seiner Stellungnahme zur Justiz für die Einführung der fachkundigen Laienrichter[29]. Eine Justizreform in weiteren Bereichen war von Klein nach Inkrafttreten der österreichischen ZPO realisiert worden. Hingegen kam sie bei der Reform der japanischen ZPO nicht zustande.

Sein letzter Aufsatz[30] enthält einen Überblick über die historische Entwicklung in ganz Kontinentaleuropa. Der Schwerpunkt lag jedoch im Vergleich zwischen der deutschen ZPO 1877 und der österreichischen ZPO von 1895. Ferner ging er auf die neueste ungarischen ZPO 1911 ein, die seiner Meinung nach „mehrere, von Klein temperamentvoll initiierte, grundsätzliche Abweichungen von der deutschen ZPO" und viele konkrete Änderungen beinhalte, wodurch sie verständlicher und eindeutiger geworden sei, obwohl sie offensichtlich die österreichische ZPO zum Vorbild hatte[31].

Neben der Professur an der Universität Kyoto und an der Universität Ritsumeikan, gründete Kijimoto ein mit der Fakultät der Rechtswissenschaft der Universität Ritsumeikan in Verbindung stehendes Rechtsinstitut, um sich mit verschiedenen Rechtsproblemen auseinanderzusetzen und um erfahrene Rechtspraktiker auszubilden[32]. Weiters leistete er bei Pachtstreitigkeiten in seiner Heimat Aichi den schwächeren Pächtern juristischen Beistand[33]. Es lohnt sich zu beachten, dass die Kleinsche ZPO von solchen Praktikern hoch geschätzt wurde.

---

29 *R. Kijimoto*, Minjisoshôkankeihôki kaisei shigi [Persönliche Meinung über die Reform der Zivilprozessgesetze], Kyoto hôgakkai zasshi, 1911, 1886-1896, 1912, 233-252; *ders*, Shôjisaibansho oyobi shôjibu ni kansuru doku ô no genkôhôsei[Die geltenden Gesetze über Handelsgericht sowie Handelssenate in Deutschland und Österreich], Kyoto hôgakkai zasshi, 1912, 253-263.

30 *R. Kijimoto*, Minjisoshôseido no hensen oyobi kaisei undô: Fu Ôstorî shin minjisoshôhô oyobi Hangarî shin minjisoshôhô [Die Veränderungen und die Reformbewegungen der Zivilprozesssysteme. In der neuen österreichischen ZPO und ungarischen ZPO], Hôritsu shinbun, 1913, 836-844, 847-848.

31 Ebda.

32 *Y. Sagami*, Kijimoto Rôzô to Nihonhôritsukenkyûsho [R. Kijimoto und das Nihon-Rechtsinstitut], in:Ritsumeikan hôgaku [Ritsumeikan Law Review], 1988, 1021-1044.

33 *K. Katô*, Kijimoto Rôzô to Narumi kosaku sôgi [R. Kijimoto und die Pachtstreitigkeiten in Narumi], 1988.

V. Die Anwälte und das Reformgesetz von 1926

A. Die Anwaltschaft der Taishô-Zeit

Entgegen der immer wieder kolportierten Behauptung, dass die österreichische Advokatur hauptsächlich als Gegner der österreichischen Zivilprozessordnung 1895 aufgetreten wäre, bekräftigt die neueste Studie ihre Mitwirkung an der Reformarbeit[34]. Aus einer von Franz Kleins Reden ist zu erfahren, dass er sehr viel Mühe hatte, seine Gegner zu überreden[35]. Hier wird betrachtet, ob und wie weit die Stimmen der Juristen reflektiert wurden. Unter dem Wort „Juristen (Hôsô)" versteht man in Japan Rechtspraktiker, vor allem Richter, Staatsanwälte und Rechtsanwälte, von denen die ersten zwei Staatsdiener sind[36]. Die Meinungsvertreter auf dem Feld in der Taishô-Zeit waren die Rechtsanwälte. Wie oben erwähnt, wurden manche Vorschriften des Entwurfs bei den parlamentarischen Beratungen in Richtung zur Milderung der Offizialmaxime revidiert. Die Antragsteller waren meistens Abgeordnete, die auch die allgemeinen Ansichten der Reichsrechtsanwaltskammer vertraten. Jedoch darf man nicht denken, dass durch diese Anträge die Meinung aller Anwälte vertreten worden wäre.

In der Taishô-Zeit stieg die Zahl der Rechtsanwälte ständig, im Jahre 1914 auf 2256, im Jahre 1915 auf 2486 und 1923 auf 5266[37]. Nicht nur die Anzahl sondern auch die soziale Stellung des Anwalts stieg hoch. Während die Absolventen der kaiserlichen Universitäten als Bürokraten ins politische Leben traten, begannen viele Absolventen der Privatuniversitäten mit der Tätigkeit als Rechtsanwalt, um später als Politiker Karriere zu machen. Im Jahre 1923 wurde die einheitliche Prüfung für die Richterschaft, die Staatsanwaltschaft und die Anwaltschaft eingeführt, wodurch die hohe Qualität der Anwälte sichergestellt wurde. Die Zunahme der Anwälte und die wechselhafte Parteipolitik brachten Spaltungen der Anwaltsvereine. In der Folge entstanden zwischen Verfechtern der Regierungsposition und den Trägern der Demokratisierung der Rechtsordnung viele politisch abgestufte Gruppierungen.

---

34 *Schöniger-Hekele*, wie Fn 7, 100.

35 Dazu etwa *Friedländer* (Hrsg), F. Klein, Reden, Vorträge, Aufsätze, Briefe, Bd I, 1927, 10ff, 47ff.

36 *S. Hirowatari* (Hrsg), Hôsô no hikaku hoshakaigaku [Die Vergleichende Rechtssoziologie der Juristen], 2003, 12-15. Erst letzter Zeit begann man auf die Rolle und Kategorisierung der anderen sich auf die Rechtspflege beziehenden Berufsträger aufmerksam zu machen, worunter etwa Notare (*Kôshônin*) gemeint sind.

37 *K. Murakami*, Kindai nihon no zaiya hôsô to sono hyôden [Die Juristen auf dem Feld im modernen Japan], in: Nihon hôsôkai jinbutsu jiten [Lexikon der japanischen Juristen], 1996, 23-42.

Eine der beispielhaftesten Aktivitäten der demokratisch gesinnten Juristen war die Organisation von Rechtsauskunftsstellen für kostenlose oder billige Rechtsberatungen. Ein vorbildhaftes Beispiel für solche Aktivitäten war die 1918 von den Rechtsanwälten Tetsu Katayama (1887–1978) und Nirô Hoshijima (1887–1980) gegründete „Zentrale Rechtsauskunftsstelle (Chuô-Horitsusoudanjo)" in Tokio und die dort herausgegebene Zeitschrift (Chuô-Horitsushinpô)[38]. Bis zur Auflösung der Rechtsberatungsstelle im Jahre 1924 arbeiteten die beiden Rechtsanwälte für die Verbesserung des sozialen Stands von Arbeitern, Pächtern, Frauen und Kindern. Die als Ziel gesetzten Aufgaben waren zB die Verabschiedung der Schlichtungsgesetze, die Gründung von Sondergerichten für Arbeitsstreitigkeiten und Familiensachen sowie die Vereinfachung von Schriftsätzen, die bis dahin im altchinesischen Stil zu schreiben waren. Manches wurde noch in der Taishô-Ära verwirklicht, vieles erst nach dem Zweiten Weltkrieg. So wurden mit dem Änderungsgesetz 1996 Vorschriften der ZPO etwas vereinfacht.

Im Vergleich zu den anderen Themen sind Artikel über eine ZPO-Reform in der erwähnten Zeitschrift selten und nur vereinzelt zu finden. Dennoch gab es etwa in der ersten Ausgabe im Jahre 1921 eine Umfrage zur Reform der geltenden Gerichtsordnung[39]. Befragt wurden 50 bekannte Richter, Rechtsanwälte, Professoren der Rechtswissenschaft, aber auch Journalisten, Abgeordnete und Aktivisten der sozialen Bewegungen. Viele Stimmen verlangten die Reform nicht allein eines Gesetzes, sondern zuerst die der Gerichtsorganisation selbst, wozu auch die Gründung von Sondergerichten für Arbeitsstreitigkeiten, Familiensachen usw. gehöre. Interessant ist ferner der Vorschlag eines Rechtsanwalts zur Popularisierung des Gerichtssaals in Zivilsachen: Der Vorsitzende solle, ohne Amtstracht, freundlicher die Parteien ansprechen; der Richterplatz solle nicht auf einer höheren Stufe sein, damit die Verhandlungen in einer entspannteren Atmosphäre stattfinden können. Wie vorausschauend dieser Vorschlag war, zeigt sich darin, dass die neueste Reform der ZPO 1996 die Verhandlung am runden Tisch („round table") einführte. Bemerkenswert ist ferner die Meinung, dass das Gericht möglichst einen Vergleich zwischen den Parteien anstreben solle.

Im Jahre 1929, dem Jahr des Inkrafttretens der neuen japanischen ZPO, wurde die Meinung von zwei Mitarbeitern der Rechtsauskunftstelle in deren Zeitschrift veröffentlicht: von Tetsu Katayama, dem Gründer der Zentralen Rechts-

38 *M. Ohta*, Taishô Demokrashii kenkyuu [Studie der Taishô Demokratie], 1990, 254-289; *T. Itô*, Taishô Demokrashii ki no hô to shakai [Recht und Gesellschaft in der Zeit der Taishô Demokratie], 2000, 50-56.

39 Chuô-Horitsushinpô 1/1, 1921.

auskunftstelle, und von Eiichi Makino(1878–1970), einem berühmten liberalen Strafrechtswissenschafter und Autor. Katayamas Kritik lässt sich darin zusammenfassen, dass die Reformarbeit mit der japanischen ZPO nicht auf Forderungen des Volks, sondern hauptsächlich „zugunsten der Geschäftsgänge innerhalb des Gerichts sowie der Behörde“ angefangen und fortgesetzt wird, wodurch diese Reform „formell“ bleibe; eine von den sozial Schwachen erwartete inhaltliche Reform sei sie nicht. Die komplizierte Prozedur der Prozessbegründung, die hohen Prozesskosten sowie die ungenügende Hilfe im Prozess erschwerten den Volksmassen immer noch die Zivilprozesse[40]. Makino schrieb hingegen, dass die neue Rechtspflege den Staat und das Volk zur Mitarbeit auffordere. Daher unterscheidet er die Einführung der Offizialmaxime streng von der Einmischung durch die Staatsgewalt und misst sie am Grundsatz von „Treu und Glauben“ wie beim Vertragsabschluss. Jedoch erwarte er mehr vom Schlichtungssystem[41]: „Wenn der Geist eines Schlichtungssystems im Allgemeinen besser verstanden und dieses System weiter entwickelt würde, so würde die neue ZPO möglicherweise nicht mehr nötig werden.“

Nach einer im Jahre 1930 erschienenen Statistik sank die Zahl der nicht erledigten Rechtsstreitigkeiten zufolge der neuen ZPO 1929 auf die Hälfte. Ferner sank die Zahl der neu aufgenommenen Streitigkeiten nach 1931 drastisch[42]. Daraus kann man nicht den voreiligen Schluss ziehen, dass die neue ZPO erfolgreich funktionierte. Denn damals war Japan auf dem Weg zu militärischer Aufrüstung und Krieg. Unter solchen Umständen wird die Frage des Zivilprozesses immer zurückgestellt.

VI. Schlussbemerkung

Franz Klein beeinflusste die japanische Reformarbeit um 1926 nicht persönlich, aber durch sein Werk. Die japanischen Reformer haben sich bemüht, nicht nur aus Gesetzestexten, sondern auch aus der Gerichtspraxis zu lernen, um ein besseres Verfahrensrecht zu kreieren. Diese Reformarbeit ist daher ein gutes Zeugnis für die erfolgreiche Modernisierung des japanischen Rechts durch die japanischen Juristen.

Die japanischen Reformer bezweckten zwar sicherlich die Prozessökonomie und die gerechte Prozessführungsaufzeichnungen, aber aus den Diskussionen

---

40 *T. Katayama*, Musankaikyû yori mitaru shin minji soshô [Die neue ZPO unter dem Gesichtspunkt des Proletariats] Hôritsu jihô 1, 1929, 10.

41 *E. Makino*, Baishin to soshô no kanata [Über die Zukunft der Geschworenengerichtsbarkeit und des Prozesses] Hôgaku shirin, 1929, 1372.

42 *Shihôshô* [Justizministerium] (Hrsg), Shihô enkaku shi [Justizchronik], 1939, 460.

stellt sich heraus, dass sie wenig darauf geachtet haben, wie die Prozessparteien das Gericht tatsächlich erleben würden.

Es fehlte das Gespräch zwischen den Reformarbeitern und den Juristen außerhalb der Regierung, obwohl diese so viele rationale und konkrete Vorschläge erstatteten. Die oppositionellen Juristen waren jedoch darin nicht besonders engagiert , denn die Reform der ZPO war für sie ein geringeres Anliegen als zum Beispiel das Allgemeine Wahlrecht, das Gesetz über Geschworene, die Schlichtungsgesetze und die Sozialgesetzgebung.

Die japanischen Juristen wollten eine volksfreundliche Rechtspflege. Mit dem Begriff „Volk“ dachten sie an die Schwächeren im schichtspezifischen Sinn. Hier sieht man die Möglichkeit, über den Begriff „sozialen Prozess“ nachzudenken: Etwa Rolf Bender unterscheidet zwischen den konkret Schwachen im Prozess und den Sozialschwachen der Gesellschaft, obwohl sie häufig identisch sind[43]. Was hätte Franz Klein, der kein reiner Prozessualist noch Rechtspraktiker, sondern auch Sozialpolitiker war, dazu gesagt?

Die Debatte über die Dispositionsfreiheit als die Eigenverantwortlichkeit der freien Bürger oder die Aktivität der Richter wiederholt sich immer wieder. In Deutschland weist Rolf Bender zum Beispiel in der Erwiderung auf Leopold in der Juristenzeitung darauf hin, dass diese zwei einander nicht gegensätzlich gegenüberstehen, sondern etwa erst richterliche Aufklärung den Parteien in vielen Fällen echte Dispositionsfreiheit verschafft[44].

Japan hat dazu noch eine eigene Aufgabe. Nach der Entstehung der Zivilprozessordnung 1996 (Gesetz Nr 109 von 1996) ist gerade eine Justizreform im Gang: Es geht etwa um die Vermehrung und Ausbildung der Juristen, die Reform der Gerichtsorganisation sowie die Beteiligung von Laien an Gerichtsverhandlungen, d.h. nun die Wiedereinführung der Geschworenengerichtsbarkeit. Diese ein volksfreundliches Justizsystem bezweckende Reformarbeit übernimmt auch Aufgaben, die durch die Reform von 1926 nicht gelöst wurden.

---

43 *R. Bender*, Nochmals: Zivilprozess und Ideologie, in: JZ 1982, 711.

44 Ebda, 710.

Walter H. Rechberger, Wien*

Die Bedeutung Franz Kleins für die europäische Rechtsentwicklung auf dem Gebiet des Zivilprozessrechts

I. Zur Vorgeschichte; II. Zur Persönlichkeit Franz Kleins; III. Das Reformwerk Franz Kleins; IV. Der Einfluss der öZPO in verschiedenen europäischen Ländern: A. Deutschland, B. Italien, C. Liechtenstein, D. Griechenland, E. Skandinavien, F. Osteuropäische Staaten; V. Ausblick.

I. Zur Vorgeschichte

Der österreichische Zivilprozess des 19. Jahrhunderts war von der Allgemeinen Gerichtsordnung (AGO) Josef II. aus dem Jahr 1781 geprägt, einem Gesetz, das noch den Vorstellungen des kanonisch-gemeinen Prozessrechts verpflichtet war. Das Verfahren glich deshalb – so hat es der Innsbrucker Prozessualist und Klein-Forscher Rainer Sprung formuliert[1] –

> „einem tumultarischen Interessensturnier, in dem die Parteien als Regisseure wirkten und der Richter nur ein geduldiger Mitarbeiter war, ein Hampelmann, der sich nur bewegen durfte, wenn die Parteien ihn am Schnürchen zogen".

Hat man dieses Bild vor Augen, so verwundert es nicht, dass in Österreich im Laufe der zweiten Hälfte des 19. Jahrhunderts – vor allem auch in Anbetracht des Reformprozesses in Deutschland – der Ruf nach einer Neugestaltung der Zivilverfahrensgesetze immer lauter wurde.

Nach mehreren Anläufen zur Schaffung einer neuen Zivilprozessordnung zwischen 1848 und 1881, die alle nicht von Erfolg gekrönt waren, fand der Privatdozent *Franz Klein* um 1890 mit seinen später als „revolutionär und weittragend"[2] bezeichneten Ideen vom „sozialen Zivilprozess" so große Zustimmung,

---

* Durch Fußnoten ergänzte und geringfügig überarbeitete schriftliche Fassung des Vortrags, den der Verfasser am 21. März 2003 beim Symposion „Die österreichischen Einflüsse auf die Modernisierung des japanischen Rechts" im Juridicum in Wien gehalten hat.

1 *R. Sprung*, Die Ausgangspositionen österreichischer Zivilprozessualistik, in: ZZP 92, 1979, 4 u 7.

2 So *H. W. Fasching*, Lehrbuch des österreichischen Zivilprozessrechts, 2. Aufl, 1990, Rz 35.

dass er vom österreichischen Justizministerium mit der Ausarbeitung neuer Zivilprozessgesetze, nämlich einer Jurisdiktionsnorm, einer Zivilprozessordnung und einer Exekutionsordnung samt den dazu gehörigen Einführungsgesetzen, beauftragt wurde.

II. Zur Persönlichkeit Franz Kleins

Franz Klein wurde am 24. 4. 1854 als Sohn des Gold- und Silberschmieds Karl Klein und dessen Frau Theresia in Wien geboren. Schon während des Studiums der Rechtswissenschaften zeigte sich sein besonderes Interesse für das zivilgerichtliche Verfahren, wobei ihn besonders die Vorlesungen Anton Mengers faszinierten, in denen dieser seine „soziale Rechtlehre“[3] erläuterte. Nach Beendigung der rechtswissenschaftlichen Studien absolvierte Klein die Gerichtspraxis, um danach als Advokaturskandidat in einer angesehenen Kanzlei – zumindest für die nächsten acht Jahre – die anwaltliche Laufbahn einzuschlagen. In dieser Zeit legte er sowohl die Richteramts- als auch die Advokatenprüfung ab und konnte umfangreiche Praxiserfahrung sammeln, die ihm zunächst bei der Arbeit an seiner Habilitationsschrift zum Thema „Die schuldhafte Parteihandlung“ sehr zu Gute kam. Für diese Arbeit wurde ihm 1885 an der Wiener Juristenfakultät die *venia legendi* für österreichisches Zivilprozessrecht verliehen. Die Hinwendung zur Universität kam 1886 auch in der Übernahme der – damals eher beschaulichen – Funktion des Kanzleidirektors der Universität Wien zum Ausdruck, was Klein die Möglichkeit bot, mehr Zeit darauf zu verwenden, über notwendige Reformen des österreichischen Zivilprozesses nachzudenken. Die Früchte dieser Überlegungen, nämlich die „Betrachtungen über Probleme der Civilprozessreform in Oesterreich“ wurden unter dem Titel „Pro Futuro“ zunächst 1890/1891 als Artikelserie in den Juristischern Blättern publiziert. Diese Artikelserie war aber nicht nur der Anstoß für den Beschluss des Professorenkollegiums der Wiener Juristenfakultät, Klein zur Ernennung zum außerordentlichen Universitätsprofessor vorzuschlagen, sondern dadurch wurde auch das Justizministerium auf ihn aufmerksam – was letztlich die österreichische Prozessrechtsreform doch noch Wirklichkeit werden ließ. 1891 wechselte Klein ins Justizministerium, wo er später bis zum Justizminister aufsteigen sollte. Zunächst aber bewies Franz Klein in diesem Ministerium dadurch seine ungeheure Produktivität und Tüchtigkeit, dass er in einem Zeitraum von kaum mehr als eineinhalb Jahren die Zivilprozessgesetz-Entwürfe fertig zu stellen vermochte; schon am 20. 3. 1893 konnte die Regierungsvorlage im Abgeordnetenhaus des Reichsrats eingebracht werden. Und

3 Vgl dazu weiter unten *G. Schöpfer*, Die soziale Rechtslehre Mengers und Renners, 169 ff.

weitere zwei Jahre später war die österreichische Zivilprozessreform perfekt: Am 1. 8. 1895 erfolgte die kaiserliche Sanktionierung der Jurisdiktionsnorm und der Zivilprozessordnung (jene der Exekutionsordnung dann am 27. 5. 1896)[4].

III. Das Reformwerk Franz Kleins

Das Ziel der *Klein*'schen Reform war die Ersetzung des Verfahrens nach der AGO, dessen Charakteristika vor allem Schriftlichkeit, Geheimhaltung, Mittelbarkeit, gebundene Beweiswürdigung und lange Dauer waren, durch einen neuen Zivilprozess, der durch die Prinzipien der Unmittelbarkeit, Mündlichkeit, Öffentlichkeit und freien Beweiswürdigung geprägt war, und bei dem Schnelligkeit und damit auch Billigkeit, aber genauso die umfassende und wahrheitsgemäße Sachverhaltsermittlung im Vordergrund stehen[5].

Eine der wichtigsten Maßnahmen zur Erreichung dieser Ziele war für Klein die *Zurückdrängung der Verhandlungsmaxime*, einem Prozessgrundsatz, dem er völlig ablehnend gegenüberstand, zumal die unbedingte Achtung des Willens der Parteien für ihn eine „Denaturierung" des Prozesses bedeutete. In „Pro Futuro" findet sich dazu folgende Formulierung:

> „Die Herrschaft [der Parteien] über den Prozessinhalt ist die Befugnis, den Richter zu einem irrigen oder doch nur relativ richtigen, beziehungsweise ungenauen Urteil zu leiten und zu verhalten"[6].

Deshalb sollte nun statt der Parteien der Richter die Gestaltung des Verfahrens in der Hand haben, und zwar nicht nur im Sinne der Verfahrensleitung und des Amtsbetriebs, sondern im Sinne einer tatkräftigen und entschlossenen Mitwirkung bei der Stoffsammlung[7]; seither spricht man in Österreich von der *diskretionären Gewalt* des Richters. Sie stellt das Korrelat zur Wahrheits- und Vollständigkeitspflicht der Parteien dar, die erstmals in der österreichischen ZPO – auch das ist einer der Kernpunkte der *Klein*'schen Reform – von einer rein sozialethischen zu einer sanktionierten rechtlichen Anforderung erhoben wurde[8]. Hintergrund für diese Konzeption war einerseits die viel zitierte und heute ganz

---

4 Vgl zum Leben *Franz Kleins* ausführlich *R. Sprung*, Der Lebensweg Franz Kleins, in: *H. Hofmeister* (Hrsg), Forschungsband Franz Klein, 1988, 13 u 15 ff.

5 Vgl dazu *W. Kralik*, Die Verwirklichung der Ideen Franz Kleins in der Zivilprozessordnung von 1895, in: *Hofmeister*, wie Fn 4, 89.

6 *F. Klein*, Pro Futuro, 1891, 13.

7 Vgl *Kralik*, wie Fn 5, 92.

8 Vgl *P. Böhm*, Zu den rechtstheoretischen Grundlagen der Rechtpolitik Franz Kleins, in: *Hofmeister*, wie Fn 4, 191 u 200.

unbestrittene Erkenntnis, dass es eine Verpflichtung des Staates – eine „staatliche Wohlfahrtsaufgabe", wie Klein es nannte – sei, für die rasche und richtige Entscheidung und damit der Beseitigung von Privatrechtsstreitigkeiten Sorge zu tragen, und andererseits die Einsicht, dass dem materiellen Recht durch die richtige Entscheidung am Besten gedient wird. Es war die Vorstellung von der sozialen Funktion des Zivilprozesses, die Klein ein Stoffsammlungsmodell entwerfen ließ, dass stark in die Richtung des Untersuchungsgrundsatzes geht. Freilich verwirklicht die österreichische ZPO in ihrem Regelverfahren höchstens einen abgeschwächten Untersuchungsgrundsatz, weil es dem Richter keinesfalls gestattet ist, von Anfang an ohne Behauptungen der Parteien nach Tatsachen zu forschen. Im Sinne der Verhandlungsmaxime sind die Parteien angehalten, alle notwendigen Tatsachenbehauptungen aufzustellen und die entsprechenden Beweise anzubieten[9].

Heute setzt sich zur Bezeichnung eines Stoffsammlungsmodells wie jenes der öZPO zunehmend der Begriff „Kooperationsmaxime" durch, weil damit das – notwendige – Zusammenwirken von Gericht und Parteien bei der Stoffsammlung sehr anschaulich charakterisiert werden kann. Trotz der Vorurteile gegenüber einem starken Richter, die im vergangenen Jahrhundert durch den Missbrauch der Richtermacht durch totalitäre Regime genährt wurden[10], ist das Grundkonzept Franz Kleins von der Arbeitsgemeinschaft zwischen Gericht und Parteien zum Zweck der Stoffsammlung, die eben einen mit entsprechenden Befugnissen ausgestatteten Richter voraussetzt, heute im kontinentaleuropäischen Zivilprozess weitgehend unbestritten[11]. Dies lässt sich anhand zahlreicher neuerer Zivilprozessordnungen – wenn auch in unterschiedlicher Intensität – nachweisen (vgl dazu noch unten).

Wie erwähnt, sollte der Prozess nach den Klein'schen Vorstellungen billig und schnell sein, weil es einerseits darum geht, Streitigkeiten – in der Klein'schen Diktion: das „soziale Übel" des Prozesses – so schnell wie möglich aus der Welt zu schaffen, und weil andererseits die Dauer des Verfahrens die Kosten für die Parteien bestimmt. Dazu soll das Verfahren, vor allem in geringfügigen Rechtssachen, auch möglichst einfach sein – ein Postulat, dem in Österreich wohl erst am Ende des 20. Jahrhunderts durch die Einführung des obligatorischen und ADV-gestützten Mahnverfahrens entsprochen worden ist (wobei erwähnt werden darf, dass auch dieses Verfahren wiederum starke internatio-

---

9 *W. H. Rechberger – D. A. Simotta*, Grundriss des Zivilprozessrechts, 6. Aufl, 2003, Rz 269 ff.

10 Vgl dazu *Becker – Eberhard*, Grundlagen und Grenzen des Verhandlungsgrundsatzes, in: *M. K. Yildirim* (Hrsg), Zivilprozessrecht im Lichte der Maximen, 2001, 15 u 32 ff.

11 Vgl dazu *K. Siegert*, Grundlinien der Reform des Zivilprozessrechts im Nachkriegseuropa, 1952, 20 ff.

nale Beachtung gefunden hat). Die (relative) Schnelligkeit des österreichischen Zivilprozesses – was die Gesamtdauer des Verfahrens samt Rechtsmittelinstanzen angeht – wird in erster Linie durch das Neuerungsverbot im Rechtsmittelverfahren erreicht: Da die zweite Instanz auf die Überprüfung der Tatsachenfeststellungen der ersten Instanz beschränkt ist, konzentrieren sich diese auf das erstinstanzliche Verfahren, was in einer – weltweit ziemlich einzigartig – kurzen Verfahrensdauer resultiert[12].

Die Tatsache, dass die öZPO weit über die Grenzen Österreichs hinaus internationale Beachtung gefunden hat, verdankt sich – das sollte nicht unerwähnt bleiben – auch dem Umstand, dass Franz Klein bei der Erarbeitung seines Prozessgesetzes in weiten Teilen der deutschen ZPO gefolgt ist, ja vieles sogar wörtlich übernommen hat. Aber seine Konzeption – vor allem das erläuterte Stoffsammlungsmodell – unterscheidet sich doch auch gerade dort von der dZPO, wo diesem Gesetz in seiner Stammfassung durchaus Fehler zu bescheinigen sind. Klein konnte natürlich auch manche Erfahrungen, die in Deutschland seit dem In-Kraft-Treten der ZPO im Jahre 1879 gemacht worden waren, berücksichtigen. Darüber hinaus konnte die öZPO nur deshalb internationale Bedeutung erlangen, weil in anderen Staaten die Bereitschaft bestand, fremde Prozessordnungen und deren Wertentscheidungen und Verfahrensstrukturen prinzipiell als Vorbild zu akzeptieren[13].

IV. Der Einfluss der öZPO in verschiedenen europäischen Ländern

A. Deutschland

Das In-Kraft-Treten der öZPO im Jahr 1898 fand auch in Deutschland Beachtung, wobei sich neben zahlreichen positiven Reaktionen[14] auch vereinzelte negative Stimmen[15] finden. Die deutsche ZPO orientierte sich in ihrer Stammfassung völlig am liberalen Prozessmodell mit seiner reinen Verhandlungsmaxime, eine Konzeption, die für Franz Klein mit der Vorstellung vom Prozess als Wohl-

---

12 *Rechberger – Simotta,* wie Fn 9, Rz 286.

13 *W. Jelinek*, Einflüsse des österreichischen Zivilprozeßrechts auf andere Rechtsordnungen, in: *W. J. Habscheid* (Hrsg), Das deutsche Zivilprozeßrecht und seine Ausstrahlung auf andere Rechtsordnungen, 1991, 41 u 44.

14 ZB *O. Bähr*, Die neuen österreichischen Civilprozess-Gesetzentwürfe, in: ZZP 19, 1894, 79; vgl auch die Hinweise bei *Jelinek*, wie Fn 13, Fn 55.

15 *A. Wach*, Die Mündlichkeit in dem Entwurf der österreichischen Zivilprozessordnung, 1895, 17; *F. Stein*, Verhandlungen des 29. DJT V, 1909, 669.

fahrtseinrichtung des Staates unvereinbar war[16]. Doch auch in Deutschland galten die Ideen Franz Kleins vielen als fortschrittlich und nachahmenswert[17], zumal sein soziales Prozessmodell jenem der dZPO einiges voraus hatte. Vorerst jedoch konnten sich noch keine Reformvorhaben im Sinne der österreichischen Prozessphilosophie durchsetzen.

Spätere Novellen zur dZPO zeigen dann aber einen deutlichen Einfluss der öZPO auf die deutsche Prozessordnung[18]. Die Novelle 1924 zeichnete sich vor allem durch strengere Präklusionsbestimmungen zur Hintanhaltung von Prozessverschleppung aus. Dem Entwurf von 1931 gingen Diskussionen auch mit österreichischen Prozessualisten voran, die in der darauf folgenden und sehr bedeutenden Novelle 1933 auch ihren Niederschlag gefunden haben – was die österreichischen Verfahrensrechtler der Zwischenkriegszeit Sperl[19] und Engel[20] auch entsprechend hervorhoben. Schon im sog „Vorspruch" des Gesetzes macht sich der Einfluss der öZPO deutlich bemerkbar, wenn es dort ganz in Klein'scher Diktion heißt:

> „Aufgabe des Richters ist es, durch straffe Leitung des Verfahrens und in enger Fühlung mit den Parteien dahin zu wirken, daß jede Streitsache nach gründlicher Vorbereitung möglichst in einer einzigen Verhandlung aufgeklärt und entschieden wird. Er hat Vertagungen, die nicht sachlich dringend geboten sind, zu vermeiden und zu verhindern, daß ein Verfahren durch verspätetes Vorbringen verschleppt wird. Nur so gelangt man zu einem lebendigen Verfahren mit voller Mündlichkeit und Unmittelbarkeit, das dem Richter eine sichere Findung der Wahrheit ermöglicht und dessen Verlauf die Parteien mit Verständnis und Vertrauen verfolgen können"[21].

Bemerkenswert ist vor allem, dass in Deutschland im Zuge dieser Novelle dem österreichischen Vorbild entsprechend die Wahrheitspflicht der Parteien eingeführt wurde.

In der Diskussion der Zeit danach war immer wieder von der Notwendigkeit der Einführung einer stärkeren Inquisitionsmaxime die Rede[22], ohne dass es dazu wirklich gekommen wäre. Was sich durchgesetzt hat, ist der Amtsbetrieb; er

---

16 *P. Gottwald*, Die österreichische Zivilprozeßordnung aus deutscher Sicht, in: *P. G. Mayr* (Hrsg), 100 Jahre österreichische Zivilprozessgesetze, 1998, 180 f.

17 *K. Schneider*, Der neue österreichische Entwurf einer Civilprocess-Ordnung, in: AöR, 189, 52 u 59.

18 Vgl dazu ausführlich *Jelinek*, wie Fn 13, 56 ff.

19 *H. Sperl*, Die neueste Gesetzgebung für das Zivilprozeßrecht des Deutschen Reichs, in: NZ, 1934, 22.

20 *F. Engel*, Die deutsche Zivilprozeßnovelle 1933, in: AnwZ, 1934, 10.

21 Ein längerer Auszug ist zu lesen bei *Gottwald*, wie Fn 16,187.

22 *J. Damrau*, Der Einfluss der Ideen Franz Kleins auf den Deutschen Zivilprozeß, in: *Hofmeister*, wie Fn 4, 157 u 166 f.

wurde 1909 für das Verfahren vor den Amtsgerichten und (erst) 1943 auch für jenes vor den Landgerichten eingeführt[23].

Seit der Mitte des 20. Jahrhunderts ist in Deutschland dann wieder eine gewisse Zurückhaltung gegenüber österreichischen Prozessrechtsideen zu konstatieren. Wie einer der führenden deutschen Prozessualisten, Peter Gottwald, in einem Festvortrag zum 100 Jahr-Jubiläum der öZPO in Wien im Jahr 1998 bemerkt hat, sollte die heutige Bedeutung des österreichischen Prozessrechts für Deutschland daher nicht überzeichnet werden. Immerhin ist darauf hinzuweisen, dass die Unterschiede zwischen der dZPO und der öZPO, gerade was das so umstrittene Stoffsammlungsmodell angeht, aus größerer Entfernung offenbar nicht mehr wahrnehmbar sind; in den USA werden beide Modelle als *„inquisitorial system"* bezeichnet, ohne dass auf einen Unterschied hingewiesen würde.

Dass die „Schwester-Prozessordnung"[24] heutzutage in Deutschland zwar tatsächlich kaum mehr im Blickfeld ist, sich ihr Ideengut aber ungebrochener Strahlkraft erfreut, zeigt die deutsche ZPO-Reform des Jahres 2002. Die neueste Novelle zur dZPO sieht sich – wie auch die österreichische ZPO-Novelle 2002 – in erster Linie der Verfahrensbeschleunigung verpflichtet. Diese soll in Deutschland vor allem in Abkehr vom bisherigen System der Neuerungserlaubnis in der Berufung mithilfe der neu gestalteten beschränkten Berufung sowie mit einer Umgestaltung des deutschen Revisionssystems erreicht werden. Reischl sieht in diesem ZPO-Reformgesetz in Hinblick auf die Aktivierung der Rolle des Richters eine „deutliche Adoption" der Programmsätze des sozialstaatlichen Prozessmodells iS Franz Kleins[25]. Die Begründung der deutschen Bundesregierung[26] zur ZPO-Reform spricht übrigens – was der österreichische Prozessualist nur mit höchster Verwunderung registrieren kann – davon, dass „keines" der europäischen Nachbarländer einen „Rechtsmittelausschluss aufgrund des Unterschreitens einer bestimmten Wertgrenze, wie ihn die deutsche Rechtsordnung bisher kennt" vorsieht und die uneingeschränkte Grundsatzrevision daher die „erforderliche Anpassung an den europäischen Rechtsstandard" leiste[27]. Demgegenüber darf daran erinnert werden, dass nicht nur das Neuerungsverbot im Berufungsverfahren schon immer ein Charakteristikum der österreichischen ZPO dargestellt hat (es beruht sogar auf älteren historischen Wurzeln), sondern dass diesem Gesetz

---

23 *J. Damrau* in: *Hofmeister*, wie Fn 4, 161 f.

24 *T. Klicka*, Die österreichische Zivilverfahrens-Novelle 2002 als Versuch einer Verfahrensbeschleunigung – ein Vergleich zur deutschen ZPO-Reform 2002, in: ZZPInt 8, 2003, xx (in Druck).

25 *K. Reischl*, Der Umfang der richterlichen Instruktionstätigkeit – ein Beitrag zu § 139 Abs 1 ZPO, in: ZZP 116, 2003, 81 u 102.

26 BT-Drucks. 14/4722, A Allgemeiner Teil V.

27 *T. Klicka*, in: ZZPInt, wie Fn 24, xx.

auch an Wertgrenzen orientierte Revisionsbeschränkungen niemals unbekannt gewesen. Mehr sei an dieser Stelle zu den rechtsvergleichenden Überlegungen, die man in Deutschland im Vorfeld der jüngsten ZPO-Novelle angestellt hat, nicht gesagt.

B. Italien

Anfang des 20. Jahrhunderts setzten auch in Italien Reformbestrebungen ein, die sich in Abkehr von der bisherigen französischen Rechtstradition am Werk Franz Kleins orientierten. Obwohl dies anfänglich Widerständen begegnete, gewann die österreichische ZPO – in der Diskussion – immer stärkere Bedeutung[28]. Namhafte italienische Juristen fanden Gefallen an diesem Gesetz, besonders bei Chiovenda ist deutlich die Begeisterung für die öZPO und die Ideen Franz Kleins zu bemerken[29]. Freilich setzte sich trotz anfänglicher Zustimmung nach langen Diskussionen schließlich doch die Gegenposition durch: Der italienische *Codice di Procedura Civile* aus 1942 stellt, indem er im Wesentlichen dem französischen Modell folgt, in gewisser Weise geradezu den Gegenpol zur öZPO dar[30]. Die Position des Richters[31] ist weit von jener des österreichischen entfernt, und unter Betonung des Einflusses der Parteien wird dem amtswegigen Ladungsbetrieb eine Absage erteilt[32]. Erst viel später wurden manchen Sonderverfahren wie dem Ehescheidungsverfahren oder dem Verfahren nach dem Mietengesetz gewisse „österreichische Züge“ verliehen[33].

In den neunziger Jahren des vorigen Jahrhunderts gab es in Italien Bestrebungen, durch die Statuierung gewisser Mitwirkungspflichten der Parteien und eine Stärkung der Befugnisse der Richter zur formellen und materiellen Verfahrensleitung die Effizienz des Verfahrens zu steigern. Diese Versuche sind jedoch in der Anfangsphase stecken geblieben.

Erwähnt werden soll in diesem Zusammenhang, dass es in letzter Zeit in Frankreich, dem Kernland der romanischen Prozessmodelle, zu einer bedeutenden Stärkung der Position des Richters gekommen ist. Man wollte der allzu lan-

---

28 *Jelinek*, wie Fn 13, 61 f.

29 Näheres bei *B. König*, Die österreichische Zivilprozeßordnung und das Königreich Italien, in: JBl, 1981, 585 u 587; s auch *Jelinek*, wie Fn 13, 61.

30 *Jelinek*, wie Fn 13, 76.

31 Vgl dazu *Amato*, Auf dem Weg zur Stärkung der Richtermacht im Beweisverfahren: Neue Entwicklungen im italienischen Zivilverfahren im Vergleich zur öZPO,in: ZfRV, 1979, 83 ff.

32 *B. König*, in : JBl, 1981, 590.

33 *Jelinek*, wie Fn 13, 87.

gen Dauer der Verfahren und einer gewissen Schwerfälligkeit des Prozesses – Erscheinungen, deren Ursache in der nahezu unbeschränkten Herrschaft der Parteien gesehen wurde – entgegen wirken. Diese Maßnahmen gehen so weit,.dass jetzt sogar vom „inquisitorischen Charakter" der französischen Zivilprozessordnung[34] gesprochen wird!

C. Liechtenstein

Schon bald nach In-Kraft-Treten der öZPO fand diese in leicht abgeänderter Fassung Eingang in die liechtensteinische Rechtsordnung. Später lässt sich jedoch eine Abschwächung des österreichischen Einflusses feststellen, was sich beispielsweise in der Abschaffung des Neuerungsverbots im Rahmen einer Neuregelung des Rechtsmittelverfahrens äußerte[35].

D. Griechenland

Nach der Befreiung Griechenlands von der türkischen Herrschaft stellte sich auch in Griechenland die Frage nach einer neuen Zivilprozessordnung. Nach bayrischem Vorbild wurde Ende der zwanziger Jahre des 19. Jahrhunderts ein „Gesetzbuch über das Zivilverfahren" ausgearbeitet, welches aber in gewissen Bereichen Mängel aufwies. Schon anfangs des 20. Jahrhunderts wurde der Ruf nach einer Neuordnung des Zivilprozesses laut, der den Anforderungen der Zeit entsprechen sollte. In dieser Diskussion ist durchaus eine deutliche Vorbildwirkung der Ideen Franz Kleins zu erkennen[36]. Der Gesetzgeber der neuen griechischen Zivilprozessordnung, die dann (erst) 1986 zustande kam, unterließ freilich jede Bezugnahme auf Franz Klein[37], obwohl die Prozessordnung inhaltlich neben deutschen auch österreichische Züge erkennen lässt[38]. So geht sie beim Neuerungsverbot einen Mittelweg zwischen der (ursprünglichen) deutschen und der

---

34 S *J. Lang*, Die Aufklärungspflicht der Parteien des Zivilprozesses vor dem Hintergrund der europäischen Rechtsvereinheitlichung, 1999, 170 ; *H. J. Sonnenberger* – *Ch. Autexier*, Einführung in das französische Recht, 3. Aufl, 2000, 239.

35 Vgl dazu *H. W. Fasching*, Weiterentwicklung des österreichischen Zivilprozeßrechts im Lichte der Ideen Franz Kleins, in: *Hofmeister*, wie Fn 4,115; *ders*, Der Berufungsgrund der Mangelhaftigkeit des Verfahrens und seine Stellung im Berufungssystem des liechtensteinischen Zivilprozesses, in: LJZ, 1983, 101 u 105.

36 *J. Simantiras*, Die Ideen Franz Kleins und die Zivilprozeßreform in Griechenland, in: FS Franz Klein,1914, 261.

37 *Fasching*, in: *Hofmeister*, wie Fn 35.

38 *H. W. Fasching*, Lehrbuch Rz 38.

österreichischen ZPO: sie bekennt sich zwar zum Neuerungsverbot, lässt jedoch zusätzlich zahlreiche Ausnahmen zu[39]. Jüngste Novellen zur griechischen Zivilprozessordnung zeigen einen immer stärker werdenden Einfluss des deutschen Prozessrechts.

E. Skandinavien

Anfang des 20. Jahrhunderts setzten auch im skandinavischen Raum Tendenzen zur Reformierung der bestehenden Zivilprozessordnungen ein. Es galt, die Verfahren, die noch von Schriftlichkeit, Mittelbarkeit und Verhandlungsmaxime bestimmt waren, der modernen Prozessrechtsentwicklung anzupassen[40]. Neben deutschen Prozessrechtsideen hinterließ trotz der geographischen Distanz dabei auch die öZPO ihre Spuren. In Dänemark erinnern die Konzentrationsmöglichkeiten im Verfahren an das Werk Franz Kleins; im norwegischen Zivilprozess wurde die Befugnis des Gerichts zur materiellen Prozessleitung eingeführt[41]. Da hier der Reformprozess ein wenig später einsetzte, war es sogar möglich, praktische Erfahrungen aus Österreich zu verwerten[42].

F. Osteuropäische Staaten

Die *ungarische* ZPO 1911 versuchte einen „Verschnitt" zwischen der deutschen und der österreichischen Zivilprozessordnung[43]. Um allzu lang dauernde Verfahren zu vermeiden, wurde zwar – wie es heißt – die „Prozessführung" in die Hand des Richters gelegt, aber trotzdem die Verhandlungsmaxime statuiert, und obwohl die Parteien und ihre Vertreter zur „Aufrichtigkeit" verpflichtet wurden, blieb das Wort „Wahrheit" unerwähnt[44].

---

39 *H. W. Fasching*, Das Neuerungsverbot im Berufungsverfahren des griechischen Zivilprozesses im Vergleich zu den entsprechenden Regelungen im österreichischen und deutschen Zivilprozeß, in: FS Rammos I,1979, 263 u 272; vgl dazu auch *G. Rammos*, Das Rechtsmittelverfahren nach dem Entwurf einer neuen griechischen Zivilprozeßordnung, in: ZZP 74, 1961, 241.

40 *H. Munch-Pertersen*, Einfluß der österreichischen Zivilprozeßordnung auf die skandinavischen Gesetzgebungen, in: Klein, wie Fn 36, 252.

41 *Jelinek*, wie Fn 13, 95 ff.

42 *H. Munch-Pertersen*, in: Klein, wie Fn 36, 252.

43 Vgl dazu *M. Kengyel*, Die Zukunft des ungarischen Zivilprozeßrechts nach der Zivilverfahrensnovelle 1999, in: ZZPint 5, 2000, 361.

44 Ebda, 363.

Die Zivilprozessordnung *Jugoslawiens*, welche 1929 verabschiedet wurde, stellte praktisch eine Übersetzung der Kleinschen ZPO dar[45].

Unter dem Einfluss des Sozialismus kam es in den betroffenen Staaten zu einer weitgehenden Umgestaltung der Prozessgesetze. Eine Vereinheitlichung der Verfahrensgesetze ist dadurch aber keineswegs zustande gekommen; vielmehr wurden weiterhin ganz unterschiedliche Akzente gesetzt. Nur das Ziel der Feststellung der objektiven Wahrheit und zu diesem Zweck die Statuierung des Untersuchungsgrundsatzes ist allen sozialistischen Prozessgesetzen gemeinsam[46]. Freilich war die Aktivität des Richters im Sozialismus auf andere Weise determiniert, als dies den Kleinschen Idealen entsprechen würde: Der Richter war in diesen Systemen ein abhängiger Beamter, der den Weisungen der (politischen) Oberbehörde entsprechend zu handeln hatte. Gerade die Entwicklung in den frühren sozialistischen Staaten hat gezeigt, wie eng das Zivilverfahrensrecht mit den jeweiligen Wertungen, die der Staatsauffassung zugrunde liegen, verbunden ist – nicht von ungefähr bezeichnet man das Prozessrecht als „gelebtes Verfassungsrecht"[47].

Nach der Wende galt es, alles „typisch Sozialistische" auch im Zivilprozessrecht zu eliminieren[48], was vor allem eine Begrenzung der richterlichen Allmacht bedeutete. Die aktive Stellung des Richters sollte – weil als „sozialistisch" oder gar „sowjetisch" angesehen – geschwächt werden[49], der Untersuchungsgrundsatz wurde weithin abgelehnt. Als „fortschrittlich" galt jetzt eher der passive Richter – wobei wohl auch die in diesen Staaten zu beobachtende Faszination alles Amerikanischen das ihre zu dieser Entwicklung beigetragen hat. Verständlich werden diese Veränderungen freilich, wenn man die negativen Auswirkungen des „real existierenden Sozialismus" bedenkt, die auf die allzu intensive staatliche Einmischung zurückzuführen sind. Heute steht in allen Reformstaaten das Bestreben im Vordergrund, behutsam eine unabhängige Richterschaft iS einer eigenständigen, rechtsstaatlichen und funktionsfähigen „dritten Gewalt" heranzubilden[50]. Es bleibt abzuwarten, ob dadurch eines Tages auch wieder eine Stärkung der Richtermacht möglich sein wird.

---

45 *A. Galic*, Die „Richtermacht" im slowenischen Zivilprozess, in: *P. Oberhammer* (Hrsg), Richterbild und Rechtsreform in Mitteleuropa, 2001, 91.

46 *Jelinek*, wie Fn 13, 84.

47 *P. Oberhammer*, Richterbild im Zivilprozess: Zwischenbilanz eines Jahrzehnts der Reformen in Mitteleuropa, in: *ders*, wie Fn 45, 131.

48 *B. Heß*, Vergleichende Bemerkungen zur Rechtsstellung des Richters, in: *Oberhammer*, wie Fn 45, 1 u 16.

49 *Oberhammer*, wie Fn 47, 132.

50 *B. Heß*, in: *Oberhammer*, wie Fn 45, 19.

In *Ungarn* beispielsweise kam es Mitte der neunziger Jahre zu einer grundlegenden Änderung der ungarischen – bis dahin weitgehend der russischen entsprechenden – ZPO. Dabei kam es iS einer liberalen Prozessauffassung insbesondere zur Durchsetzung der reinen Verhandlungsmaxime[51]. Die Hauptaufgabe des Zivilprozesses wurde nun mit der Sicherung der unparteilichen Entscheidung anstatt der Pflicht zur Ermittlung der Wahrheit neu definiert; begründet wurde dies damit, dass die Wahrheitsermittlungspflicht in unlösbarem Widerspruch zum Verbot der Beweiserhebung von Amts wegen stehe.

Auch im Zuge der *slowenischen* Reformen wurden gewisse Regelungen mit Hinweis auf den ideologischen Hintergrund eliminiert, obwohl ihnen eindeutig Ideen des österreichischen Prozessrechts zugrunde lagen. Dies betrifft beispielsweise die richterliche Aufklärungspflicht oder die materielle Prozessleitung[52].

V. Ausblick

Konnten diese Ausführungen auch nur einige wenige Schlaglichter auf den Einfluss werfen, den die Ideenwelt Fanz Kleins auf die europäische Rechtsentwicklung im Bereich des Zivilprozessrechts[53] gewinnen konnte, so zeigen sie mE doch zweierlei: zum einen, dass man in der Klein'schen Zivilprozessordnung zu Recht „das erste Prozessmodell des sozialen Rechtsstaats" sehen kann[54], und zum zweiten, dass der „Prozessphilosophie" Franz Kleins nach wie vor ungebrochene Lebenskraft innewohnt. Die politische Entwicklung in den ost- und südosteuropäischen Ländern im vorigen Jahrhundert weist freilich auch auf die Abhängigkeit dieses Prozessmodells vom Bestand eines Rechtsstaats hin. Die totalitären Regime wollten zwar die Richtermacht noch mehr stärken, haben sie damit aber in Wahrheit desavouiert und so diesem Modell einen Bärendienst erwiesen. Glaubt man aber – wie das in Europa wohl weithin der Fall ist – an die Zukunftsfähigkeit des sozialen Rechtsstaats, so sind damit auch die Grundstrukturen

51 Vgl dazu *M. Kengyel*, in: ZZPint 5, 2000, 365.

52 *A. Galic*, in: *Oberhammer*, wie Fn 45, 94.

53 *Franz Klein* hat sich freilich, mag das Zivilprozessrecht auch sein Lieblingsgebiet gewesen sein, nicht nur mit diesem Rechtsgebiet beschäftigt. Darüber hinaus sind auch seine Arbeiten allgemein rechtstheoretischer, privatrechtlicher sowie strafrechtlicher Natur durchaus von Bedeutung (vgl dazu *P. Böhm*, in: *Hofmeister*, wie Fn 4, 191; *H. Hofmeister*, Franz Klein als Sozialpolitiker, insbesondere auf dem Gebiete des Privatrechts, ebda 203; *E. Foregger*, Franz Klein als Rechtspolitiker auf dem Gebiete des Strafrechts, ebda 217); diesbezüglich ist sein Einfluss auf die europäische Rechtsentwicklung aber wenig erforscht.

54 So *P. Böhm*, Die österreichischen Justizgesetze von 1895/96, in: *H. Hofmeister* (Hrsg), Kodifikation als Mittel der Politik, 1986, 59 u 63.

des Klein'schen Prozessmodells mitzudenken. Freilich darf man nicht davor die Augen verschließen, dass anderswo – zB im südostasiatischen Raum – das Stoffsammlungsmodell des anglo-amerikanischen Zivilprozesses, das sog adversarial system, großen Einfluss gewonnen hat. Dieses System mag mit dem Rechtsstaat vereinbar sein (obwohl auch diesbezüglich gewisse Zweifel angebracht sind), mit der Idee vom sozialen Rechtsstaat ist es schon allein wegen seiner Kostenfolgen gewiss nicht vereinbar. Vielleicht gelingt es uns aber eines Tages, das Klein'sche Ideengut auch über den Atlantik zu bringen.

Teil IV

Eugen Ehrlich

Hidetake Akamatsu, Okayama

Eugen-Ehrlich-Rezeption, Rechtssoziologie und Zivilistik in Japan

I. Vorwort; II. Ehrlich-Rezeption in Japan: A. Geschichte und Hintergrund der Ehrlich-Rezeption in der Taishô-Ära (1912–1926), B. Treffen Takayanagis mit Ehrlich und zwei Aufsätze Ehrlichs für Japan, C. „Gesetz und lebendes Recht“ 1920: Ehrlichs Interesse an Japan, D. Zweite Ausgabe von „Gesetz und lebendes Recht“ mit Vorwort von Suehiro 1941; III. Die Rechtslehre Izutarô Suehiros (1888–1951): A. Vorhandenes Recht (aru hô) und Recht, wie es sein sollte (aru-beki hô): Rechtstatsachenforschung, B. Kritik an der Begriffsjurisprudenz, C. Lehre von den Rechtsquellen, D. Rechtsquellennatur insbesondere der Lehre, E. Ein Ausschnitt aus Suehiros Dogmatik, F. Fazit; IV. Soziologische Jurisprudenz und Tetsu Isomura (1914–1997): A. Analyse der soziologischen Jurisprudenz von Suehiro, B. Historische Rechtsschule und Eugen Ehrlich, C. Systematische Struktur der Rechtssoziologie Ehrlichs: 1. Die Lehre von der Struktur, Bildung und Entwicklung des Rechts: a. Rechtsquellenlehre (Gewohnheitsrecht), b. Lebendes Recht, c. Rechtssatz, 2. Analyse der Jurisprundenz: Juristische Logik, 3. Methode der Rechtssoziologie, 4. Struktur der Freirechtslehre Ehrlichs, 5. Fazit; V. Kritische Bemerkung Shigeyoshi Harashimas zur Ehrlich-Rezeption in Japan; VI. Zusammenfassung.

I. Vorwort

Man sagt nicht selten, Ehrlich sei in Japan beziehungsweise in Amerika mehr als im deutschsprachigen Raum gelesen worden. Aber auch in Japan ist noch wenig untersucht, wie und in welchen Punkten Ehrlich rezipiert und ob er (in Japan) richtig verstanden wurde.

Ehrlich wurde nach dem Ersten Weltkrieg in Japan bekannt. Es war die Zeit, in der nicht nur Ehrlich, sondern auch andere österreichische Rechtstheoretiker wie Hans Kelsen, Anton Menger, Karl Renner, aber auch Paund, Géni usw ihren Weg nach Japan fanden. Die Ehrlich-Rezeption soll deshalb nicht isoliert, sondern in einem breiteren Umfeld betrachtet werden. Wahrscheinlich wäre die soziologische Jurisprudenz, die während dieser Zeit in Japan entstand, auch mit anderen Vetretern, also ohne Ehrlich, angekommen, doch war dieser einer der wichtigsten.

Damit man diese Problematik erneut behandeln kann, soll im Folgenden zuerst der geschichtliche Hintergrund für die Ehrlich-Rezeption veranschaulicht werden (II). Dann ist die soziologische Jurisprudenz in den 1920er Jahren insbesondere bei Izutarô Suehiro zu betrachten, die deutlich unter dem Einfluss Ehrlichs stand (III), und anschließend die Beiträge von Tetsu Isomura, der nach dem Zweiten Weltkrieg die Parallelität zwischen der japanischen soziologischen Jurisprudenz und Ehrlich dargelegt hat (IV). Es fehlt aber nicht an kritischen Bemerkungen darüber, dass Ehrlich in Japan nur oberflächlich und nicht richtig verstanden wurde; deshalb ist auch diese Kritik zu erwähnen (V). Wenn die Ehrlich-Rezeption in Japan dadurch etwas realistischer würde, wäre das ein äußerst erfreuliches Ergebnis dieses Beitrags.

II. Ehrlich-Rezeption in Japan

Am Ende des 19. Jahrhunderts wurde das japanische Rechtssystem fertiggestellt, das im Wesentlichen aus den aus westlichen Ländern rezipierten Gesetzen entstand. Allein daraus ergaben sich verschiedene soziale Probleme wie z.B. die schwache Stellung der Arbeiter infolge gesellschaftlicher Veränderungen, die durch den Krieg gegen Russland (1904–1905), den Ersten Weltkrieg (1914–1918) usw gefördert worden waren. Richter und Gesetzgeber sahen sich daher gezwungen das Rechtsystem fortzubilden. Die soziologische Richtung der Jurisprudenz stand in ihrer Blüte, wodurch Ehrlich in Japan bekannt geworden war.

A. Geschichte und Hintergrund der Ehrlich-Rezeption in der Taishô-Ära (1912–1926)

Zuerst sei die Vorgeschichte der Ehrlich-Rezeption ein wenig beleuchtet. 1903 hat sich der Handelsrechtler Masaharu Katô in seiner Schrift „Kaishôhô no shôrai“ (Die Zukunft des Seerechts) zur soziologischen Jurisprudenz bekannt. Er hat darauf hingewiesen, dass das Seerecht vom Stand der technischen Entwicklung des Schiffbaus und der Kommunikation beeinflusst wird[1]. Von Eiichi Makino wurde die französische Freirechtslehre wie von Géni, Esmein, Saleilles eingeführt (1903–1906)[2]. Die Forschung über Sitten und Bräuche der damaligen Ko-

---

1 *M. Kato*, Kaishôhô no shôrai (Die Zukunft des Seerechts) in: Hôgakukyôkai zasshi (Journal of Law Association) 21, Heft 8, 1903, 1057 ff.

2 *E. Makino*, Hanketsureikenkyû no hitsuyô to hôhô (Über die Notwendigkeit und Methode der Urteilsforschung) in: Hôgakukyôkai zasshi 21, Heft 2, 1903, 241 ff; Hôritsugaku no shukanteki shinshityô (Neue subjektivistische Tendenz der Jurispru-

lonien, Taiwan (seit 1900) und Korea (seit 1905), aber auch in der Mandschurei (seit 1907) begünstigte gleichfalls die soziologische Richtung[3]. Andere Impulse gingen von wissenschaftlichen Diskussionen wie der Verfassungsdebatte von Shinkichi Uesugi und Tatsukichi Minobe (1912)[4] und der Freirechtslehrendebatte (1913–1915)[5] aus[6].

Wenn man die Taishô-Ära, die den Hintergrund der Ehrlich-Rezeption ausmacht, veranschaulichen wollte, wären Schlüsselwörter wie Demokratie, Veränderung und Reform, populäre Kultur usw zu nennen. Konstitutionelle Monarchie und bürgerlicher Parlamentarismus waren während dieser Ära seit Taishô-Seihen (Regierungswechsel) 1913[7] relativ stabil. Ein wirtschaftliches Wachstum nach dem Ersten Weltkrieg 1914 war auch festzustellen. Von 1914 bis 1919 hatte sich das Gesamtkapital von neu gegründeten Betrieben um das Sechzehnfache erhöht. Verschiedene legislatorische Reformen wurden geplant und durchgeführt. 1919 kam es zur Einrichtung einer Gesetzgebungskommission. Über die Reform des Zivilrechts wurde nur gesprochen, das Schwurgerichtsgesetz (1923), Mieterschutzgesetz (1921), Krankenversicherungsgesetz (1922) usw sind jedoch in der Tat eingeführt worden. Gesellschaftliche und wirtschaftliche Veränderungen während dieser Zeit sind durch die russische Revolution 1917, Kome-Sôdô (Reis-Unruhe) 1918[8] und die Wirtschaftskrise 1920 zu charakterisieren[9].

Ehrlich wurde in Japan ab dem Anfang der Taishô-Ära bekannt, als die Freirechtslehre in Japan großen Einfluss gewann. Insbesondere nachdem sein Hauptwerk „Grundlegung der Soziologie des Rechts“ 1913 erschien, schenkten Wis-

---

denz) in: Hôgakukyôkai zasshi 21, Heft 9, 1903, 1284 ff; Hôgakukenkyû no taido nikansuru kihonkan'nen (Über die Grundkonzeption der Einstellung zur juristischen Forschung) in: Hôgakukyôkai zasshi 22. Heft 8, 1904, 1124 ff; Hôgaku no kenkyû nikansuru kinjino sûsei (Tendenz der neueren juristischen Forschung) in: Hôgakukyôkai zasshi 24, Heft 2, 1906, 169 ff.

3 *N. Toshitani,* Senzen no hôshakaigaku (Rechtssoziologie vor dem 2. Weltkrieg) in: T. Kawashima (Hrsg), Hôshakaigaku kôza (Kursus zur Rechtssoziologie) II, 1972, 198 f.

4 Debatte zwischen der Lehre des kaiserlichen Imperiums (Shinkichi Uesugi) und der Lehre der juristischen Persönlichkeit des Staates (Tatsukichi Minobe)

5 1913/14 wurden die deutsche Freirechtslehre von Shinzô Mitsuma und die französische von Kaoru Nakata in Japan eingeführt.

6 *Toshitani,* wie Fn 3, 201.

7 Ministerpräsident Tarô Katsura, der gleichzeitig der Kaiserliche Hofminister war, musste nur 50 Tage nach der Begründung seines Kabinetts zurücktreten: Sieg der parlamentarischen Opositionen, Tsuyoshi Inugai und Yukio Ozaki. Hof und Regierung wurden damit getrennt.

8 Da der Preis des Reises gestiegen war, wurden Reishändler, Polizisten oder reiche Familien vom Juli bis zum September 1918 angegriffen, dies zuerst in Toyama, Nordjapan und bald überall in Japan.

9 *Toshitani,* wie Fn 3, 203 f.

senschaftler ihm immer größere Aufmerksamkeit: Die erste Phase der Ehrlich-Rezeption fand 1920–1927 statt. Dazu sind, zwar nicht vollständig, als wichtigste Marksteine zu nennen[10]: *Sigetô Hozumi,* Hôrigakutaikô (Grundzüge der Rechtstheorie), 1916, erwähnt Ehrlichs „Grundlegung der Soziologie des Rechts" (1913); Besuch bei Ehrlich in Bern von *Kenzô Takayamagi* im Frühjahr 1920; Ehrlichs „Gesetz und lebendes Recht" übersetzt von *Hideo Hatoyama,* in: Hôgakukyôkai zasshi (Journal of Law Assosiation, Universität Tokio) 38, Heft 12, Dezember 1920; *Kichinosuke Uchiyanagi,* Ehrlich no hôritsushakaigaku (Rechtssoziologie Ehrlichs), in: Kokka (Der Staat) 34, Heft 4, 1921; *Yoshitarô Hirano,* Ehrlich no kenrinôryoku no keizeiteki kiso (Ehrlichs wirtschaftliche Grundlegung der Rechtsfähigkeit), in: Hôgaku-shirin (Revue des sciences juridiques, Hosei Universität) 23, Heft 9-12, 1921; *Zutarô Suehiro,* Bukkenhô (Sachenrecht) 1921–1922 (dazu unten III.F.); Ehrlichs „Soziologie des Rechts" übersetzt von *Kenzô Takayanagi,* in: Hôgakukyôkai zasshi 40, Heft 1, 1922; *Seiji Tanaka,* Ehrlich Hôritsushakaigaku no hôhô (Die Methode der Rechtssoziologie Ehrlichs), in: ebda, Heft 6 und 7, 1922; *Izutarô Suehiro,* Nôsonhôritsumondai (Juristische Probleme im Bauerndorf), 1924, mit Erwähnung von Ehrlich; *Ryûichi Koike,* Ehrlich no kenrinôryokuron (Die Lehre der Rechtsfähigkeit bei Ehrlich), in: Hôgakukenkyû (Studien zur Jurisprudenz, Keio Universität) 3, Heft 3 und 4, 4, Heft 1, 1925; *Izutarô Suehiro,* Rôdôhôkenkyû (Studien zu arbeitsrechtlichen Problemen), 1926, mit Erwähnung von Ehrlich.

Während dieser Zeit (1920–1927) wurden nicht nur Ehrlich, sondern auch Paund, Renner, Menger, Kelsen, Kantorowitz, Duguit etc in Japan vorgestellt. Zwanzig Jahre später erinnert sich Suehiro an diese Zeiten zurück und schreibt über die Ehrlich-Rezeption der Taisho-Ära: "Damals war die japanische Rechtswissenschaft nicht reif genug, seine Ansichten aufzunehmen"[11]. Zwar waren ein freier wissenschaftlicher Verkehr nach dem Ende des Ersten Weltkriegs und die sozialen Bedingungen entsprechend koordiniert, aber man beschäftigte sich in der Zeit von 1920 bis 1927 wenig mit Ehrlich. Die freie Atmosphäre in der Taisho-Ära, und somit die erste Phase der Ehrlich-Rezeption in Japan, endete mit dem Chianijihô (Gesetz zur Aufrechterhaltung der öffentlichen Ordnung) von 1925 und der Finanzkrise von 1927[12].

---

10 *Toshitani,* wie Fn 3, 204 f, 215 f.

11 *I. Suehiro, Ehrlich no* „Seibunhô to ikita hôritsu" (Ehrlichs „Gesetz und lebendes Recht") in: Hôritsu-Jihô (Periodische Nachricht des Rechts) 13, Heft 8, 1941, 39.

12 *Toshitani,* wie Fn 3, 205 f.

B. Treffen Takayanagis mit Ehrlich und zwei Aufsätze Ehrlichs für Japan

Nach dem Ende des Ersten Weltkriegs wurde der persönliche wissenschaftliche Verkehr wieder möglich. In der freien Atmosphäre nach dem Krieg fand eine Begegnung statt, die die Epoche der Ehrlich-Rezeption kennzeichnet. Kenzô Takayanagi, Professor für angloamerikanisches Recht und Rechtstheorie an der Kaiserlichen Universität Tokio, hatte Ehrlich 1920 in Bern gesehen und ihn um einen Beitrag für Japan gebeten[13]. Takayanagi selbst hatte in Amerika bemerkt wie Ehrlichs Rechtssoziologie die Aufmerksamkeit fesselte. Ehrlich schickte tatsächlich zwei Aufsätze nach Japan, die in der Zeitschrift der Universität Tokio erschienen. Das Vorwort von Takayanagi zum zweiten Aufsatz 1922 dokumentiert diese wichtige Szene aus der Begegnung Japans mit Ehrlichs Rechtsoziologie sehr einprägsam[14]:

„Im Herbst 1919 habe ich den mitteleuropäischen Boden betreten. Der Hauptzweck war, den Stand der Rechtswissenschaft in Mitteleuropa nach dem [Ersten] Weltkrieg zu erfahren. ... Es war sehr schwierig, Ehrlich zu sehen. Zuerst hatte ich in Berlin verschiedene Rechtswissenschaftler nach Ehrlich gefragt, allerdings wusste niemand, wo er war. Im Frühjahr 1920 habe ich Deutschland verlassen und die Wiener Universität besucht. Dort habe ich wieder nach ihm gefragt, und es hat sich herausgestellt, dass er nicht mehr in Czernowitz, sondern irgendwo in der Schweiz ist“[15].

Endlich hat Takayanagi in Italien von einem Studenten erfahren, dass er sich bei der ukrainischen Kommission zu Bern nach dem Wohnort Ehrlichs erkundigen könne. Deshalb besuchte er nach seiner Reise durch Italien diese Kommission in Bern.

„Dabei hatte ich den auswärtigen Kommissar aus der Ukraine gesehen, der in Cernowitz studierte und ein Schüler bei Ehrlich war. Er kümmerte sich um Ehrlich in Bern. Er schickte seinen Diener zu Ehrlich. Bald kommt Ehrlich selbst hierher. Ehrlich ist ein milder Herr mit dem Aussehen des echten Wissenschaftlers. Es freut ihn sehr, dass seine Bücher in Japan oft gelesen werden. Er hat auch gesagt, ich sei der zweite Japaner, den er getroffen hat, der erste war die Schauspielerin Sadayakko. Wir sind zusammen in ein Restaurant in der Nähe gegangen und haben uns mit Blick auf die schneebedeckten Alpen ungefähr zweieinhalb Stunden sehr gut unterhalten. Ich erinnere mich noch so gut daran, als ob es gestern gewesen wäre. Ich hatte selbst gesehen, welch ein erstaunliches Talent Ehrlich für Sprachen hat. Er spricht sieben Sprachen und liest siebzehn oder achtzehn. Ich habe gehört, er habe alle Materialien zu seiner *Soziologie des Rechts* im Original berücksichtigt, niemals in Übersetzungen. Ich möchte auch so wie Ehrlich sein, und ein echter

---

13 *Toshitani*, wie Fn 3, 205.

14 *E. Ehrlich*, Hôritsushakaigaku (Soziologie des Rechts) übersetzt von K. Takayanagi und mit seinem Vorwort, in: Hôgakukyôkai zasshi 40, Heft 1, 1922, 8 ff.

15 *Takayanagi*, wie Fn 14, 8.

Wissenschaftler, der vom Journalisten zu unterscheiden ist, sollte eigentlich so sein. Wir haben in Englisch gesprochen, und sein Englisch war perfekt. Es war auch erstaunlich, wie er englische juristische Fachtermini meisterte. Ehrlich hat mir auch erzählt, welchen schweren und traurigen Einfluss der Weltkrieg ihm und seinem Institut gebracht hatte, über ihn selbst und sein Institut, den Wunsch, sein System der Soziologie des Rechts zu vollenden usw. Zweieinhalb Stunden waren bald vorbei"[16].

Beim Abschied hatte Takayanagi Ehrlich darum gebeten, einen Beitrag für die Zeitschrift der Universität Tokio, Journal of Law Association, zu verfassen. Ehrlich war selbstverständlich damit einverstanden. In Erfüllung dieses Versprechens schickte er am 6. Oktober 1920 aus Bukarest den Beitrag: „Gesetz und lebendes Recht" nach Tokio. Dieser Aufsatz war keine Wiederauflage einer bereits erschienenen Arbeit, sondern wurde extra für Japan geschrieben. Er ist im Dezember 1920 mit dem deutschen Text im Heft des Journal of Law Association erschienen und wurde von Hideo Hatoyama ins Japanische übersetzt[17].

C. „Gesetz und lebendes Recht" 1920: Ehrlichs Interesse an Japan

Die Hauptthese Ehrlichs in seinem ersten Aufsatz „Gesetz und lebendes Recht" gründete sich darauf, dass der Jurist nicht nur das geschriebene Gesetz, sondern auch das gesamte Rechtsleben ins Auge fassen solle. Er müsse auch immer darauf achten und forschen, ob das wirkliche Rechtsleben mit dem Gesetz im Einklang stehe, dem Gesetz zuwiderlaufe, oder die Lücken des Gesetzes ausfülle. Außerdem setzte sich Ehrlich mit der Rezeption des europäischen Rechts in Japan auseinander und behandelte dieses Thema in einem Aufsatz, der mit der Geschichte der Kodifikation des japanischen Zivilgesetzbuchs und der Frage beginnt, ob diese mit der Lehre des Volksrechts Savignys oder Puchtas vereinbar wäre.

„Vor etwa einem Vierteljahrhundert wurde die Welt durch die Nachricht überrascht, Japan habe sich ein Gesetzbuch gegeben, das im Wesentlichen mit der I. Lesung des Entwurfs eines bürgerlichen Gesetzbuchs für das deutsche Reich übereinstimme. Diese erstaunliche Tatsache hat, als sie bekannt geworden ist, nicht die Aufmerksamkeit erregt, die sie verdiente; insbesondere wurde, soviel ich weiss [sic! „ss" im Orignal statt „ß",

16 *Takayanagi*, wie Fn 14, 10 f.

17 *Ehrlich*, Seibunhô to ikita hôritsu (Gesetz und lebendes Recht), übersetzt von H. Hatoyama mit dem deutschen Text Ehrlichs versehen, in: Hôgakukyôka zasshi 38, Heft 12, 1920, 43 ff. Außer *Gesetz und lebendes Recht* hat Ehrlich am Ende 1921 noch einen Beitrag *Soziologie des Rechts*, wie Fn 14, geschickt. Dieser Beitrag war eigentlich in Rumänisch für eine rumänische Zeitschrift geschrieben. Ehrlich hat ihn ins Deutsch übersetzt. Ebda 12.

auch im Folgenden], von niemand gefragt, wie sie sich mit der Lehre des grossen Savigny und seines Freundes Puchta vertrage, die damals, wenn auch von den meisten missverstanden, doch noch ziemlich unbestritten war. Wenn es richtig ist, dass das Recht eines Volkes das Ergebnis seines ganzen nationalen Lebens ist, wie konnte ein deutscher Entwurf, der übrigens in seiner Heimat fast einstimmig abgelehnt wurde, gerade in Japan zum Gesetze erhoben werden?"[18].

Ehrlich untersucht, ob beide Nationen so gleichartig seien, dass auch Japan das deutsche Zivilrecht übernehmen könne. Seine Zeilen offenbaren uns sein großes Interesse an der japanischen Kultur auch außerhalb des Rechtslebens.

„Darin würde mindestens der Beweis liegen, dass das nationale Leben in Japan und in Deutschland in seinen Ergebnissen weit mehr zusammenfalle als das nationale Leben irgendwelcher andrer Völker, die noch nicht zu einer solchen Gemeinsamkeit des Gesetzbuchs gelangt seien. Nun genügt aber wohl ein Blick auf die japanische und deutsche Kunst, in der sich der nationale Geist doch wohl mindestens ebenso kräftig ausspricht, wie im Recht, um eine solche Annahme zu widerlegen. Ich bin ein aufrichtiger Verehrer der japanischen Malerei, die ich in Europa häufig zu bewundern Gelegenheit hatte; aber ich behaupte, dass Hokusai kaum einen Strich gemalt hat, der sich bei einem deutschen Maler, sofern er nicht den Japaner nachzuahmen versucht hat, wiederfände"[19].

Er kommt zu dem Schluss, dass beide Nationen zu verschieden sind, als dass die Rezeption des deutschen Rechts in Japan von der Nation (das heißt von der Gesellschaft selbst) ermittelt worden wäre. Im Gegensatz dazu ergab sich die Aufnahme des Römischen Rechts auf deutschem Boden aus dem nationalen Geist, wie Savignys Lehre zur Entstehung des Rechts darlegt. Deshalb kommt es zu diversen Schwierigkeiten,

„wenn man das Wesen der Lehre Savignys und Puchtas tiefer zu erfassen sucht. Ich habe schon in meiner Soziologie des Rechts ausgeführt, dass die beiden Begründer der historischen Juristenschule unter Nation so ziemlich dasselbe verstanden haben, wie die modernen Soziologen unter Gesellschaft. (...) In diesem Begriff der Nation liegt vor allem der Gegensatz gegen den Staat, und wenn Savigny und Puchta vom nationalen Ursprung des Rechts sprechen, so meinen sie damit, dass das Recht im Schosse solcher national begrenzter Gesellschaften, nicht aber durch den Staat entstehe. (...) In Japan ist aber ein fremder Entwurf gerade durch ein staatliches Gesetz übernommen worden, ohne Dazwischenkunft der Gesellschaft"[20].

Um die Rezeption des deutschen Rechts in Japan aufklären zu können, müsse man so mutig sein an den Grundlagen der Lehren Savignys und Puchtas festzu-

---

18 *Ehrlich*, wie Fn 17, zum deutschen Text, 1.
19 *Ehrlich*, wie Fn 17, zum deutschen Text, 1-2.
20 *Ehrlich*, wie Fn 17, zum deutschen Text, 2-3.

halten und deren Weg weiter gehen. Ehrlich bezeichnet die Lehre von Savigny und Puchta als „eine der größten Taten des menschlichen Geistes".

„Savigny und Puchta fassen das Recht, das unmittelbar in der Gesellschaft entsteht, und das Juristenrecht als Gewohnheitsrecht zusammen, und stellen dieses dem staatlichen Gesetzesrecht gegenüber, das ihnen bereits als eine Verderbnis des Rechts erscheint. Darin ist in der Tat soviel Wahres, dass bei Völkern auf tiefer Entwicklungsstufe wohl bereits eine bestimmte rechtliche Ordnung der Gesellschaft besteht, (...) Aber falsch wäre es, daraus zu schließen, dass später, nachdem Juristenrecht und Gesetze bereits erschienen sind, die Bildung des Rechts unmittelbar in der Gesellschaft aufhöre[21]. Sie entwickelt sich auch nachher in durchaus derselben Weise wie zuvor: dadurch, dass Ehe und Familie im Lauf der Zeiten ihre hergebrachte Ausprägung ändern, die Bodenverfassung sich umgestaltet, neue Verträge aufkommen, alte Vertragsformen außer Übung geraten, die Erbgänge, ohne dass im gesetzlichen Erbrecht eine Änderung eingetreten wäre, dadurch beeinflusst werden, dass die letztwilligen Erklärungen und Erbenauseinandersetzungen einen vom früheren abweichenden Inhalt erhalten"[22].

Aus den dadurch erworbenen Kenntnissen müsse man zuerst klären, ob und warum die Rezeption des deutschen Rechts in Japan durchführbar, wie sie zu bewerten sei und vor allem wie sich der japanische Jurist mit dem Gesetzbuch beschäftigen sollte.

„Die Erhebung des deutschen Entwurfs zu einem japanischen Gesetzbuch war nur deswegen möglich, weil dieser Entwurf in der Hauptsache gar nicht deutsches Recht, die innere Ordnung der deutschen Gesellschaft, sondern die aus dem römischen ins gemeine Recht übergangenen bereits unzählige Male durchsiebten Abstraktionen und Verallgemeinerungen enthielt. Aber eben aus demselben Grunde, aus dem der deutsche Entwurf nicht das deutsche Recht wiedergegeben hat, bietet auch das japanische Gesetzbuch nicht das japanische Recht, sondern in der Hauptsache gemeinrechtliche Abstraktionen und Verallgemeinerungen. Es soll damit keineswegs behauptet werden, dass das Gesetzbuch wertlos sei; es mag der japanischen Rechtswissenschaft, Rechtspflege, vor allem aber dem Rechtsunterricht ganz gute Dienste leisten und auch eine brauchbare Grundlage für die künftige Gesetzgebung sein"[23].

Allgemeine Rechtsregeln, die das japanische Zivilgesetzbuch dem Juristen bietet, werden also bei der Rechtsfindung Orientierungshilfe leisten. Der japani-

---

21 Siehe *Savigny, Vom Beruf unserer Zeit für Gesetzgebung und Rechtswissenschaft* 1814, 12: „Das Daseyn des Rechts ist von nun an künstlicher und verwickelter, indem es ein doppeltes Leben hat, einmal als Theil des ganzen Volkslebens, was es zu seyn nicht aufhört, dann als besondere Wissenschaft in den Händen der Juristen. (...) Der Kürze wegen nennen wir künftig den Zusammenhang des Rechts mit dem allgemeinen Volksleben das politische Element, das abgesonderte wissenschaftliche Leben des Rechts aber das technische Element desselben [Hervohebung von Akamatsu]."

22 *Ehrlich*, wie Fn 17, zum deutschen Text, 3-4.

23 *Ehrlich*, wie Fn 17, zum deutschen Text, 16.

sche Jurist müsse außerdem das Recht erforschen, das die japanische Gesellschaft unmittelbar erzeugt.

„Aber für die Japaner erwächst die ungemein wichtige Aufgabe, sich mit der Kenntnisnahme ihres Gesetzbuchs nicht zu begnügen, sondern die gesellschaftliche Ordnung zu erforschen, die Organisation ihrer Familie und der andern gesellschaftlichen Verbände, der Bodenverfassung, der Verträge, des Erbgangs. Diese Erforschung des lebenden Rechts wird für alle Gebiete des Rechtslebens von größter Bedeutung sein“[24].

D. Zweite Ausgabe von „Gesetz und lebendes Recht“ mit Vorwort von Suehiro 1941

Im August 1941 erschien der Aufsatz „Gesetz und lebendes Recht“ noch einmal in einer anderen Zeitschrift: Hôritsu-Jihô (Periodische Nachricht des Rechts)[25]. Der Herausgeber dieser Zeitschrift, Izutarô Suehiro, der dazu das Vorwort schrieb, ist eine der wichtigsten Hauptfiguren der Ehrlich-Rezeption in Japan. Seine Rechtslehre soll im nachfolgenden Abschnitt III näher erläutert werden. Seit der Krise 1929 mehrten sich die regulierenden Gesetze (z. B. zur wirtschaftlichen Kontrolle). Im August 1941 stand man kurz vor dem totalen Krieg gegen Amerika. Seit dem Krieg gegen China 1937 war das Eingreifen des Gesetzgebers in die Gesellschaft immer größer und intensiver geworden. Ein gutes Beispiel dafür war das Kokkasôdôinhô (Gesetz zur totalen Mobilmachung der Nation) von 1938, das im März 1941 merklich verschärft wurde. Suehiro wollte mit Ehrlich gegen eine derartige Allmacht des Gesetzgebers ankämpfen.

„Der Gesetzgeber ordnet an, was er will, und denkt wohl, dass seine Gesetzgebung nur wirksam wird, wenn er sie mit Strafen erzwingt. Damit die Rechtsverordnung in der Gesellschaft allerdings praktische Wirksamkeit haben kann, muss es notwendige gesellschaftliche Bedingungen geben. Der heutige Gesetzgeber vergisst, über diese gesellschaftlichen Bedingungen wissenschaftlich nachzudenken. Er verfehlt sie, falls er denkt, dass seine Rechtsverordnungen wirksam fungieren, nur wenn er sie angibt. Dann denkt er zu autoritär und optimistisch“[26].

Allerdings gab nicht allein dieser politische Umstand Suehiro den Anstoß Ehrlichs „Gesetz und lebendes Recht“ nochmals in seiner Zeitschrift zu publizieren, sondern sie Tatsache, dass die japanische Rechtswissenschaft nun reifer geworden war um Ehrlichs soziologische Tendenz anzunehmen. Suehiro forderte die empirische Erforschung des Rechtslebens.

---

24 *Ehrlich*, wie Fn 17, zum deutschen Text, 16.
25 *Suehiro*, wie Fn 11, 38 f.
26 *Suehiro*, wie Fn 11, 39.

„Vor zwanzig Jahren wurde dieser Aufsatz Ehrlichs zuerst im Journal of Law Association publiziert. Damals war die japanische Rechtswissenschaft nicht reif genug, seine Ansichten aufzunehmen. Aber das ist jetzt völlig anders. Dieser Aufsatz ist deswegen hier wiedergegeben, damit japanische Juristen ihn nochmals gründlich lesen können“[27].

„Ehrlich sagt, es gebe Recht auch außerhalb der Gesetzessammlungen, dieses Recht, das außerhalb der Gesetzessammlung besteht, sei lebendes Recht. Der vorliegende Aufsatz erklärt diesen Ansatz und ist so leicht geschrieben, dass er auch dem Anfänger zugänglich ist. (...) In jüngster Zeit ist auch in Japan unter Rechtswissenschaftlern oft davon gesprochen worden, dass wo die Gesellschaft ist, überall das Recht ist. Allerdings ist nicht ausreichend geklärt, was das Recht ist, das überall besteht, wo die Gesellschaft ist. ... Man versteht noch unter dem ‚lebenden Recht‘ nur die Rechtsprechung. Das lebende Recht im Sinne Ehrlichs ist das wirkliche Recht, das gerade gesellschaftliche Verhältnisse regelt und erhält. (...) Aber man versteht das in Japan nur selten, und fast keine empirische Forschung wird dazu getroffen“[28].

Zusammenfassend: Japan hatte in der Meiji-Ära sein Rechtssystem kodifikatorisch aufgebaut, um sich ein modernes Land nennen zu können. Tatsächlich aber beruhte nun das japanische Rechtssystem auf den durch mehrere Jahrhunderte wissenschaftlich verallgemeinerten Rechtsprinzipien des Gemeinen Rechts, die so allgemein verarbeitet worden waren, dass sie in jeder anderen Gesellschaft leicht angenommen werden konnten. In einem Land wie Japan ist die Diskrepanz des geschriebenen Rechts vom tatsächlich vorhandenen Recht schwerwiegender als in Europa. Deshalb hatte Ehrlich für japanische Juristen „Gesetz und lebendes Recht“ extra geschrieben und äußerte sich folgendermaßen: „Aber für die Japaner erwächst die ungemein wichtige Aufgabe, sich mit der Kenntnisnahme ihres Gesetzbuchs nicht zu begnügen, sondern die gesellschaftliche Ordnung zu erforschen“. Die Ermittlung des vorhandenen Rechts durch die Rechtstatsachenforschung war eine der wichtigsten Komponenten der Jurisprudenz Suehiros selbst. Im Folgenden Kapitel werden wir das Gesamtbild seiner soziologischen Jurisprudenz überblicken[29].

---

27 *Suehiro*, wie Fn 11, 39.

28 *Suehiro*, wie Fn 11, 38.

29 Im anschließenden Jahr 1942 nach der Wiederausgabe von „Gesetz und lebendes Recht“ wurde „Die Rechtsfähigkeit“ von *T. Kawashima* und *T. Mitsufuji* übersetzt. Nach dem 2. Weltkrieg ist man wieder mit Ehrlich beschäftigt. Es wurden erneut wichtige Werke Ehrlichs ins Japanisch übersetzt; „Grundlegung der Soziologie des Rechts“, übersetzt von *T. Kawashima*, 1955; „Die juristische Logik“, übersetzt von der Forschungsgruppe zur Rechtstheorie, Seinan Law Review 9, Nr. 2 – 13, Nr. 3, 1976-1980; „Grundlegung der Soziologie des Rechts“, übersetzt von *R. Kawakami* und *M. Hubricht*, 1984; „Die juristische Logik“, übersetzt von *R. Kawakami* und *M. Hubricht*, 1987.

III. Die Rechtslehre Izutarô Suehiros (1888–1951)

Izutarô Suehiro war der einflussreichste Begründer und Repräsentant der soziologischen Jurisprudenz in Japan[30]. Er wurde 1888 in Tokio geboren. Sein Vater war ein bekannter Richter des Daishin'in, das heißt des damaligen Kaiserlichen Obersten Gerichtshofs. Suehiro hat 1912 sein Jurastudium an der Kaiserlichen Universität Tokio absolviert und wurde 1914 zum Außerordentlichen Professor ernannt. Der junge Suehiro beschäftigte sich hauptsächlich mit der deutschen Rechtsdogmatik. 1917 bis 1920 hielt sich Suehiro in Amerika und Europa auf. In Chicago lernte er die amerikanische Juristenausbildung beziehungsweise die Fallmethode (case method) kennen und begann sich für die amerikanische Demokratie und Wissenschaft (science) zu interessieren. 1920 ging er nach Europa und beschäftigte sich in Frankreich und Deutschland überwiegend mit dem Arbeitsrecht. Deshalb stellt man bei Suehiro nicht nur die Einflüsse von Ehrlich, sondern auch vom amerikanischen Pragmatismus und den Rechtsgedanken von Géni etc fest. Des öfteren wird berichtet, dass Suehiro während seines Studienaufenthaltes in der Schweiz auch Ehrlich selbst traf[31]. Nach diesem Studienaufenthalt wurde er 1921 zum Ordinarius ernannt und las Zivilrecht. Suehiro hatte sich auch mit der Problematik der Arbeiter und Bauern beschäftigt. Er hat nicht nur juristische Lehrbücher, sondern auch viele geistvolle, kritische und ironische Essays wie „Yakuningaku Sansoku" (Drei Regeln der Beamtenlehre: siehe gleich unten B) geschrieben. Um seine Idee der soziologischen Jurisprudenz zu realisieren, hat er an der Tokioter Universität die Forschungsgruppe zur zivilrechtlichen Rechtsprechung 1921 (Minjihanreikenkyûkai) begründet sowie die Studentenorganisation für soziale Tätigkeit (university settlement). Der unmittelbare Anlass dafür war das Erdbeben vom 1. September 1923. Die Studentenorganisation kümmerte sich z.B. um die ärztlichen Behandlungen oder juristischen Beratungen für sozial Schwache. Nach dem Zweiten Weltkrieg war er lange auch als Praktiker in der Nationalen Kommission für Arbeitsprobleme tätig. Im Folgenden wird

---

30 Zu Suehiro siehe *Y. Hirano*, Shakaikagakusha Suehiro Izutarô (Izutarô Suehiro als Sozialwissenschaftler) in: Hôritsu-Jihô 23, Heft 11, 1951, 2 ff; *A. Wani*, Nihonminpôgakusha no profil 4, Suehiro Izutarô (Person und Wissenschaft des japanischen Zivilrechtlers 4, Izutarô Suehiro) in: Hôgakukyôshitsu (Juristischer Unterricht) 178, 1995, 72 f; *M. Stolleis* (Hrsg), Juristen. Ein biographisches Lexikon von der Antike bis zum 20. Jahrhundert, 1995, 579 f (*Wani*).

31 *Toshitani*, wie Fn 3, 205; Hirano, wie Fn 30, 5 f; *Stolleis – Wani*, wie Fn 30, 579; *H. Sonda*, Rôdôhô no kaitakusha tachi (Pioniere im Arbeitsrecht), 1959, 15 ff. Für den Hinweis auf diese Quelle und auch die Kopie davon muss Herrn Prof. Dr. Manfred Rehbinder Dank gesagt werden.

versucht, die soziologische Jurisprudenz Suehiros mit einigen ausgewählten Punkten zu veranschaulicht.

A. Vorhandenes Recht (aru hô) und Recht, wie es sein sollte (arubeki hô): Rechtstatsachenforschung

Schon im Vorwort zu seinem Lehrbuch des Sachenrechts 1921[32] ist die Orientierung an der Rechtssoziologie unverkennbar.

Suehiro berührt die Rezeption des europäischen Rechts in Japan. Er sagt, wenn japanische Rechtslehrbücher in eine europäische Sprache übersetzt werden und ein Europäer sie liest, glaubt dieser entweder, Japan sei ein kleines Land irgendwo in Europa oder es habe sich in fünfzig oder sechzig Jahren seit der Meiji-Restauration schon bis zum Niveau der heutigen europäischen Ländern weiterentwickelt. Wenn er dann als Tourist allerdings tatsächlich nach Japan komme und mit eigenen Augen unser Land sehe, so merke er, dass Japan ganz anders sei, als er es sich aufgrund japanischer Rechtsbücher vorgestellt haben musste. Er bemerke deutlich das Lokalkolorit (lokal colour) der Gesellschaft, das anders als in Europa sei. Lokalkolorit ist überall zu finden, obwohl man Gesetze oder sonstige soziale Einrichtungen aus dem Ausland rezipieren will: So bleibt eine Amerikanerin „gekleidet nach der neuesten Mode aus Paris" trotzdem immer eine Amerikanerin[33].

Einrichtungen wie Gesetze, die seit der Meiji-Restauration in Japan rezipiert werden, können nur dann als solche in Japan wirklich funktionieren, wenn sie mit der japanischen Gesellschaft in Einklang gebracht werden können. Es gibt praktisch kein Gesetz, wenn es nicht mit dem Leben in Übereinstimmung gebracht wird. Ansonsten kann es in der Tat kein geltendes Recht sein, selbst wenn es ein geschriebenes Gesetz gibt.

Aus dieser Perspektive hält Suehiro das vorhandene Recht (aru hôritsu) und das Recht, wie es sein sollte (arubeki hôritsu), auseinander und hält die Rechtstatsachenforschung für unabdingbar.

„In einem Teil der Jurisprudenz wird vom ‚Recht, wie es sein sollte' gesprochen, in dem anderen vom ‚vorhandenen Recht', das heißt davon, was als das wirkliche Recht in der japanischen Gesellschaft gilt. Wenn man das vorhandene Recht im Gesetzbuch und in ausländischen Büchern des Rechts suchen würde, dann würde es fehlschlagen, als ob man auf dem Erdboden mit dem Netz Fische fangen wollte, da das vorhandene Recht dem wirklichen Leben innewohnt, wie Fische dem Wasser. Außerhalb des Lebens kann man

---

32 *Suehiro*, Bukkenhô (Sachenrecht) I, 1921.
33 *Suehiro*, wie Fn 32, 2-3.

nirgends das vorhandene Recht suchen. Gerade deshalb ist es sehr schwierig, das vorhandene Recht anzuerkennen“[34].

Als Mittel zur Tatsachenforschung des vorhandenen Rechts müsse man sich jedoch mit Rechtsprechungen und Zeitungsartikeln zufrieden geben.

„Eigentlich braucht man dazu ein vollständig ausgestattetes Laboratorium. Wenn man gegebenenfalls mit naheliegenden Mitteln das vorhandene Recht herausfinden muss, dann bleiben uns als Mittel dafür allerdings nur Rechtsprechung und Zeitungsartikel. Durch die Rechtsprechung kann man entdecken, auf welche Tatsachen das Gesetzbuch angewendet wird, und durch Zeitungsartikel die Bewegung unserer Gesellschaft selbst. Jedoch haben die meisten Juristen das alles außer Acht gelassen und sind nur mit dem Gesetzbuch und ausländischen Büchern des Rechts beschäftigt, um Begriffe zu verfeinern und Logik durchzusetzen“[35].

Suehiro gebraucht das Schlagwort „Begriffe mit Tatsachen waschen!“[36]. Erst auf der Grundlage der Daten, die durch die Erforschung des vorhandenen Rechts zusammengestellt werden, kann man das Recht, wie es sein sollte, das heißt das ideale Recht, formulieren. Die Parallelität mit Ehrlich ist unverkennbar: Trennung des vorhandenen Rechts und des Rechts, wie es sein sollte sowie die Betonung der Ermittelung des ersteren durch die Rechtstatsachenforschung.

B. Kritik an der Begriffsjurisprudenz

Suehiro äußert sich kritisch gegenüber der Begriffsjurisprudenz. In „Yakuningaku sansoku“ (Drei Regeln der Beamtenlehre), 1931[37], handelt es sich um einen Juraprofessor, der einen Absolventen berät, der bald die Karriere eines Beamten anfangen wird. Hier findet sich eine kritische Stellungnahme Suehiros gegenüber der Begriffsjurisprudenz. Seine Ironie ist sehr interessant:

„Es sollte dem Beamten streng verboten sein, die Meinungen zu verstehen, dass es zuerst die Gesellschaft gibt und kein Gesetz anwendbar ist, ohne daran zu denken. Ein guter Beamter sollte begriffsjuristisch gut geübt sein und verschiedene Gesetze mit einfachsten Kategorien schnell und leicht anwenden können. Dabei sollte er niemals daran denken, dass dies die Nation belästigen könne. Diese Behandlung ist ähnlich wie in der

---

34 *Suehiro*, wie Fn 32, 4-5.
35 *Suehiro*, wie Fn 32, 5.
36 *Suehiro*, wie Fn 32, 5.
37 Zuerst in der Zeitschrift Kaizô (Reform) August 1931, dann in Suehiro Izutarô Tyosakushû (Suehiros Gesammelte Schriften) V, hier angeführt nach dessen 2. Ausg 1980.

Armee, in der nur drei verschiedene Größen der Schuhe und Kleidung vorhanden sind, in die jeder Soldat zwangsläufig eingeteilt werden muss, wenn er auch etwas größer oder kleiner ist, und zu große oder zu kleine Männer, die nicht in eine Kategorie passen, sollten erst gar nicht in die Armee aufgenommen werden. Ein guter Beamter folgt dieser Methode. Er gruppiert das, was sein Kontrahent sagt, mechanisch in die möglichst einfachen Kategorien, die bereitgestellt sind, oder schließt das aus, was keiner dieser Formen entspricht. Im Ministerium wird heutzutage geklagt, dass junge Beamte immer weniger mit Gesetzen umgehen können, dies weist aber auf die hier genannte Methode der Jurisprudenz des Ministeriums hin. Wer ein guter Beamter werden möchte, muss dies beherzigen"[38].

Damit ironisiert Suehiro die begriffsjuristische Einstellung der formal-logischen Subsumtion, die sogar einen Missbrauch des Rechts, das heißt hier die unbegründete Verweigerung der erforderlichen Maßnahme, juristisch rechtfertigen kann. Suehiro erzählt dann eher ernsthaft und theoretisch weiter: Eigentlich sei das Gesetz im Ministerium dazu da, um dem Verhalten des Beamten Regeln zu geben und ihn gerecht handeln zu lassen. Dabei sei im Rechtsstaat die Grundvoraussetzung zu befriedigen, die Willkür des Beamten abzuwehren. Infolgedessen müsse der Beamte sich dem Gesetz unterwerfen, wo es ein Gesetz gibt. Insoweit ein Gesetz vorhanden sei, muss sich der Beamte immer gemäß dem Gesetz verhalten. Wenn es keine Gesetze gibt, schließe das nicht unbedingt aus, dass der Beamte überhaupt Handlungen vornimmt. Dennoch lehnten heute Beamte es ab, sich irgendwie zum Wohl der Bürger zu verhalten, wenn Gesetze fehlten. Suehiro hält dies aber für völlig falsch. Auch der Verwaltungsbeamte solle der Norm gemäß, die er selbst nach der Natur der Sache setzt, Maßnahmen treffen können, auch wenn er keine Norm im Gesetz ermittelt, jedoch Maßnahmen als notwendig betrachtet. Tatsächlich rechtfertige der Beamte sich normalerweise bei Fehlen eines Gesetzes mit einer Handlungsverweigerung, was nach Ansicht Suehiros aber als Missverständnis der Idee des Rechtsstaats zu verwerfen ist[39].

C. Lehre von den Rechtsquellen

In der Festschrift zum fünfzigjährigen Jubiläum der Begründung der Law Association 1933 hat Suehiro sich mit der Rechtsquellenlehre in der Rechtsgeschichte auseinandergesetzt. Suehiro geht von der These der Reinen Rechtslehre aus, die Gültigkeit einer Rechtsnorm könne nur aus einer anderen Norm hergeleitet wer-

---

38 *Suehiro*, wie Fn 37, 10.
39 *Suehiro*, wie Fn 37, 10-11.

den, die höher im Stufenbau ein- und derselben Rechtsordnung steht. Suehiro nimmt auch die These der Grundnorm an[40].

Allerdings sei es denkbar, dass ein- und dieselbe Tatsache in den Tatbestand der Norm nicht nur einer, sondern mehrerer Rechtsordnungen eingeordnet wird. Deshalb sei auch die Anlehnung einer Rechtsordnung bei der Regelung eines Tatbestandes an die Norm der anderen Rechtsordnung denkbar. In diesem Fall verweise eine Rechtsordnung bei einer Regelung auf die Norm der anderen Rechtsordnung. Die Verfassung zB verweise auf die allgemein anerkannten Prinzipien des Völkerrechts und ordne an, dass sie auch als inländisches Recht gültig seien. Im Internationalen Privatrecht gäbe das maßgebende Recht ein anderes Beispiel[41] ab.

Dazu könne die Rechtsordnung eines Staates auch auf Gewohnheit, Satzung, innere Ordnung der Verbände (naiki), Arbeitsordnung, Tarifvertrag oder ehemaliges Recht eines annektierten Gebietes verweisen[42]. Im japanischen Recht verweise § 2 Hôrei[43] auf die Gewohnheit, die nicht gegen die guten Sitten verstößt oder sich auf eine Sache bezieht, die nicht gesetzlich geregelt ist, und gibt ihr Gültigkeit wie Gesetzen. Aber es gäbe keine Verweisung im Gesetz auf Satzung, innere Ordnung, Arbeitsordnung und Tarifvertrag. Suehiro beruft sich hier auf Rechtsanalogie. Es sei gerecht, Gleiches gleich zu behandeln. Das sei das Prinzip der Rechtsanalogie. Von diesem Standpunkt aus wäre es auch gerecht, wenn man diese gesellschaftlichen Normen wie Gewohnheitsrecht behandelt. Deshalb sei § 2 Hôrei auch auf diese Normen entsprechend anzuwenden und die Gültigkeit wie Gesetze auch für diese zu bejahen[44].

Suehiro erklärt den Rechtsquellencharakter der Rechtsprechung (Fallrecht) ebenfalls mit der Rechtsanalogie. Wenn ein Fall einmal entschieden sei, ist es ge-

---

40 *Suehiro*, Kaishakuhôgaku ni okeru hôgenron nitsuite (Über die Rechtsquellenlehre in der Rechtsdogmatik) in Hôgakukyôkai 50 shûnen kinenronbunshû (Festschrift zum fünfzigjährigen Jubiläum der Association of Law) 1933, dann in Minpô zakkichô I (Notizenbuch zum Zivilrecht), Tyosakushû (Gesammelte Schriften) II, 2. Ausg 1980, 258 f, wonach hier zitiert wird.

41 *Suehiro*, wie Fn 40, 268 ff.

42 Ebda, 270.

43 Gesetz vom 21. 6. 1898, betrifft den Zeitpunkt des Inkrafttretens, Gewohnheit und internationales Privatrecht.

44 *Suehiro*, wie Fn 40, 272 ff. Gewohnheitsrecht hat keine Wirkung, um die Rechtsnorm der staatlichen Rechtsordnung aufzuheben. In dem Fall, wo es scheint, als ob ein gesetzliches Recht vom Gewohnheitsrecht aufgehoben würde, entsteht ein neues Gewohnheitsrecht, das ein anderes Verhältnis regelt als das gesetzliche Recht. Das gesetzliche Recht bleibt noch wirksam. Nur das Verhältnis, das der Gegenstand dieses Gesetzes gewesen war, ist nicht mehr da. Daneben entsteht ein anderes Verhältnis, und das ist nun vom neu entstandenen Gewohnheitsrecht geregelt. Ebda 266.

recht, denselben oder einen ähnlichen Fall mit jenem übereinstimmend zu behandeln[45].

D. Rechtsquellennatur insbesondere der Lehre

Im Aufsatz zum Jubiläum für Eiichi Makino 1938[46] beschäftigte sich Suehiro mit dem Juristen- oder wissenschaftlichen Recht. Einerseits neige die japanische Rechtslehre nach Suehiro dazu, anzuerkennen, dass die Dogmatik eventuell neues Recht erzeugen kann, andererseits könne man es nur schwer theoretisch begründen, warum aus der wissenschaftlichen Meinung Recht mit dem Charakter der Rechtsquelle entstehe[47]. Suehiro setzt sich mit dieser Frage auseinander und sieht die Ursache für diese theoretische Schwierigkeit in der staatlichen Rechtsauffassung.

Zum Beispiel erkenne § 2 Hôrei nur unter bestimmten Bedingungen der Gewohnheit dieselbe Gültigkeit wie dem Gesetz zu. Jedoch sei die Gültigkeit des Gewohnheitsrechts eigentlich auf die Kräfte der Gesellschaft selbst gegründet, aus der die Gewohnheit entspringt. Es sei nicht erst aufgrund § 2 Hôrei so, dass etwas Nichtrechtliches zum Recht wird, Nichtstaatliches zum Staatlichen. Vielmehr werde das, was schon außerhalb des Staates seinem Ursprung nach den Charakter des Rechts besitzt, nur vom Staat rechtspolitisch als Rechtsquelle anerkannt, und beim Gericht dieses Staates oder sonstigen juristischen Entscheidungen als Maßstab angewendet [48].

Es sei nicht selten sogar der Fall, dass das Gericht eines Staates in Materialien Recht zu finden sucht, die im Gebiet und in der Domäne dieses Staates keine Rechtsgültigkeit besitzen. Auch in Japan suchten Gerichte am Anfang der Meiji-Ära unter dem Namen Jori (Vernunft) in ausländischen Lehrmeinungen Rechtssätze für Entscheidungen zu finden[49].

Diese Fälle liessen erkennen, dass es rechtspolitisch erlaubt ist, in Materialien Rechtssätze zu finden, die man schwer für das Recht seines Landes halten könne. Nach Suehiro ist es deshalb als eine Frage der Rechtspolitik anzusehen, ob man solche außergesetzlichen Materialien als Rechtsquelle anerkennen darf. Indes würde unter dem modernen Gedanken des Rechtsstaates auch der Gedanke immer herrschender, dass im Gericht nur die Gesetze des eigenen Landes anzuwen-

45 *Suehiro*, wie Fn 40, 275 f.

46 *Suehiro*, Hôgen toshiteno gakusetsu (Lehrmeinung als Rechtsquelle), dann in: Tyosakushû II, wie Fn 40, 280 ff.

47 *Suehiro*, wie Fn 46, 288.

48 Ebda, 286.

49 Ebda, 287.

den seien[50]. Jedoch, wenn man seine Perspektive nicht auf den modernen Staat und das moderne Recht einschränkt und die Frage breiter in der Geschichte ansieht, dann würde man es leicht verstehen, dass diese Stellungnahme des modernen Staates allein aus seiner Rechtspolitik herkommt. Das justinianische Recht, das in Europa rezipiert wurde, enthielt viele Lehrmeinungen, die von den Gerichten des Mittelalters als Rechtsquelle angesehen wurden, und auch das Schweizerische Zivilgesetzbuch greife zurück auf die „bewährte Lehre und Überlieferung". Im Gegensatz dazu habe das Allgemeine Landrecht für die preußischen Staaten 1794 es verboten, im Gericht die Ansichten der Rechtslehre und ehemalige Urteilen anzuwenden. Alles hänge also von der Rechtspolitik ab, der zurzeit gefolgt wird[51].

E. Ein Ausschnitt aus Suehiros Dogmatik

1935 und 1939 war Suehiro mit dem Beseitigungsanspruch beschäftigt[52]. Die Theorie des dinglichen Anspruchs, aus der deutschen Rechtswissenschaft in Japan rezipiert, ist zur herrschenden Meinung geworden, und wird breit unterstützt. Die Rechtsprechung korrigiert diese aber in zwei Richtungen, in der erweiternden und in der einschränkenden.

Der Schutz des Beseitigungsanspruchs ist nach der Rechtsprechung nicht auf das Eigentum oder andere dingliche Rechte beschränkt. Die Lehre der Unantastbarkeit (Fukashinsei) des subjektiven Rechts hat das Daishin'in Urteil vom 15. 10.1921 weiter entwickelt. Danach kann der Gläubiger wegen Beeinträchtigung des Schuldrechts nicht nur Schadensersatz, sondern auch Beseitigung verlangen. In diesem Urteil handelte es sich um ein Mietrecht an einer Fischerei. Der Leitsatz dieses Urteils kann auf jedes obligatorische Recht angewendet werden[53].

Die Rechtsprechung korrigierte die Lehre des dinglichen Anspruchs andererseits auch einschränkend. Deshalb kann die Wiederherstellung des Urzustandes selbst aufgrund des Eigentums nicht immer absolut und unbedingt verlangt werden. Die juristische Konstruktion dafür ist verschieden. Einige Urteile berufen sich auf Rechtsmissbrauch, einige auf die Unmöglichkeit der Erfüllung. Nach

---

50 *Suehiro*, wie Fn 46, 287 f.

51 Ebda, 289.

52 Bôgaihaijoseikyûken no mondai (Die Frage des Beseitigungsanspruchs) in: Hôritsu-Jihô 7, Heft 8 , 1935 und Bukkentekiseikyûken no saikentô (Nochmalige Überlegung zum dinglichen Anspruch) in Hôritsu-Jihô 11, Heft 5, 1939, dann in Tyosakushû II, wie Fn 40, 210 ff, 216 ff, wonach hier zitiert wird.

53 *Suehiro*, wie Fn 52, 210 f.

Suehiro entscheidet die Rechtsprechung mit der Interessenabwägung darüber, ob es sozial gerecht und angemessen ist, die Wiederherstellung anzuordnen[54].

Suehiro erklärt das Prinzip wie folgt. Erstens wäre der Gedanke nicht richtig, aufgrund der dinglichen Rechte könne man ohne Ausnahme Beseitigung verlangen. Zweitens ist es auch nicht korrekt, dass wegen nichtdinglichen Rechten unter keinen Umständen Beseitigung beansprucht werden kann. In allen Fällen müssen die Bedürfnisse des Beeinträchtigten erwogen werden, bei der Beseitigung der Beeinträchtigung mitzuhelfen, und damit das Maß der Last und Opfer, die der Beeinträchtigende erdulden müsste. Deshalb kann der Berechtigte, auch wenn ein dingliches Recht verletzt wird, Beseitigung nicht beanspruchen, falls das Opfer, das der Beeinträchtigende dann leisten muss, größer als die Notwendigkeit zur Beihilfe für den beeinträchtigten dinglich Berechtigten ist. Andererseits aber ist der Beseitigungsanspruch zu bejahen, auch wenn es nicht um dingliches Recht geht, zB beim obligatorischen Mietrecht, wenn Schadensersatz im Geld keine ausreichende Hilfe für den Beeinträchtigten bedeuten würde[55].

F. Fazit

Suehiros Lehrbuch des Sachenrechts von 1921/22 war als Manifest seiner soziologischen Jurisprudenz (Shakai hôgaku) anzusehen und in einem so sensationellen Stil geschrieben, dass es zu den damaligen juristischen Lehrbüchern, die allein langweilige Aufzählungen der einzelnen Vorschriften enthielten, in merklichem Kontrast stand. Man sagt, dass sein Konzept „Ikita hôritsu" (Lebendes Gesetz oder Recht) sich von Ehrlich herleitet[56]. Seine Kritik an der Begriffsjurisprudenz, nach der der Auslegende, das heißt nicht nur der Richter, sondern auch der Verwaltungsbeamte, selbst im Fall der Gesetzeslücke gemäß der Natur der Sache noch Recht zu finden versuchen soll, ist auch in der juristischen Methodik nach dem Zweiten Weltkrieg immer noch präsent. Seine Rechtsquellenlehre, die den Rechtsquellencharakter zB des Tarifvertrags mit Rechtsanalogie, was auch mit seiner arbeitsrechtlichen Forschung eng zusammenhängt[57], oder den der

54 *Suehiro*, wie Fn 52, 211 f.

55 Ebda, 215, 219.

56 *T. Isomura*, Shakaihôgaku no tenkai to kôzô (Entwicklung und Struktur der soziologischen Jurisprudenz), 1975, 114. Eher zweifelhaft äußert sich M. Kainô, Izutarô Suehiro, zuerst in: Hôgaku seminâ (Juristisches Seminar) 55, 1960, dann in: Michitaka Kainô Tyosakushû (Michitaka Kainôs Gesammelte Schriften) VII , 1977, 273 (auch möglichweise von Géni beeinflusst).

57 Siehe Shûgyôkisoku no hôritsuteki seishitsu (Die Rechtsnatur der Arbeitsordnung) in: Hôgakukyôkai zasshi 41, Heft 5, 1920, 20 f.

Lehrmeinung als eine rechtspolitische Frage anerkennt, ist von der kritischen Stellungnahme gegenüber der staatlichen Rechtsauffassung und der Nähe des Sozialen gekennzeichnet. Das Gleiche gilt auch von seiner sehr elastisch konstruierten Theorie des dinglichen Anspruchs. Das hat auch die Zivilistik nach dem Zweiten Weltkrieg beeinflusst[58] und dazu beigetragen, dass der Schutz des Mietrechts gegen Beeinträchtigung erweitert wird, oder bei der Umweltverschmutzung rechtliche Hilfe geleistet werden kann.

IV. Soziologische Jurisprudenz und Tetsu Isomura (1914–1997)

Die Arbeiten von Tetsu Isomura können ebenso nicht übersehen werden, wenn man über die Ehrlich-Rezeption in Japan spricht. Isomura wurde 1914 in Hyogo, in Westjapan geboren. 1939 absolvierte er sein Jurastudium an der Kaiserlichen Universität Kyoto, und war seit 1951 Ordentlicher Professor in Kyoto. Als Zivilrechtler beschäftigte er sich mit Irrtumslehre und Geschäftsgrundlage im deutschen, schweizerischen und österreichischen Recht, ungerechtfertigter Bereicherung, Rechtsmissbrauch usw. Seine wissenschaftliche Leistung auf dem Gebiet der Rechtstheorie ist gekennzeichnet durch tiefe Einsicht und Gründlichkeit des Nachdenkens und repräsentativ für die "Kyotoer Schule". Im Zusammenhang mit der Eugen-Ehrlich-Rezeption in Japan sollen drei Arbeiten von ihm besonders erwähnt werden (unten A-C): eine Analyse der soziologischen Jurisprudenz von Izutarô Suehiro (1959–1961), eine wissenschaftsgeschichtliche Untersuchung zum Stellenwert Ehrlichs vor dem Hintergrund des Übergangs von der aufklärerischen Naturrechtslehre zur Historischen Rechtsschule (1956) und eine systematische Beschreibung der Rechtssoziologie Ehrlichs (1953), in der man auf den ersten Blick die Systematik vermisst. Alle drei Arbeiten wurden 1975 im Buch „Shakaihôgaku no tenkai to kôzô“ (Entwicklung und Struktur der soziologischen Jurisprudenz), zusammengefasst.

A. Analyse der soziologischen Jurisprudenz von Suehiro

Isomura untersucht die rechtstheoretische Eigenschaft und Struktur der soziologischen Jurisprudenz Suehiros. In der soziologischen Jurisprudenz werde, im Gegensatz zum Gesetzespositivismus, zur machtstaatlichen Rechtsauffassung und der begriffsjuristischen Methode, das Recht als ein Produkt aus der Gesellschaft funktionell verstanden. Das Recht sei also geschichtlich und gesellschaftlich be-

---

58 Für viele *J. Funabashi*, Bukkenhô (Sachenrecht) , 1960, 37.

stimmt, diese Erkenntnis die unabdingbare Grundlage für die Jurisprudenz. In Japan war eine solche soziologische Jurisprudenz erst durch die wirtschaftlichen und gesellschaftlichen Veränderungen in der Taishô-Ära entstanden. Die Jurisprudenz musste diese drastischen Veränderungen berücksichtigen und eine neue Methode ausbilden[59].

Eigentlich wäre es das Ideal des Rechtsstaats, die Willkür der Beamten auszuschließen. Aber tatsächlich sei es ein Vorwand, der zur Rechtfertigung jedes beliebigen Verhaltens des Beamten benutzt werden könne, geworden. Deshalb sei die Verwirklichung des echten rechtsstaatlichen Ideals, das die Bedürfnisse des Bürgers befriedige und der Realität der Gesellschaft entspreche, bei Suehiro nicht vom (Verwaltungs-)Beamten, sondern nur von der Justiz zu erwarten[60].

Nach Isomura orientierte sich Suehiro an der vernünftigen Fortbildung des Rechts und aus dieser Perspektive interessierte er sich für die Rationalisierung der praktischen Jurisprudenz, das heißt der Rechtsdogmatik als Administratorin des Rechts. Was nach Suehiro zuerst zu überwinden sei, ist die Voraussetzung des begriffsjuristischen Gesetzespositivismus, nach dem die Rechtsanwendung reine Erkenntnis sei, die im konkreten Fall die Tatsache unter den Tatbestand des staatlichen positiven Rechts nur subsumiert. Danach wäre ein Gesetz immer vorhanden, aus dem durch Subsumtion die Entscheidung logisch abgeleitet werde, alle Entscheidungsnormen für alle Fälle seien eigentlich schon im Gesetz enthalten, die man bei Bedarf durch juristische Konstruktion ableiten müsse, die Lückenlosigkeit des Gesetzes bilde so die Grundlage der Subsumtion[61]. Dementgegen sei nach Suehiro die Entscheidungsnorm im Fall selbst enthalten. Die Norm, aus der durch Syllogismus die Entscheidung des Falls abzuleiten sei, sei in diesem Fall selbst, das heißt in dessen gesellschaftlichen Verhältnissen selbst zu suchen, zu finden, gegebenenfalls zu produzieren. Der Begriff, der von der begriffsjuristischen Methode bei der juristischen Konstruktion verwendet werde, sei so sehr allgemein und abstrakt ausgebildet, dass man damit beliebige Inhalte rechtfertigen könne. Dagegen argumentiere Suehiro mit dem rechtlichen Typus, der aus der realen Erfahrungen geschöpft werde. Der typologische Begriff, der hier verwendet wird, sei der konkretere[62].

Die Gesetzgebung sei auch bei Suehiro soziologisch und historisch zu verstehen. Gesetzgebung ist nicht denkbar ohne die Grundlagen der rechtlichen Tradition. Diese rechtliche Tradition besteht aus Gewohnheit, Rechtsprechung oder Lehrmeinungen. In jeder Nation liefern diese zu jeder Zeit den Hintergrund und

---

59 *Isomura*, wie Fn 56, 62 f.

60 Ebda, 82 ff.

61 Ebda, 88 ff.

62 Ebda, 93.

die Basis für die einzelnen Gesetzgebungsakte. Es ist auch Aufgabe der Gesestzesauslegung, diese rechtliche Tradition zu verstehen und weiter zu bilden. Entscheidungsnormen, die aus Erfahrung geschöpft werden sollen, können gesellschaftliche Rechtsnormen, zB gesellschaftliche autonome Normen wie Tarifvertrag, Arbeitsordnung oder Satzung sein, wenn keine Gesetze dafür vorliegen. Falls es keine Gesetze und auch keine gesellschaftliche Normen gibt, dann kann derjenige, der die Norm anzuwenden hat, die entscheidenden Typen der gesellschaftlichen Verhältnisse frei und produktiv herausfinden. Er verfährt frei und produktiv wie der Gesetzgeber es in derselben Situation täte[63].

Eine Methode dafür ist bei Suehiro die Rechtsanalogie oder Gesamtanalogie aus der Idee der Gerechtigkeit. Ähnliche gesellschaftliche Verhältnisse sollen mit einer Norm geregelt werden, die aus zwei Normen induziert wird, die auf jedes dieser Verhältnisse angewendet werden können. Diese Methode ist aber, anders als bei der begriffsjuristischen Konstruktion, nur insoweit zu benutzen, um Gleiches gleich zu behandeln. Bei der Induktion einer Norm aus mehreren Normen soll immer an den konkreten Sozialtypen festgehalten werden, die die Gegenstände der Regelungen ausmachen: Das alles ist mitenthalten in Suehiros Schlagwort „Begriffe mit Tatsachen waschen“[64]!

Kritik an der Begriffsjurisprudenz des Ministeriums und seinem Missbrauch der Idee des Rechsstaates, im Gegensatz dazu die Betonung der Ermittelung des Rechts, das gerade in der Gesellschaft vorhanden ist, Anerkennung dessen Rechtsquellencharakters im Gegensatz zur staatlichen Rechtsauffassung, weiters Anerkennung von nichtgesetzlichen Gesellschaftsnormen, Lehrmeinungen, Rechtsprechung und Rechtsanalogie als methodische Grundlage dafür, dies alles sind die Elemente der soziologischen Jurisprudenz Suehiros wie wir (oben III) gesehen haben. Isomura fasst die Aussage Suehiros zusammen als „die Rationalisierung der praktischen Jurisprudenz, das heißt Rechtsdogmatik als Administrator des Rechts“.

Die Entstehung der soziologischen Jurisprudenz Suehiros ist bei Isomura mit Ehrlich vergleichbar. Nach Isomura werden die neuen juristischen Tendenzen seit dem späten 19. Jahrhundert in Europa, deren Repräsentant auch Ehrlich war, auf der Grundlage der aufklärerischen Richtung und des Historismus entworfen.

---

63 *Isomura*, wie Fn 56, 94-96.
64 Ebda, 98 ff.

Ehrlich selbst setzt sich nicht selten mit der Historischen Rechtsschule auseinander[65]. Isomura deutet davon ausgehend den Stellenwert Ehrlichs in der Rechtsgeschichte. Er ist übrigens auch für seine Savigny-Forschung bekannt[66]. Isomura hinterfragt die zum Teil problematische Art und Weise, wie die Historische Rechtsschule die aufklärerische Naturrechtslehre überwunden hatte folgendermaßen: Die Geschichtsauffassung der aufklärerischen Naturrechtslehre, deren Ausgangspunkt die Freiheit des Bürgers ist, ist rational-historisch und subjektivkritisch. Es ist die Perspektive eines Gründers, der gemäß dem Ideal der Vernunft eine neue Gesellschaft entwerfen will. Sie kann auch als pragmatische Methode charakterisiert werden, da auf die Zukunft ausgerichtet die Gesellschaft rational zu bilden ist[67]. Im Gegensatz dazu ist in der Historischen Rechtsschule die Betrachtungsweise der Geschichte genetisch-objektiv und anschaulich[68]. Geschichte, aus der das Volksrecht entsteht und sich entwickelt, ist als solche zu betrachten. Deshalb existiert hier Recht eigentlich in Form des Gewohnheitsrechts. Recht bedeutet dann weder Vernunftsrecht noch Gesetze, sondern es wird wie Sprache und Sitte von der inneren Notwendigkeit eines Volks getragen, entsteht mit ihm, wächst fort und stirbt. Allerdings wird in einer weit entwickelten Kultur das Volksrecht vom Juristenrecht, das heißt durch die wissenschaftliche Tätigkeit des Juristen repräsentiert. Deshalb ist die Systematik des Römischen Rechts aus dieser Perspektive legitim. Die Entstehungslehre des Rechts ist aber in der Historischen Rechtsschule bald in den Hintergrund getreten und die Begriffs- und Systembildung hat sich in den Vordergrund gedrängt, und zwar immer mehr mit der staatlichen Rechtsauffassung. Ein Kind davon war der machtstaatliche Gesetzespositivismus, der sogar im Nationalsozialismus dessen Rechtssystem gerechtfertigt hatte[69]. Seit der zweiten Hälfte des 19. Jahrhunderts sieht man sich nun aber mit verschiedenen sozialen Problemen konfrontiert. Diese sind allein mit der Vernunft und dem Gewissen eines Individuums nicht mehr zu lösen. Die Probleme, die ihre Ursache in Lücken und Widersprüchen der Bürgergesellschaft

---

65 *Ehrlich,* wie Fn 17, zum deutschen Text, 2 ff. Siehe auch *Grundlegung des Soziologie des Rechts*, 1913, 257 ff.

66 *Isomura,* Savigny kenkû josetsu (Einführung in die Savigny-Forschung), in: Festschrift zum 70. Geburtstag für *Bunjirô Ishida*, 1962, 3 ff, dann *Isomura*, wie Fn 56, 146 ff. In diesem Beitrag setzt sich Isomura kritisch mit der Savigny-Interpretation von Wieacker auseinander, welche die 1951 edierte Methodologie-Vorlesung Savignys mit berücksichtigt.

67 *Isomura*, wie Fn 56, 128.

68 Ebda, 126.

69 Ebda, 121 ff.

haben, können nicht mehr allein vom Gewissen jedes Individuums, kraft „Vernunft“ oder „Natur des Menschen“, beseitigt werden[70]. Statt von festgelegten Regeln des Vernunftsrecht auszugehen, muss man die Struktur und Gesetzlichkeit der Gesellschaft, die diese sozialen Probleme hervorbringt, empirisch-historisch und wissenschaftlich erforschen. Ein Weg steht dafür offen: Man müsse die Lehre der Historischen Rechtsschule, die man bald verlassen hatte, noch einmal überdenken, aber dabei den Begriff des Volks, der von der Historischen Rechtsschule allein geistlich-kulturell verstanden worden war, durch den der Nation als Subjekt der Gesetzgebung und durch die empirisch verstandene Gesellschaft ersetzen. Nach Isomura war genau das der Weg Ehrlichs[71].

C. Systematische Struktur der Rechtssoziologie Ehrlichs

Es ist besonders anzumerken, dass Isomura eine systematische Einführung in die Rechtssoziologie Ehrlichs geschrieben hat. Dabei wurden fünfzehn Werke Ehrlichs in Deutsch und Englisch berücksichtigt und auf nur hundertdreiundsiebzig Seiten systematisch, und zwar sehr genau und korrekt, zusammengestellt. Da Ehrlich selbst seine Lehre nicht systematisch hinterlassen hatte, war diese Arbeit insbesondere für einen Japaner mühsam. Allerdings sind die japanischen Juristen glücklich, da sie mit dieser Arbeit Isomuras einen systematischen Überblick über die sonst schwer zugängliche Lehre Ehrlichs erhalten haben. Das hat die Forschung und Aufnahme der Lehre Ehrlichs beträchtlich begünstigt. Hier wird im Folgenden unternommen, die Systematik Isomuras in Kürze darzulegen.

1. Die Lehre von der Struktur, Bildung und Entwicklung des Rechts

a. Rechtsquellenlehre (Gewohnheitsrecht)

Erforderlich ist, keine Lehre darüber, so Isomura, unter welchen Voraussetzungen die Gültigkeit des Gewohnheitsrechts vom staatlichen Recht akzeptiert wird, sondern die Lehre, die den Rechtsquellencharakter und die Eigenschaft des Gewohnheitsrechts aufklären, begründen und rechtfertigen kann. Eigentlich kannte das Römische Recht bis zum Ende der klassischen Zeit kein anderes Gewohnheitsrecht als außerstaatliches Juristenrecht, das auf Grundlage der lebendigen Gewohnheit durch die Tätigkeit der Juristen gebildet worden war. Im justinianischen Recht steht aber die praktische Perspektive im Vordergrund, nämlich ob

---

70 *Isomura*, wie Fn 56, 132.
71 Ebda, 143.

und inwieweit den verschiedenen provinziellen Partikularrechten Gültigkeit zuerkannt wird, was auch im Gemeinen Recht des europäischen Mittelalters gilt[72]. In der wissenschaftlichen Rechtsquellenlehre ist gemäß Ehrlich ein vager Begriff wie der des Gewohnheitsrechts besser zu vermeiden, statt dessen soll man eine Lehre von der Entstehung des Rechts aufstellen, und zwar auf der Basis der Einteilung des Rechts in lebendes Recht, Juristenrecht und staatliches Recht[73].

b. Lebendes Recht

Lebendes Recht meint die friedliche innere Ordnung der gesellschaftlichen Verbände. Staatlicher Zwang ist danach kein Wesensmerkmal des Rechts. Allerdings ist das Recht dadurch von anderen Gesellschaftsnormen schwer zu unterscheiden[74]. Ehrlich nennt als die Ursprünge des lebenden Rechts die Tatsachen des Rechts: Übung, Herrschaft, Besitz und Willenserklärung. Isomura äußert sich aber teilweise kritisch darüber, dass bei Ehrlich der eigentümliche Vorgang der Entstehung des Rechtssatzes aus den Tatsachen des Rechts ungeklärt bleibt, und er fragt, ob diese vier Tatsachen des Rechts auf derselben Ebene liegen, ob damit alle Tatsachen erschöpfend behandelt werden und wie diese vier Tatsachen des Rechts miteinander in Verbindung stehen. Diese Tatsachen des Rechts sind bei Ehrlich eher isoliert und fragmentarisch verstanden worden[75].

c. Rechtssatz

Staatliches Recht ist das Recht, das einen bestimmten staatlichen Zweck verfolgt. Juristenrecht ist dagegen eigentlich außerstaatlich und nur eine Weisung und Belehrung für die Entscheidung[76]. Deshalb hängt die Verbindlichkeit des Juristenrechts, besonders beim Richterrecht und wissenschaftlichen Recht, von dessen Wert als wissenschaftlicher Leistung, dem persönlichen Ansehen des Urhebers usw. ab. Zum Juristenrecht gehören außer Richter- und wissenschaftlichem Recht noch das Amtsrecht und das Gesetzesrecht. Juristenrecht ist nämlich nicht selten im Gesetz aufgenommen. Dadurch wird das vorhandene Juristenrecht im Gesetz nur festgestellt, aber der Charakter des Juristenrechts ändert sich damit nicht wesentlich. Staatliches Recht ist Gebietsrecht. Im Gegensatz dazu ist Juristenrecht personal und real. Deshalb ist auch die Aufnahme fremder Gesetze im

---

72 *Isomura*, wie Fn 56, 176 ff.
73 Ebda, 189.
74 Ebda, 189 ff.
75 Ebda, 208 f.
76 Ebda, 220.

Juristenrecht denkbar[77]. Für dieses Konzept Ehrlichs waren römisches und englisches Juristenrecht Vorbilder[78].

Juristenrecht entsteht als Prozess zwischen der Gesellschaft und den Juristen. Die Methode dafür ist die Verallgemeinerung und Vereinheitlichung der Normen der einzelnen gesellschaftlichen Gruppen. Die Idee der Gerechtigkeit weist dabei auf die Richtung hin, und zwar sowohl statisch als auch dynamisch. Statische Gerechtigkeit beansprucht Neutralität gegenüber den einzelnen Interessengruppen, dagegen weist die dynamische der Gesellschaft das Ziel zur Fortbildung. Dieses Ziel ist nach Ehrlich die weitere Fortentwicklung des Individualismus und des Gemeinschaftsgedankens. Isomura kritisiert auch hier, dass die gerechte Fortbildung der Gesellschaft eigentlich aus den Zusammenhängen der einzelnen sozialen Interessengruppen erklärt werden sollte. Diese tiefere Wurzel der Fortbildung der Gesellschaft ist aber bei Ehrlich nicht oder nur fragmentarisch berücksichtigt[79].

Ein Rechtssatz ist einerseits aus dem lebenden Recht herauszufinden, andererseits wirkt der einmal entstandene Rechtssatz umgekehrt auf das lebende Recht zurück. Damit kann nicht selten neues lebendes Recht entstehen. Dieses neue lebende Recht ist zwar genetisch anders als das eigentliche Gesellschaftsrecht. Allerdings sind beide Rechte nach Isomura funktionell nicht zu unterscheiden[80].

2. Analyse der Jurisprudenz: Juristische Logik

Weiters erwähnt Isomura nach Ehrlichs „Die Juristische Logik“ (1918) die Eigenschaften und die geschichtliche Grundlage der juristischen Logik des kontinentaleuropäischen Rechts, mit der für jede Entscheidung des Richters, sogar für die rechtsmissbräuliche, unter dem Schein der logischen Ableitung aus dem Gesetz irgendeine juristische Rechtfertigung geliefert wird. Mit der juristischen Logik kann selbst eine missbräuchliche Verdrehung des Rechts gedeckt werden. Hintergrund für diese juristische Logik waren die Gebundenheit an den Rechtssatz, die staatliche Rechtsauffassung und die Vorstellung von der Einheit des Rechts. Allerdings sagt Isomura mit Ehrlich, dass mittels der juristischen Logik Juristenrecht zwar behindert werden kann, dass es aber nicht ausstirbt[81].

---

77 *Isomura*, wie Fn 56, 220 f.
78 Ebda, 209 ff.
79 Ebda, 213 ff.
80 Ebda, 235.
81 Ebda, 236 ff.

Nach Isomura ist die freie Rechtsfindung bei Ehrlich frei von einer solchen überflüssigen Abstraktion und Konstruktion. Dies gilt dagegen nicht bei der Entscheidung nach einem Gesetz, da sie unzweifelhaft ermittelt werden kann. Allein wo das Gesetz nicht entscheidet, soll der Jurist selbst entscheiden und dabei für seine Entscheidung selbst verantwortlich sein, ohne den Schleier der juristischen Logik zu tragen und scheinbare Begründungen aus dem Gesetz zu manipulieren[82].

3. Methode der Rechtssoziologie

Die Rechtssoziologie erforscht rechtstheoretisch nicht nur den Rechtssatz, sondern auch rechtliche Einrichtungen, das Recht als Ganzes und dessen Entstehen, Fortbildung, Struktur und Auswirkung, und zwar im Zusammenhang mit der Gesellschaft. Methodische Bausteine dafür sind die Rechtsgeschichte, die Ergebnisse der praktischen Jurisprudenz, zB die Systematik des in Japan eher verworfenen Allgemeinen Teils des Bürgerlichen Rechts mit Personen, Handlungen und Sachen, die aber zur Morphologie des Rechts beitragen, und deshalb auch zur Erforschung des lebenden Rechts gehören[83].

Was die Quellen der rechtssoziologischen Forschung betrifft, so ermittelt ein Urteil das lebende Recht nur vereinzelt und fragmentarisch und auch nur in der Form des Rechtsstreits. Man kann auch mit Geschäftsurkunden dem lebenden Recht nur in dem Umfang nahe kommen, wie es dort aufgezeichnet ist. Deshalb muss man selbst im Gesellschaftsleben direkt empirisch beobachten und notfalls sogar juristische Experimente wagen[84].

4. Struktur der Freirechtslehre Ehrlichs

Die Freirechtslehre Ehrlichs bedeutet nach Isomura nicht, dass jede Entscheidung vom Gesetz befreit werden soll, sondern allein von überflüssiger Abstraktion und unnützlicher Konstruktion. Wo aber die Entscheidung des historischen Gesetzgebers unzweifelhaft ermittelt werden kann, ist man daran gebunden. Isomura sieht indes in Ehrlichs Freirechtslehre die stufenweise Entwicklung dieses Gedankens[85]. Erst in den späteren Schriften Ehrlichs, gemeint ist „Die richterliche Rechtsfindung auf Grund des Rechtssatzes“ (1917), soll gemäß der historischen Auslegungslehre die Absicht des Gesetzgebers, seine Entscheidung im Gesetz als

---

82 *Isomura*, wie Fn 56, 288 f.
83 Ebda, 290 ff.
84 Ebda, 294 f.
85 Ebda, 298

entscheidend ermittelt werden. Damit werden andererseits auch weitreichende Lücken im Gesetz gefunden, wo der Gesetzgeber keine Entscheidung getroffen hat. Hier muss der Jurist mit seiner Interessenabwägung selbst Normen erfinden. Auslegung des Gesetzes und Normschöpfung des Juristen sind hiermit sehr klar auseinandergehalten[86].

5. Fazit

Die Anerkennung des weitläufigen Gebietes für Juristenrecht, das vom staatlichen Recht unabhängig ist, und die Einschränkung der Bedeutung der eigentlichen Tätigkeit des Staates und des staatlichen Rechts für die Rechtsfortbildung kommen genealogisch aus der Historischen Rechtsschule. Im Hintergrund der Gedanken Ehrlichs steht aber die demokratische Auffassung des Rechts, dass sich die Gesellschaft selbständig und vernünftig fortbildet, dass gesellschaftliche Interessenansprüche beim neutralen Juristenstand als Experten in ihrer Entscheidungsnorm reflektiert werden, und damit die Fortbildung der Gesellschaft weiter befördert wird[87].

Die historische Auslegung des Rechtssatzes ermittelt die Entscheidung des Urhebers in Hinsicht auf Interessenkonflikte. Die Anerkennung eines weitläufigen Bereiches der Gesetzeslücke, der mit der historischen Auslegung festgestellt ist, Lückenerfüllung im Wege der freien Rechtsfindung durch Interessenabwägung (auch mit Analogie) des Juristen, die aber anderseits nicht willkürlich getroffen werden darf, und auch Rechtsfortbildung contra legem, aber nur unter jenen Bedingungen wie für aufhebendes Gewohnheitsrecht, das ist die Logik der Freirechtslehre Ehrlichs, die er in seinen späteren Jahren erreicht hatte[88].

V. Kritische Bemerkung Shigeyoshi Harashimas zur Ehrlich-Rezeption in Japan

Es fehlt aber auch nicht an kritischen Bemerkungen zur Ehrlich-Rezeption in Japan. Shigeyoshi Harashima (geb 1925), Professor des Zivilrechts an der Universität Kyûshû in Südwest-Japan, stellt die Auswirkungen der soziologischen Jurisprudenz Suehiros nach dem Zweiten Weltkrieg zusammen, und zwar aus kritischer Perspektive. Die Kritik, die Suehiro an der Begriffsjurisprudenz geübt hatte, wurde nach Harashima von Takeyoshi Kawashima und Eiichi Hoshino aufge-

---

86 *Isomura*, wie Fn 56, 300 ff.
87 Ebda, 325.
88 Ebda, 333.

nommen und weitergeführt. Bei Suehiro galt es als begriffsjuristisch, jeder beliebigen Interessenabwägung wegen bürokratischer Bequemlichkeit irgendwelche Begründung aus dem Gesetz zu liefern. Ziel der Jurisprudenz Kawashimas war es, in der erst nach dem Zweiten Weltkrieg realisierten Bürgergesellschaft für Handlungen und Verkehr des Bürgers objektive Maßstäbe anzubieten (rule of law). Bei Eiichi Hoshino und auch bei Ichirô Katô, orientiertet sich die Interessenabwägung am konkreten Fall, um damit die richtige Entscheidung des Falles zu bekommen[89].

Insbesondere nach Hoshino und Katô kann man dies sehr realistisch verstehen. Man könne nicht eindeutig feststellen, was das Recht sei und was die Tatsache sei, ob irgendwelche Auslegungen und Entscheidung richtig seien. Man könne nur sicher sagen, welches Interesse befördert würde, wenn man das Gesetz so oder so interpretiere. Man könne nur in solcher Weise verschiedene Alternativen der Auslegung im Zusammenhang mit den Interessen, die dann befördert würden, vergleichen, und sagen, welche Auslegung die bessere sei, aber nicht, welche die einzig richtige sei. Man könne keine andere als diese realistische Einstellung zur Auslegungsmethode einnehmen. Diese Einstellung, die teilweise vom amerikanischen Pragmatismus beeinflusst ist, ist aber nach Harashima etwas ganz anderes als Ehrlichs Freirechtslehre[90].

Harashima erinnert sich an seine Studentenzeit: „Als ich Student war, war Rechtssoziologie beliebter als Rechtsdogmatik. Man sagte, Rechtsdogmatik sei eine veraltete Sache. Deshalb dachte ich auch selbst, dass ich Rechtssoziologie lernen muss, und las deshalb Ehrlich“[91]. Man sagte weiters, dass Ehrlich weniger im deutschsprachigen Raum und mehr in Japan gelesen werde. Doch ist nach Harashima auch in Japan Ehrlichs Methode der praktischen Jurisprudenz weitgehend unbekannt geblieben. Die meisten japanischen Rechtsdogmatiker achten nicht bewusst darauf, dass Ehrlich (und auch Heck) die subjektive Auslegungslehre unterstützte und die Methode der historischen Auslegung weiterentwickelt hat[92].

Harashima, ein guter Savigny-Kenner, kritisiert die Aussage, Ehrlich habe seine Methode der Auslegung Savignys, historischer Auslegung nachgebildet. Man habe dabei einerseits Savigny nur oberflächlich gelesen und mache ihn für Gesetzespositivismus und Begriffsjurisprudenz verantwortlich, und setze Ehrlichs Freirechtslehre oder Hecks Interessenjurisprudenz an das andere Ende. Wenn man aber aufgrund dieser falschen Entgegensetzung glaube, Savigny wäre

89 *S. Harashima*, Hôtekihandan toha nanika. Minpô no kisoriron (Was ist juristisches Urteilen? Zur Grundlehre des Zivilrechts), 2002, 114.

90 Ebda, 114.

91 Ebda, 14.

92 Ebda, 333 f.

schon von Ehrlich oder Heck überwunden worden, weshalb die Juristen in der Gegenwart noch weiter gehen müssten, dann hätte man es sich zu leicht gemacht. Seicht wäre auch jene Jurisprudenz, die aus solchem Verständnis erwächst. In der Tat sagt Ehrlich selbst, dass Savigny sich der staatlichen Rechtsauffassung entgegengestellt hat[93].

Sakae Wagatsuma (1897–1973), der bekannteste Zivilrechtler nach dem Zweiten Weltkrieg, bezeichnete im Bezug auf die Gesetzesauslegung Erich Danz zusammen mit Géni und Ehrlich als Gründer der neuen Ansicht der Gesetzesauslegung[94]. Trotzdem ist die subjektive Auslegungslehre Ehrlichs der objektiven von Danz entgegenzusetzen. Wenn man diesen Unterschied übersieht, ist man nach Harashima eher einseitig. Man habe gewiss in Japan zu wenig beachtet, außer Ausnahmen wie Tetsu Isomura, dass sich der Rechtssoziologe Ehrlich in der Gesetzesauslegung unzweifelhaft an die subjektive Auslegungslehre angelehnt hat.

VI. Zusammenfassung

Die Veränderungen der Gesellschaft am Anfang des 20. Jahrhunderts, die damit verbundene Notwendigkeit der Fortbildung des Rechts, die zum wissenschaftlichen Verkehr geeignete freie Atomosphäre in der Taisho-Ära und der Umstand, dass Ehrlich selbst Japan und japanischen Wissenschaftlern gegenüber ein persönliches Wohlwollen empfand, all dies waren Anlässe zur Eugen-Ehrlich-Rezeption in Japan. Die Kritik an der Begriffsjuriprudenz von Izutarô Suehiro, der Ehrlich persönlich traf, sein Hervorheben der Rechtstatsachenforschung, seine rechtpolitische Rechtsquellenlehre, seine kritische Stellungnahme gegenüber der staatlichen Rechtsauffassung und seine von der Gesellschaft inspirierte Dogmatik, das heißt seine soziologische Jurisprudenz, übten schwerwiegende Einflüsse aus. Die Ehrlich-Forschung bei Tetsu Isomura, die zwar anders als die Suehiros eher zur theoretischen Analyse als nur Praxis tendiert, aber die Parallelität Suehiros mit Ehrlich darlegt, den Stellenwert Ehrlichs aufklärt und insbesondere Ehrlichs Rechtssoziologie systematisch zusammenfasst, hatte auch Ehrlichs Jurisprudenz weiterhin für japanische Juristen zugänglich gemacht. Es gibt jedoch auch Shigeyoshi Harashimas kritische Bemerkung, dass man zwar oft von einer Eugen-Ehrlich-Rezeption in Japan redet, doch mit einigen Ausnahmen wie Isomura

93 *Harashima*, wie Fn 89, 290.

94 *S. Wagatsuma*, Danz no saibankan no kaishakusayô (Lehre der richterlichen Tätigkeit nach Danz) (1), Hôgakyôkai zasshi 41, Heft 1, 4.

Ehrlich nicht richtig, sondern nur oberflächlich verstanden hat. Außer dieser Bemerkung Harashimas diskutiert man noch heutzutage über das Erbe Ehrlichs.

Wie oben gelegentlich bemerkt wurde, ist die Kritik der Begriffsjurisprudez von Suehiro eine unabdingbare Basis für die Zivilistik nach dem Zweiten Weltkrieg. Die herrschende Methode in der japanischen Zivilistik ist seit den sechziger Jahren die Interessenjurisprudenz und die Wertungsjurisprudenz gewesen. Nach Eiichi Hoshino[95], der der Hauptvertreter dieser Richtung ist, sind Interessenabwägung (Riekikôryô) und Wertentscheidung (Kachihandan) die zwei wichtigsten Elemente. Bei der Interpretation einer Vorschrift muss man zuerst sehen, welches Interesse geschützt wird beziehungsweise wie es geschützt wird. Bei der Auslegung soll man immer an die wirkliche Auswirkung für die Parteien oder die Gesellschaft denken und sich nicht blind von Begriff und Logik leiten lassen. Die juristische Konstruktion ist hier nur als zweitrangig anzusehen. Aber aus der Interessenabwägung allein kann man nicht das Resultat der Auslegung ableiten. Das ist die Frage der Wertentscheidung. Nach Hoshino soll es bei der Interessenabwägung und der Wertentscheidung zuerst darauf ankommen, was die Interessenabwägung bei der Gesetzgebung und welche die Wertentscheidung des Gesetzgebers war. Aber im Fall einer Gesetzeslücke, in der es eigentlich keinen klar definierten Gesetzgeberwillen gibt, oder wenn es zwar ein Gesetz gibt, aber der Gesetzgeber die richtige Interessenabwägung und Wertentscheidung verfehlt hat oder seine Interessenabwägung und Wertentscheidung nicht mehr angemessen sind, dann muss der Auslegende selbst entscheiden.

Seit dem Ende der achtziger Jahre wurde aber die Methode der Interessenabwägung und Wertentscheidung von Yoshio Hirai[96] kritisiert. Seine Kritik richtet sich besonders gegen die nachteiligen Wirkungen dieser Methode in der juristischen Ausbildung. Hirai nennt zB als Nachteile der herrschenden Methode den Soziologismus. Mit der Methode der Interessenabwägung solle es immer auf die gesellschaftliche Wirkung einer Auslegung ankommen. Es handle sich immer um die Frage: Wenn man diese Vorschrift so auslegen würde, welche soziale Wirkung würde es haben? Das tendiere dazu, immer auf der soziologischen Ebene über die Gesetzesauslegung zu sprechen: also Soziologismus (Shakaigakushugi). Daraus ergibt sich als weitere nachteilige Folge, dass die juristische Regel, mit der man sein juristisches Argument legitimiren könne und solle, nicht genug für sich selbst genommen, nicht genauer ausgebildet werde. Die Methode der Inter-

95 *E. Hoshino*, Minpô kaishakuron josetsu (Einführung in die Zivilrechtsmethodik), zuerst 1967, in: Minpô ronshû (Gesammelte Schriften zum Zivilrecht) I, 1971, 1ff.

96 *Y. Hirai*, Hôritsugaku kisoron oboegaki (Memorandum zur Grundlehre der Jurisprudenz), 1989.

essenabwägung und Wertentscheidung würde die Jurastudenten stören, die juristische Argumentation zu lernen, so kritisiert Hirai.

So diskutiert man weiterhin über die Methode der Interessenabwägung und Wertentscheidung, die sich aus der soziologischen Jurisprundez Suehiros erhalten hat und als ein Erbe der Eugen-Ehrlich-Rezeption zu nennen ist. In diesem Sinne ist die Eugen-Ehrlich-Rezeption ein gegenwärtiger Vorgang, der noch nicht abgeschlossen ist, sondern zum Teil offen bleibt.

Manfred Rehbinder, Zürich

Die Bedeutung von Eugen Ehrlich für die deutschsprachige Rechtswissenschaft

I. Vorbemerkung: Ehrlichs Beziehungen zu Japan; II. Ehrlichs Bedeutung für die Rechtssoziologie: A. Ehrlichs heutige Bedeutung in der Rechtstatsachenforschung, B. Terminologie des ‚lebenden Rechts'; III. Ehrlichs Bedeutung für das heutige Zivilrecht: A. Die ‚soziale Frage', B. Kompensatorisches Recht ist Leitbild im Sozialstaat für Gesetzgebung und Auslegung.

Aufgabenstellung meines Korreferats ist es, nach dem interessanten Bericht von Hidetake San über die Bedeutung von Eugen Ehrlich für Privatrecht und Rechtssoziologie in Japan ergänzend hervorzuheben, was von diesem bedeutenden Gelehrten aus dem östlichsten Winkel der Donaumonarchie, aus der Bukowina, dem das Neue Wiener Tagblatt in seinem Nachruf vom 3. Mai 1922 schon damals „Weltruf" attestierte[1], heute noch in den deutschsprachigen Ländern lebt.

Ich lasse damit die USA außer Betracht, für die Max Rheinstein in den 30-er Jahren feststellte, dass Ehrlichs Einfluss in Amerika weit größer sei als im deutschsprachigen Raum[2]; desgleichen Frankreich, wo der Exilrusse Georges Gurvitch, dann aber auch Jean Carbonnier und Michel Villey[3] sich stark mit Ehrlich auseinandergesetzt haben; ferner Italien und Spanien.

Ich beschränke mich darauf zu zeigen, dass Ehrlich im deutschsprachigen Raum langsam die ihm gebührende Anerkennung findet, sodass man heute nicht mehr wie früher feststellen muss, Ehrlich sei in Japan deutlich mehr bekannt als in seiner Heimat. Bevor ich jedoch auf das Lebende von Ehrlichs Werk in der deutschsprachigen Rechtssoziologie und im deutschsprachigen Privatrecht zu sprechen komme, möchte ich mit einer Vorbemerkung beginnen, nämlich mit einem Bericht über das, was wir von Ehrlichs Beziehung zu Japan wissen.

1 Siehe *M. Rehbinder*, Eugen Ehrlichs Plädoyer für ein soziales Vertragsrecht, in FS Heinz Rey, Zürich 2003, 279f.

2 *M. Rehbinder*, Die Begründung der Rechtssoziologie durch Eugen Ehrlich, 2. Aufl, Berlin 1986, 22f mit näheren Angaben über die Rezeption Ehrlichs in den USA.

3 Ebda, 104, 114.

I. Vorbemerkung: Ehrlichs Beziehungen zu Japan

Ehrlich, der viel in Europa gereist ist, hat Japan nicht persönlich kennengelernt, wohl aber einige Japaner.

Als zeitlich erstes Zeugnis finden wir in seinem frühen Schrifttum die Rezension einer Göttinger Dissertation mit dem Titel „Das Erbrecht Japans, insbesondere Kritik des Intestaterbrechts der Codification vom Jahre 1890“ in Grünhuts Zeitschrift des Jahres 1892[4]. Verfasser dieser Dissertation war Kossaburo Kishi, ein Advokat aus Tokio, der während eines mehrjährigen Aufenthalts in Europa sich dort „eine genaue Kenntnis des englischen und gemeinen Rechtes erwarb“[5]. Ehrlich widersprach hier aus seiner sozial-konservativen Haltung heraus[6] der Kritik des Verfassers, dem die Reform in Japan nicht weit genug ging, und hält ihm entgegen:

> „Es ist schwer, so par distance ein Urteil über diese Forderungen abzugeben. Dass das Intestaterbrecht, so wie es jetzt in Japan ausgebildet erscheint, unserem Rechtsbewusstsein nicht entsprechen würde, scheint mir klar zu sein. Die Frage ist aber, wie ein Japanese darauf reagiert? Nach Allem, was der Verfasser vorbringt, scheint es nicht, dass er die Durchschnittsstimmung in Japan repräsentirt, (vielmehr) dass man dort gerne noch mehr von dem althergebrachten Rechte festgehalten hätte, als es das Gesetz thut. Jedenfalls scheint er den ausgezeichneten Männern, welche derzeit den Mikado umgeben und mit Hilfe europäischer Rathgeber an der Neugestaltung des hoffnungsfreudigsten Culturstaates des Orients mit Kraft und Verständnis arbeiten, in so mancher Beziehung Unrecht zu thun. Sie dürften auch berechtigten Wünschen der Fortschrittspartei nicht in so ungestümer Weise Rechnung tragen, dass dadurch das ganze Familienleben auf eine neue Basis gestellt werden müsste, sie müssten trachten, von der alten Tradition wenigstens das zu conserviren, woraus sich der Keim einer neuen Organisation entwickeln könnte“[7].

Vier Jahre später, nachdem sich Ehrlich (1904) in Wien habilitiert hatte, erschien seine Abhandlung „Der schweizerische Erbrechtsentwurf“[8] mit der für seine gesellschaftspolitische Einstellung gleichermaßen typischen Schlussbemerkung:

> „In der Reformfreudigkeit atmet er jenen wahrhaft konservativen Geist, der in sozialpolitischen Maßnahmen nicht notgedrungene Konzessionen, sondern Errungenschaften erblickt und uns erlaubt, nicht bloß das bestehende Gute zu erhalten, sondern auch das

---

4 GrünhutsZ 19, 1892, 535-536.
5 Ebda, 535.
6 Dazu Fn 1, 280.
7 Fn 4, 536.
8 Archiv für soziale Gesetzgebung und Statistik 9 (1896), 174-186.

Veraltete und Unbrauchbare organisch, ohne schroffe Übergänge durch Lebensfähiges zu ersetzen"[9].

Seit der Pariser Weltausstellung (1867) erlebte Europa einen besonderen Einfluss der japanischen Kunst (so genannter Japonismus). Diese „Mode"-Strömung setzte sich im Jugendstil und im Impressionismus fort und findet sich auch im Werk von Eugen Ehrlich als Kenntnisnahme von japanischer Eigenart. So erwähnt er in seinem Bericht über eine Reise nach Griechenland[10] im Zusammenhang mit Ausführungen über das antike griechische Theater, man stehe den Figuren der griechischen Tragiker heute nicht „so fremd und teilnahmslos gegenüber wie etwa den Japanern Sadda Jacos".

Die berühmte japanische Schauspielerin Sadayakko Kawakami, genannt Sadajakko (1872–1946), kam im Jahre 1899 das erste Mal zu einem Gastspiel über die USA nach Europa mit einer Truppe von 20 Mitgliedern und einem Programm moderner Stücke und ein weiteres Mal mit ihrem Schauspielergatten Otojirô Kawakami und 30 Künstlern des kaiserlichen Hoftheaters in Tokio, angekündigt als Sada Yacco und Kawakami mit den Stücken „Die Geisha und der Ritter" sowie „Kesa" im Theater an der Wien am 1. und 2. Februar 1902[11]. Wann Ehrlich sie gesehen und ihre Aufführungen als für uns fremd empfunden hat, wissen wir allerdings nicht.

Der erste japanische Rechtswissenschaftler, der mit Ehrlich Kontakt aufnahm, war Kenzo Takayanagi von der Universität Tokio, der auf Ehrlichs Schriften in den USA aufmerksam geworden war. Er machte Ehrlich im Jahre 1919 in Bern ausfindig, wohin es diesen in den letzten Kriegsjahren verschlagen hatte[12]. Die zweistündige Unterredung der beiden wurde auf englisch geführt und Takayanagi hat Ehrlichs perfektes Englisch, wie er in der Einleitung zu seiner Übersetzung von Ehrlichs Aufsatz „Die Soziologie des Rechts" in der Tokioter Fakultätszeitschrift 1922 schreibt, sehr bewundert. Auf seine Anregung hin hat im Juni 1920 eine Gruppe von fünf jungen japanischen Rechtsprofessoren Ehrlich in Bern aufgesucht, darunter Itsetaro Suehiro und Hideharu Sonda. Auf Bitten von Suehiro hat Ehrlich Sonda bis zum August 1920, wo er zu seinem Bruder nach Neapel

---

9 Ebda, 186.

10 *E. Ehrlich*, Griechische Eindrücke (Abdruck aus der Neuen Freien Presse durch die Buchdruckerei Gutenberg), Czernowitz 1905, 15.

11 Concise Nippon Jinmei Jiten (Japanisches Namenslexikon), Tokio 1994, 371, siehe ferner den Artikel „Sada Yacco" im (Wiener) Fremden-Blatt von 5. Februar 1902, 17f, sowie *A. Kirst*: Kawakami Otojirô, Sada Yakko und Hanako: japanische darstellende Kunst als Kulturvermittler zu Beginn des 20. Jahrhunderts, Magisterarbeit 1994/95 der Universität Trier.

12 Näher dazu *M. Rehbinder*, Neues über Leben und Werk von Eugen Ehrlich, FS Helmut Schelsky, Berlin 1978, 403-418 (414ff).

reiste, in seinem winzigen Zimmer einer kleinen Berner Pension sechs Mal Privatunterricht gegeben. Über diese Begegnungen und die erbärmlichen gesundheitlichen und finanziellen Lebensumstände Ehrlichs in der Schweiz hat Sonda später in seinem japanischen Buch: Pioniere des Arbeitsrechts[13] berichtet.

In der auf diese Begegnungen in der Schweiz zurückzuführenden ersten Veröffentlichung Ehrlichs in Japan, nämlich in dem Aufsatz „Gesetz und lebendes Recht" in der Fakultätszeitschrift der Universität Tokio des Jahres 1920[14] findet sich eine interessante Bemerkung über die Unterschiedlichkeit und Eigenartigkeit japanischer und deutscher bildender Kunst:

> „Ich bin ein aufrichtiger Verehrer der japanischen Malerei, die ich in Europa häufig zu bewundern Gelegenheit hatte; aber ich behaupte, dass Hokusai kaum einen Strich gemalt hat, der sich bei einem deutschen Maler, sofern er nicht den Japaner nachzuahmen versucht hat, wiederfände"[15].

II. Ehrlichs Bedeutung für die Rechtssoziologie

Soweit zu Ehrlichs Berührungspunkten mit Japan und den Japanern. Ich beginne jetzt mit meinen Ausführungen zur bleibenden Bedeutung von Ehrlichs Rechtssoziologie, dem sich dann Ausführungen zu seiner Bedeutung für die heutige Zivilrechtswissenschaft anschließen werden. Bei der Rechtssoziologie unterscheide ich zwischen Empirie und Theorie.

---

13 *H. Sonda*, Pioniere des Arbeitsrechts, 40 jährige Erinnerungen als Arbeitsrechtler (japanisch), Tokio 1948, 15ff, 35ff.

14 Hōgaku Kyōkai Zasshi 38 No 12 (1920) 1-22, sowie in japanischer Übersetzung durch *Hideo Hatoyama*, ebda, 3-47, nachgedruckt in: *E. Ehrlich*, Gesetz und lebendes Recht, *M. Rehbinder* (Hrsg), Berlin 1986, 241-253. Dort ist auch seine letzte Wohnadresse angegeben, nämlich Bukarest, Rumänien, Bulevard Elisabeta 8 I. Dazu siehe *M. Rehbinder*, Aus den letzten Jahren im Leben und Schaffen von Eugen Ehrlich, FS Ernst-Joachim Lampe, Berlin 2003.

15 Ebda, 2. In heutiger Sicht gilt Hokusai als Weltberühmtheit auf dem Gebiete der Holzschnittkunst. Seine Gemälde sind, jedenfalls im Ausland, weniger bekannt. Was die Nachahmung angeht, so hat die japanische Ästhetik seit dem Japonismus bis zum Ende des Impressionismus die europäische Kunst nachhaltig inspiriert, siehe *H. Budde*, Japanmode in Europa, in: *D. Croissant – L. Ledderose* (Hrsg): Japan und Europa 1543–1929, Berlin 1993, 164ff. und 425ff.

A. Ehrlichs heutige Bedeutung in der Rechtstatsachenforschung

Der bereits erwähnte Nachruf auf Ehrlich im Neuen Wiener Tagblatt[16] hält dazu fest:

> „Insbesondere das ‚lebende Recht', ein Spezialgebiet Ehrlichs, wird mit seinem Namen stets verknüpft bleiben".

In der Tat hat Ehrlich wohl als erster Seminare im lebenden Recht durchgeführt, sich über die Bedeutung solcher Unternehmungen für die Reform des Rechtsunterrichts in einem ausführlichen Gutachten für den deutschen Juristentag geäußert[17] und erhielt daraufhin eine Einladung zum Referat vor der Association of American Law Schools, die Ehrlich jedoch in Folge des Ausbruchs des ersten Weltkrieges nicht persönlich wahrnehmen konnte. Dort berichtete ein amerikanischer Kollege auf der Grundlage von Ehrlichs Unterlagen an seiner Stelle[18]. Ehrlich plante einen großen Sammelband über das lebende Recht der Völker der Bukowina[19], von dem nur Bruchstücke vorhanden sind, und sein letztes großes Auftreten in der Öffentlichkeit, nämlich im prächtigen Konzertsaal der Bukarester Philharmonie, dem Athenäum, galt einer über zwei Abende im Dezember 1920 sich erstreckenden Vortragsveranstaltung mit dem Titel „Über lebendes Recht", die in Fortsetzungen in einer Tageszeitung veröffentlicht wurde[20] und zur Gründung eines Vereines zur Erforschung des lebenden Rechts führte[21].

Allerdings stand Ehrlich mit diesem seinen Anliegen nicht allein. Schon vorher hatte der berühmte Leipziger Zivilprozessualist Adolf Wach die Auswirkungen der Vereinheitlichung des deutschen Zivilprozessrechts im Bismarckreich am Beispiel des Mündlichkeitsprinzips mit erheblichem empirischem Aufwand untersucht und damit die empirische Soziologie der Justiz begründet[22]. Nach In-

---

16 Vgl. Fn 1.

17 Gutachten über die Frage: Was kann geschehen, um bei der Ausbildung (vor und nach Abschluss des Universitätsstudiums) das Verständnis des Juristen für psychologische, wirtschaftliche uns soziologische Fragen im erhöhtem Masse zu fördern?, in: Verh. des 31. Dt. Juristentages II, 1912, 200-220, nachgedruckt in: *E. Ehrlich*, Recht und Leben, *M. Rehbinder* (Hrsg), 1967, 61-79.

18 *W. H. Page*: Professor Ehrlich's Czernowitz Seminar on Living Law, in: Proceedings of the 14th Annual Meeting of the Association of American Law Schools held at Chicago, Illinois, Dec. 28, 29 and 30, 1914, 46-75.

19 Darüber *Rehbinder*, wie Fn 2, 33.

20 Näheres bei *Rehbinder*, FS Lampe, wie Fn 14.

21 Siehe *Ehrlich*, Die Soziologie des Rechts, Hōgaku Kyōkai Zasshi 40 Nr 2, 1922, 1-22, nachgedruckt in: Gesetz und lebendes Recht, Berlin 1986, 241-253 am Ende.

22 *A. Wach – J. Weismann*, Eine civilprocessualistische Enquête, ZZP 10, 1887, 181-193.

krafttreten des deutschen BGB berief sich der junge Martin Wolff auf Ehrlich und versuchte im Jahre 1906 Teilerhebungen über die rechtlichen Lebensgewohnheiten[23]. Besonders aber veröffentlichte Arthur Nussbaum 1914 seine Programmschrift „Über Rechtstatsachenforschung“ und legte in der Folgezeit in dieser Richtung eine Fülle von Arbeiten vor[24]. Die umfangmäßig reichste Rechtstatsachenforschung aber findet sich im zweibändigen Werk von Philipp Lotmar „Der Arbeitsvertrag“ (1902/1908)[25], mit dem dieser das Arbeitsrecht im heutigen Sinne als Spezialdisziplin begründete. Der originelle Beitrag Ehrlichs zur empirischen Rechtssoziologie liegt jedoch in seiner Nutzung der Rechtstatsachenforschung für den Rechtsunterricht sowie im Methodischen. Wie der Begründer der rumänischen Soziologie, Dimitrie Gusti, nachdrücklich hervorgehoben hat, hat er von Ehrlich die sog. monografische Methode gelernt, die er mit beachtlichem Erfolg in der Agrarsoziologie anwandte[26]. Ehrlich war sehr stolz auf seinen umfassenden Fragebogen für die Erforschung des lebenden Rechts[27], auch wenn nur ein einziger solcher Bogen vollständig ausgefüllt wurde[28]. Festzuhalten bleibt, und das ist unbestritten, dass Ehrlichs Seminar für lebendes Recht, begründet im Jahre 1909 und beendet mit Ausbruch des ersten Weltkrieges, nach Auffassung der gegenwärtigen österreichischen Soziologie ein Meilenstein der Entwicklung in der „Frühphase“ der Soziologie in Österreich war[29].

B. Terminologie des ‚lebenden Rechts‘

Ebenso unbestritten ist jedoch, dass wir heute den Begriff des lebenden Rechts in der theoretischen Rechtssoziologie nicht mehr so benutzen, wie Ehrlich ihn verstanden hat.

---

23 *M. Wolff*, Das bürgerliche Gesetzbuch und die deutschen Lebensgewohnheiten. Eine Umfrage bei Praktikern, zumal Notaren und Richtern der freiwilligen Gerichtsbarkeit, in: JW 1906, 697-700. Darüber näher *Rehbinder*, wie Fn 2, 20.

24 Siehe dazu *A. Nussbaum*, Die Rechtstatsachenforschung. Programmschriften und praktische Beispiele, *M. Rehbinder* (Hrsg), Berlin 1968.

25 2. Aufl. *M. Rehbinder* (Hrsg), Berlin 2000. Darüber näher *M. Rehbinder*, Die Geburt des Arbeitsrechts aus dem Geiste der Rechtssoziologie, Festgabe Zivilrechtslehrer 1934/1935, *W. Hadding* (Hrsg), Berlin 1999, 505-522.

26 Siehe *D. Gusti – T. Herşen – H. H. Stahl*, Monografia. Teorie şi metodă, Bucureşti 1999, 27.

27 Gesetz und lebendes Recht, wie Fn 14, a.E.

28 Dieser wurde veröffentlicht, siehe *N. Cotlarciuc*, Beiträge zum lebenden Ehe- und Familienrecht der Rumänen, insbesondere jener im Süden der Bukowina, Wien 1913 (Nachdruck aus der Zeitschrift für österreichische Volkskunde Jg XIX, Hefte 1-3).

29 Siehe *C. Fleck*, Rund um „Marienthal“. Von den Anfängen der Soziologie in Österreich bis zu ihrer Vertreibung, Wien 1990, 57-64.

Ehrlich schuf nämlich seinen Begriff des lebenden Rechts in Erweiterung von Otto von Gierkes Vorstellung vom Genossenschaftsrecht und machte damit – über das alles umfassende, gesamtgesellschaftliche „staatliche" Recht hinausgehend – auch die Ordnung der jeweiligen gesellschaftlichen Untergruppierungen, die er Verbände und die wir heute Gruppen nennen, zum Gegenstand des Rechts. Seine Handlungsnormen für die Verbandsmitglieder sind zwar durch die Entscheidungsnormen des Juristenrechts sowie die Entscheidungs- und Verwaltungsnormen des staatlichen Rechts beeinflusst, stellen aber die innere Ordnung des einzelnen Verbandes und damit nicht staatliches Recht, sondern gesellschaftliches Recht dar[30]. Ehrlich verlegte also, Gierke folgend, den Rechtsbegriff in die Verbandsordnung. Seine viel diskutierte Anerkennungstheorie, die verschiedene Gefühlstöne unterscheiden wollte, welche die Abweichung von den Normen der Gruppe hervorruft, ist allerdings nicht in der Lage, rechtliche und außerrechtliche Handlungsnormen einer Gruppe zu unterscheiden[31]. Zwar hielt Ehrlich, bei seiner Verlegung des Rechts in die Handlungsordnung der Gruppe, an einem einheitlichen Rechtsbegriff in dem Sinne fest, dass er sein „lebendes Recht" in den Handlungsnormen für die Gruppenmitglieder auf einer durch Entscheidungsnormen und Verwaltungsnormen für den Rechtsstab beeinflussten Stufe sah, als Ergebnis einer Vereinigung von dem in den Verbänden durch Gewohnheit entstehenden gesellschaftlichen Recht, von dem in den Rechtsstäben geschaffenen Juristenrecht und dem in der Organisation der Gesamtgesellschaft geschaffenen staatlichen Recht[32]. Daher müsste man, wenn das inhaltlich staatliche Recht und das Juristenrecht sich gegenüber den Handlungsnormen für die Gruppenmitglieder nicht durchsetzen können, ein Handeln des staatlichen Zwangsapparates entsprechend den Regeln für dessen Handeln wegen Unvereinbarkeit mit der inneren Verbandsordnung für unrechtmäßig erklären; denn es ist terminologisch unmöglich, bei einheitlichem Rechtsbegriff („lebendes Recht") zweierlei „rechtmäßiges Verhalten" anzuerkennen[33], oder man müsste einen staatlichen Richter, dessen Spruch sich gegen die Mafia richtet, der Rechtsbeugung bezichtigen. Inhaltsquelle und Qualifikationsquelle des Rechts unterscheidend[34] hat man sich daher in der heutigen rechtssoziologischen Terminologie ganz mehrheitlich dahin entschieden, die Bezeichnung „Recht" für ein Mittel der sozialen Kontrolle der Ge-

30 Näher dazu *M. Rehbinder*, wie Fn 2, 72-74, 122-126.

31 Ebda, 122ff.

32 *E. Ehrlich*: Grundlegung der Soziologie des Rechts, 4. Aufl, Berlin 1989, 173; *Rehbinder*, wie Fn 2, 74.

33 *Rehbinder*, wie Fn 2, 124.

34 Ebda, 125.

samtgesellschaft zu reservieren[35]. Lebendes Recht ist uns heute das am Handeln des staatlichen Rechtsstabes ablesbare law in action.

Neben diesem mehr terminologischen Einwand wird Ehrlichs soziologischer Rechtstheorie häufig entgegengehalten, er unterschätze die Bedeutung des staatlichen Rechts[36]. Richtig daran ist, dass er die Entwicklung zum Sozialstaat, zur staatlichen Daseinsvorsorge nicht richtig eingeschätzt hat. Die ersten Ansätze dazu, zum Beispiel im Verbraucherschutz, hat er zwar mit Wohlwollen betrachtet, aber er sah sie nur als eine kurze Zwischenstufe an zur späteren Regelung der sog. sozialen Frage im Schwerpunkt nicht durch den Staat, sondern durch die Gesellschaft selbst. Seine Rechtssoziologie fasste er ja in der Vorrede zur Grundlegung in dem Leitsatz zusammen:

> „Der Schwerpunkt der Rechtsentwicklung liegt auch zu unserer Zeit, wie zu allen Zeiten, weder in der Gesetzgebung noch in der Jurisprudenz oder in der Rechtsprechung, sondern in der Gesellschaft selbst".

Und nicht nur der kräftige Ausbau des Sozialstaates, auch die nach dem Tode Ehrlichs an vielen Orten sich etablierenden totalitären Regimes haben ihren Schwerpunkt in der staatlichen Rechtsordnung gehabt. Ehrlich schien so lange Zeit als widerlegt.

Heute jedoch ist der Trend zum weiteren Ausbau des Sozialstaates deutlich gebrochen und Diktatoren werden weltweit geächtet sowie durch den kräftigen Ausbau des Völkerrechts zunehmend in Schach gehalten. Der Souveränitätsverlust der staatlichen Rechtsordnung durch Globalisierungstendenzen, durch das soft law in allen seinen Erscheinungsformen sowie durch die überragende Rolle des Richterrechts lässt die Rechtswirklichkeit in jenem diffusen Licht erscheinen, das uns an Ehrlichs Bild des lebenden Rechts erinnert. Auf jeden Fall werden wir Karl N. Llewellyn zustimmen, der den Kritikern Ehrlichs entgegenhielt: „Was ändern Ehrlichs Unschärfe und seine Fehlschlüsse an seinem Wert fürs Fach. Sie grenzen diesen nur ein. Die Genialität, die Anhäufung von Anregungen und Einsichten bleiben"[37].

---

35 So besonders klar *B. Z. Tamanaha*, The Folly of the „Social Scientific" Concept of Legal Pluralism, Journal of Law & Society 20, 1993, 92-217. Anders zB *Masaji Chiba*, Legal Pluralism, Tokio 1989. Näher dazu *M. Rehbinder*, Universalität des Rechts im Zeitalter der Globalisierung. Eine Auseinandersetzung mit dem anthropologischen Rechtsbegriff von Leopold Pospisil, FS Wolfgang Fikentscher, Tübingen 1998, 200-214.

36 Dazu die Nachweise und Diskussion bei *Rehbinder*, wie Fn 2, 106ff.

37 *K.N. Llewellyn*, Recht, Rechtsleben und Gesellschaft, *M. Rehbinder* (Hrsg), Berlin 1977, 71 N 2.

III. Ehrlichs Bedeutung für das heutige Zivilrecht

Ist Ehrlichs Rechtssoziologie auch der erste große Versuch einer soziologischen Rechtstheorie gewesen, der ihm seinen Platz im Museum der Rechtsgeschichte als Gründervater dieser Disziplin sichert[38], so wird man Spuren von ihm in der modernen zivilrechtlichen Literatur meist vergeblich suchen. Das beruht aber vor allem darauf, dass sich Ehrlichs bahnbrechende Gedanken so vollkommen durchgesetzt haben, dass sie heute als Selbstverständlichkeiten betrachtet werden, die eine Berufung auf einen bestimmten Autor gar nicht mehr nötig haben. Während im Museum der Rechtsgeschichte die Klassiker meist nicht wegen ihrer ewig gültigen Erkenntnisse, sondern meist wegen ihrer genialischen Irrtümer hängen, an denen sich in der Folge ein Erkenntnisfortschritt entzündete, gibt es häufig Fälle einst verdienstvoller Geistesschaffender, die in das Meer des Vergessens untertauchten, weil ihre Erkenntnisse Gemeingut geworden sind. Bei Ehrlich finden wir zwei Gedanken, die das heutige Zivilrecht beherrschen, nämlich (1) das Leitbild eines kompensatorischen Rechts und (2) die Freirechtslehre als soziologische Methodenlehre.

A. Die ‚soziale Frage'

Ehrlich befasste sich schon früh mit der Beantwortung der „sozialen Frage" durch die Rechtsordnung[39], wobei er sich aus einer sozial-konservativen Einstellung heraus von den sog. Kathedersozialisten distanzierte, die eine Lösung dieser Frage allein durch die staatliche Gesetzgebung sahen[40]. Er interessierte sich daher für die Anfänge sozialstaatlicher Gesetzgebung, so insbesondere für das Arbeitsrecht und das Verbraucherrecht. Im Jahre 1900 führte er in einer Rezension von Kommentaren zum Ratenzahlungs- (Abzahlungs-)Recht in Grünhuts Zeitschrift das folgende zu sozialstaatlichen Gesetzen aus, die eine strukturelle Unterlegenheit ausgleichen sollen:

> „Eine Frage, die an den Juristen aus dem Ende des Jahrhunderts recht oft herantritt, ist, ob zu unserer modernen socialpolitischen Gesetzgebung eine socialpolitische Rechts-

---

38 Siehe die übereinstimmende positive Einschätzung als Pionierwerk, nachgewiesen bei *Rehbinder*, wie Fn 2, 10ff.

39 Siehe seine Aufsätze über „Arbeiterschutz im Privatrechte", 1891, sowie „Die soziale Frage im Privatrechte", 1892, nachgedruckt in: *E. Ehrlich*, Gesetz und lebendes Recht, wie Fn 14, 11ff, 24ff.

40 Siehe *M. Rehbinder*, Rechtssoziologie, 5. Aufl, München 2003, Rz 74 N 23; *E. Ehrlich*, Die Aufgaben der Sozialpolitik im österreichischen Osten, 4. Aufl, München 1916, 10.

wissenschaft hinzutreten solle. Die classische Rechtswissenschaft – man gestatte mir hier, vielleicht zum erstem Mal, für die hergebrachte Privatrechtswissenschaft diese Bezeichnung zu gebrauchen – erblickte in der Entwicklung des in einem Rechtssatze ausgesprochenen Gedankens die einzige Aufgabe der wissenschaftlichen Behandlung des Rechts; von ihrem Standpunkt aus ist jede tendenziöse Auslegung eines Rechtssatzes, also auch eine Auslegung mit socialpolitischer Tendenz, zu verpönen. Aber längst ist man sich darüber im Klaren, dass jede wissenschaftliche juristische Arbeit nothwendigerweise zugleich eine Fortbildung des Rechts in sich schliesst, dass es keine Rechtsfortbildung ohne politische Tendenz gibt, dass daher auch die hergebrachte Rechtswissenschaft gesetzgebungspolitische Tendenzen verfolgt. (...) Davon kann sich jedermann leicht überzeugen, wenn er die Schriften der Conservativsten unter ihnen, eines Windscheid oder eines Bähr, auf diesen Moment hin überprüft. Einer socialpolitischen Rechtswissenschaft gegenüber ist daher die classische Rechtswissenschaft wohl eine Rechtswissenschaft mit anderen Tendenzen, aber nicht eine tendenzlose Rechtswissenschaft.

Man gestatte es mir, diesen Grundsatz auf den besonderen Fall, auf die wissenschaftliche Behandlung der socialpolitischen Gesetze, anzuwenden. Im Sinne der classischen Jurisprudenz wären diese einfach als Singulargesetze zu behandeln, daher möglichst einschränkend auszulegen. Nicht deswegen, weil dies den Grundsätzen irgend einer wissenschaftlichen Gesetzesauslegung (entspräche), sondern deswegen, weil die gesetzgebungspolitische Tendenz dieser Gesetze den gesetzgebungspolitischen Tendenzen, denen die classische Jurisprudenz dient, widerspricht. Eine Jurisprudenz mit entgegengesetzten Tendenzen wird dagegen den socialpolitischen Gesetzen eine möglichst weite Wirkung zu sichern suchen. Es ist gut, dass das einmal mit dürren Worten gesagt wird"[41].

Noch heute hört man selbst bei angesehenen Juristen den Anfängerfehler: „Dieses ist eine Ausnahmevorschrift, also ist sie eng auszulegen".

Richtigerweise hingegen ist zu prüfen, ob die Gründe für die Ausnahmeregelung auch im gegebenen Fall vorliegen. Trifft dies zu, sind auch Ausnahmevorschriften erweiternd oder gar analog anzuwenden. Regelungen, die auf einer strukturellen Unterlegenheit der einen oder anderen Seite beruhen, nennen wir heute kompensatorisches Recht. Hier kommt einem weniger Eugen Ehrlich, als eher Otto von Gierke und Anton Menger in den Sinn[42], auf die Ehrlich auch verweist, und etwas später das großartige Werk von Philip Lotmar über den Arbeitsvertrag.

---

41 Abgedruckt in Fn 1.

42 *O. Gierke*, Die soziale Aufgabe des Privatrechtes, Berlin 1889; *A. Menger*, Das bürgerliche Recht und die besitzlosen Volksklassen, Tübingen 1890.

B. Kompensatorisches Recht ist Leitbild im Sozialstaat für Gesetzgebung und Auslegung

Ehrlich hat sich entsprechend seiner zurückhaltenden Beurteilung der Rolle staatlicher Gesetzgebung in erster Linie für die Auslegung, für die Entstehung von Juristenrecht interessiert. Das geplante umfassende Werk mit dem Titel „Theorie der richterlichen Rechtsfindung" hat er jedoch nicht mehr vollenden können. Erschienen sind daraus mitten im Kriege lediglich „Die richterliche Rechtsfindung auf Grund des Rechtssatzes"[43] sowie „Die juristische Logik"[44]. Beide – brillante – Abhandlungen sind in der heutigen Methodenlehre der Rechtswissenschaft leider nur unzureichend ausgewertet. Keine Methodenlehre hingegen vergisst zu erwähnen, dass Ehrlich ein Vertreter der Freirechtslehre gewesen sei. Als solcher scheint er auch in dem Bericht über Tendenzen des Privatrechts im gegenwärtigen Deutschland, den Otoshiro Ishisaka im Jahre 1908 in Japan veröffentlichte, wo Ehrlichs Name zum ersten Mal im japanischen Schrifttum genannt wird.

Ehrlich ist aber nicht nur ein Vertreter der Freirechtslehre, sondern er ist ihr Begründer gewesen. Unbestritten hat er dieser Schule mit seinem 1903 erschienenen Wiener Vortrag mit dem Titel „Freie Rechtsfindung und freie Rechtswissenschaft"[45] den Namen gegeben. Die oft als Grundlegung dieser Schule[46] genannte pseudonyme Schrift von Hermann U. Kantorowicz[47] erschien erst drei Jahre später. Im übrigen hat Ernst Zitelmann in seinen ebenfalls 1903 erschienenen „Lücken im Recht"[48] bereits darauf aufmerksam gemacht, dass Ehrlich mit seinem Vortrag von 1903 ausdrücklich eine Bearbeitung seiner früheren Ausführungen in einer Artikelserie vorgelegt hat, die bereits im Jahre 1888 mit dem Titel „Über Lücken im Rechte" erschienen war[49], und dass diese Aufsätze von François Gény in seiner Méthode d'interprétation von 1899 zu Unrecht mit Stillschweigen übergangen worden seien.

---

43 Mit dem Untertitel: Vier Stücke aus dem in Vorbereitung begriffenen Werke: Theorie der richterlichen Rechtsfindung, Jherings Jahrbücher für die Dogmatik des bürgerlichen Rechts 67, 1917, 1-80 (Nachdruck in: Recht und Leben, wie Fn 17, 203-253).

44 Archiv für die civilistische Praxis 115, 1917, 125-439, Separatausgabe: Tübingen 1918 (Neudrucke 1925, 1966).

45 Leipzig 1903 (Neudruck in: Recht und Leben, wie Fn 17, 170-202).

46 Zum Inhalt dieser Lehre mit Nachweisen *M. Rehbinder*, Richterliche Rechtsfortbildung in der Sicht von Eugen Ehrlich, 1988, in *ders*, Abhandlungen zur Rechtssoziologie, Berlin 1995, 191-202.

47 *G. Flavius*, Der Kampf um die Rechtswissenschaft, Heidelberg 1906.

48 Leipzig 1903, 41.

49 JBl 1888, 447-630 (in Fortsetzungen), nachgedruckt in: Recht und Leben, wie Fn 17, 80-169.

An entscheidender Stelle jedoch blieben diese Aufsätze von 1888 nicht wirkungslos, sondern erreichten im Gegenteil eine beachtliche Wirkung: Als Theodor Kipp zum Zeitpunkt des Inkrafttretens des BGB das einflussreiche Lehrbuch des Pandektenrechts von Bernhard Windscheid in einer Neubearbeitung wieder herausbrachte[50], nahm er als Bearbeiter ausdrücklich Abstand von Windscheids Vorstellung einer Lückenlosigkeit der Rechtsordnung und berief sich hierzu auf Ehrlichs Aufsatzserie[51]. Ehrlich ist also keinesfalls so einflusslos geblieben, wie er selbst beklagte. Schließlich gehörte Kipp in die erste Reihe der damaligen Rechtsdogmatiker[52]. Umso bedauerlicher ist es, dass die früher weit verbreitete contra-legem-Fabel, die zwecks Verteidigung der „klassischen (konservativen) Jurisprudenz" die Freirechtler als „wilde Männer" hinstellte, die sich nicht mehr an das Gesetz halten wollten, auch heute noch und immer wieder durch ungeprüfte Übernahme fremder Irrtümer, mithin durch wissenschaftlich unverantwortliche Schlamperei weiter verbreitet wird[53]. Als neues Beispiel klage ich an: Bernd Rüthers, Rechtstheorie, München 1999, Rz 610. Dort heißt es:

> „Aus der richtigen Beobachtung von Oskar Bülow, dass ein Gesetz erst mit dem Richterspruch durchgesetzt wird, folgerten Eugen Ehrlich, Hermann Kantorowicz, Ernst Fuchs und Hermann Isay eine königliche Freiheit des Richters: Er stehe über dem Gesetz. Diese These geht zu weit. Sie verkennt die rechtstheoretische, die verfassungsrechtliche und verfassungspolitische Bedeutung der Gewaltentrennung und der Gesetzesbindung des Richters (Art 20, Abs 3, 97 Abs 1GG)"[54].

Ehrlich jedenfalls hat derart forsche Belehrungen nicht nötig. Doch wollen seine Schriften gelesen sein, nicht lediglich aus dritter Hand, meist aus der Me-

---

50 Dazu *Ehrlich*, Grundlegung der Soziologie des Rechts, wie Fn 32, 290: „Aber die drei Bände von Windscheids Pandektenrecht werden verbleiben, als Bindeglied zwischen einer grossen Vergangenheit und einer unbekannten Zukunft, und so wird man auch Kipp Dank dafür wissen, dass er den Schatz mit unermüdlichem Fleisse, seines großen Urhebers würdig, auf der Höhe der Zeit erhält".

51 Lehrbuch des Pandektenrechts, 8. Aufl, Frankfurt a.M. 1900, 92 Fn 1b.

52 Siehe die berühmte Lehrbuchreihe des Bürgerlichen Rechts von Enneccerus, Kipp und Wolff.

53 Dazu *Rehbinder*, Richterliche Rechtsfortbildung, wie Fn 46, 195 mit Nachweisen; siehe auch *Rehbinder*, wie Fn 1, unter II, aE.

54 Beklagenswert falsch auch neuestens *K. Adomeit*, Der Rechtspositivismus im Denken von Hans Kelsen und von Gustav Radbruch, JZ 2003, 161-166, 162: „die um 1900 aufgetretene Freirechts-Bewegung, vorbereitet durch eine Schrift von Oskar Bülow ‚Gesetz und Richteramt', als Programm präsentiert von Kantorowicz, ‚Der Kampf um die Rechtswissenschaft', 1906. Hier wurde mit der Vorstellung einer Rechtsanwendung ganz gebrochen, die Findung des Urteils ganz dem richterlichen Voluntarismus ausgeliefert. Die Lehre vom Freirecht gilt heute als völlig überholt, keiner Erwähnung wert".

thodenlehre von Larenz und daher falsch, zitiert. Mein Fazit: Als Zivilrechtler bietet Ehrlich damals gegenüber einer konservativen Jurisprudenz Mutiges, heute aber Selbstverständliches. Für sein Ansehen in diesem Bereich bleibt allerdings auch heute noch viel zu tun.

Manfred Rehbinder, Zürich

Eugen Ehrlich als Rechtslehrer

I. Ehrlich als Pionier der Rechtssoziologie; II. Ehrlich als Rechtslehrer in der Bukowina; III. Ehrlich als Rechtslehrer in der Schweiz.

I. Ehrlich als Pionier der Rechtssoziologie

Auf dem idyllisch gelegenen kleinen Sieveringer Friedhof in Wien-Untersievering, nächstgelegen der bekannten Vorortgemeinde Grinzing, wurde im Jahre 1977 das Grab Abteilung II, Gruppe 12, Reihe 1, Nummer 2a, obwohl es „auf Friedhofsdauer" erworben worden war[1], „wegen Verwahrlosung" weiter vergeben[2]. An dieser Stelle war am 5. Mai 1922 eine der bedeutendsten Persönlichkeiten der europäischen Rechtswissenschaft zur Ruhe gebettet worden: Der Begründer der Rechtssoziologie, Eugen Ehrlich.

Am Vortage hatte dazu die führende Wiener Tageszeitung Neue Freie Presse unter „Todesfälle" gemeldet:

> „Das Leichenbegängnis des gestern hier verstorbenen hervorragenden Romanisten Professors Dr. Eugen Ehrlich findet Freitag um ¼ 5 Uhr auf dem Sieveringer Friedhofe statt." und unter den Todesanzeigen findet sich eine bescheidene kleine Anzeige mit dem Text: „Allen teilnehmenden Freunden und Bekannten gebe ich hiermit Nachricht, dass mein geliebter Bruder, Prof. Dr. Eugen Ehrlich, am 2. Mai 1922 nach längerem Leiden sanft entschlafen ist. Die Beerdigung findet Freitag, den 5. d.M. nachm. 4 ¼ Uhr auf dem Sieveringer Friedhofe statt. Dr. Oswald Ehrlich"[3].

Bei der Suche nach Material in Wien bin ich von Prof. Dr. Wilhelm Brauneder und seinem Mitarbeiter, Mag. Johannes Kalwoda, auf das Großzügigste unterstützt worden, wofür ich beiden zu großem Dank verpflichtet bin.

1 Erwerber war Dr. Arnold Czech, der im Testament Ehrlichs vom 16. April 1922 zunächst wie folgt bedacht war: „Meine in Wien bei Herrn Kohern (?) lagernden Sachen erhält Dr. Czech". Diese Passage wurde jedoch ausgestrichen und folgender Testamentszusatz geschrieben: „Ich bitte Philipp Finkelstein, der Hela Czech (Tochter des Dr. Czech) einige Tausend Lei zur Anschaffung von Büchern zu geben. Wien, am 16. April 1922. Dr. Eugen Ehrlich", siehe *H. Rottleuthner*, in: ZfRSoz 1992, 1f.

2 Akt 4827/1977 der Friedhofsverwaltung (Auskunft von Frau Heinzel vom 11.2.2004, A-1010 Wien, Wedertorgasse 6, Tel 01/53469-97341). Die Grabfläche ist jetzt vollständig bedeckt durch die schwarze Steinplatte einer Gruft der Familie Knäbchen.

3 Neue Freie Presse vom Dienstag, den 4. Mai 1922, 7 und 16. Oswald Ehrlich war der 5 Jahre jüngere Bruder des Verstorbenen, der als Arzt in Neapel lebte.

Einen Tag vorher brachte diese Zeitung bereits die folgende Würdigung[4]:

„Professor Dr. Eugen Ehrlich gestorben. Im Alter von 59 Jahren ist gestern der bekannte Rechtslehrer Professor Dr. Eugen Ehrlich in einem hiesigen Sanatorium einem schweren Leiden erlegen[5]. Mit Professor Ehrlich, der zuletzt an der Universität in Czernowitz gewirkt hat[6], ist eine führende Persönlichkeit der heutigen Jurisprudenz dahin gegangen. Er ist der Begründer der Freirechtsbewegung, für deren theoretische Fundierung er unermüdlich gewirkt hat[7]. Obwohl sein Spezialgebiet das römische Recht gebildet hat, umfasste sein Blick die gesamte Jurisprudenz. Sein Buch über ‚Die stillschweigende

---

4 Neue Freie Presse vom Mittwoch, den 3. Mai 1922, 7.

5 Ehrlich starb im Sanatorium der Wiener Kaufmannschaft, Wien XIX, Peter Jordan Strasse 82, nachdem man ihm im Endstadium seiner Zuckerkrankheit (die damals mangels Insulin nicht behandelbar war) ein Bein abgenommen hatte. Die an das Bezirksgericht Wien-Döbling geleitete Todesfallaufnahme vom 11. Mai 1922, die „Im Sterbeorte kein Nachlaß" vermerkte, wurde zuständigkeitshalber an das „kgl. Amtsgericht Bukarest" weitergeleitet, da Ehrlich zuletzt rumänischer Staatsangehöriger mit Wohnsitz in Bukarest, Elisabethstrasse 8, war (siehe Wiener Stadt- und Landesarchiv, Verlassenschaftsabhandlung A IV, 147 ex 1922, und näher dazu *M. Rehbinder*, Aus den letzten Jahren im Leben und Schaffen von Eugen Ehrlich, in: FS Ernst-Joachim Lampe, 2003, 199, 203ff).

6 Das trifft leider nicht zu, da die rumänische Studentenschaft nach der Rumänisierung der Bukowina zum Ende des Ersten Weltkrieges eine Tätigkeit Ehrlichs trotz dessen Wiederernennung zum Professor an der nunmehr rumänischen Universität Czernowitz verhinderte (dazu näher *Rehbinder*, wie Fn 5, mit Nachweisen). Ehrlich, so die Czernowitzer Allgemeine Zeitung, „starb verbittert im Exil", siehe *M. Rehbinder*, Die Rechts- und Staatswissenschaftliche Fakultät der Franz-Josephs-Universität in Czernowitz, in: FS Hans Stoll, 2001, 327, 333 mit weiteren Nachweisen.

7 Dazu *M. Rehbinder*, Richterliche Rechtsfortbildung in der Sicht von Eugen Ehrlich, 1988, in: *T. Würtenberger* (Hrsg), Abhandlungen zur Rechtssoziologie, 1995, 191-202, und zur Prioritätenfrage *Rehbinder*, wie Fn 5, 203. Zur Begründung der Freirechtsbewegung gab es, da vieles damals in der Luft lag, durchaus auch abweichende Auffassungen. Manche weisen auf Oskar Bülow hin, auch Josef Kohler nahm für sich die Priorität in Anspruch. Ferner berichtete die Neue Freie Presse vom 5. Mai 1922, 7 unter der Überschrift „Die Freirechtsbewegung": Rechtsanwalt Doktor Maximilian Saxl schreibt uns anlässlich des Todes des Prof. Dr. Eugen Ehrlich: Das Verdienst, die befruchtende Wirkung der Lebenserscheinungen auf das Recht in deutschen Landen als Erster erkannt zu haben, kommt Dr. Julius Ofner durch einen am 13. September 1879 in der Wiener Juristischen Gesellschaft gehaltenen Vortrag zu und durch seine im Jahre 1888 veröffentlichte Schrift „Beiträge zur exakten Rechtswissenschaft". Ernst Fuchs, das geistige Haupt der Freirechtsbewegung in Deutschland, hat dies in seiner überaus bedeutungsvollen Arbeit „Die Gemeingefährlichkeit der konstruktiven Jurisprudenz" neidlos anerkannt. Es verdient übrigens angemerkt zu werden, dass die namhaftesten Vertreter der in der Schwüle des Scholastizismus als reinigendes Gewitter wirkenden Freirechtsbewegung aus dem Anwaltsstande hervorgegangen sind, so Julius Ofner, Ernst Fuchs, Eugen Ehrlich und der Franzose Geny.

Willenserklärung' gehört zu den bahnbrechenden juristischen Werken der letzten Zeit. Ehrlich war ein genauer Kenner auch fremder, insbesondere des englischen und slawischer Rechte. Seine Darstellung hat nichts mit der trockenen Art, die juristischen Schriften eigen zu sein pflegt, gemein, ja, sie stellt wohl in ihrer lebendigen, immer anregenden Art eine glänzende, sonst selten erreichte Ausnahme dar. Sein letztes grosses Werk, ‚Grundlegung der Soziologie des Rechts', geht weit über den Rahmen der Jurisprudenz hinaus und schafft die Grundlagen für den Ausbau einer Wissenschaft von den Beziehungen zwischen Recht und Gesellschaft und den Methoden einer Erforschung des ‚lebenden Rechts', dessen Entdeckung zu den unvergänglichen Taten Ehrlichs gehört. Die Hauptwerke Ehrlichs sind: ‚Beiträge zur Theorie der Rechtsquellen', ‚Die stillschweigende Willenserklärung', ‚Freie Rechtsfindung und freie Rechtswissenschaft', ‚Grundlegung der Soziologie des Rechtes', ‚Die juristische Logik'. Ein reicher literarischer Nachlaß soll noch zur Veröffentlichung gelangen[8]. Das Leichenbegängnis des verblichenen Gelehrten dürfte Freitag stattfinden."

II. Ehrlich als Rechtslehrer in der Bukowina

Ehrlich, Privatdozent für römisches Recht an der Universität Wien und Advokat in Schwechat bei Wien, wurde im Jahre 1896 an die Franz-Josephs-Universität seiner Geburtstadt Czernowitz berufen und hat dort bis zum Beginn des Ersten Weltkrieges (erstmalige Einnahme von Czernowitz durch die russischen Truppen bereits am 2. September 1914[9]) als Professor für römisches Recht gewirkt. Unmittelbar nach seinem Tode erschienen in der Czernowitzer Allgemeinen Zeitung die Erinnerungen eines seiner dortigen Studenten, die infolge ihrer kurzen zeitlichen Distanz und ihrer Ausrichtung an eine „kundige" Leserschaft von Czernowitz grössere Authentizität beanspruchen dürfen, als so manche später mitgeteilte Erinnerungen, auch wenn bei den wiedergegebenen Anekdoten eine orientalische Erzählfreude rund um die vielerorts hervorgehobene professorale Zerstreutheit Ehrlichs zum Ausdruck kommt. Ihrer entlegenen Quelle wegen seien diese Erinnerungen hier im Wortlaut wiedergegeben:

„Prof. Dr. Eugen Ehrlich – Von einem ehemaligen Hörer[10]: Lange Jahre identifizierte man in Westeuropa die Czernowitzer Alma mater mit Eugen Ehrlich. Wo dem Wissen

---

8 Der unveröffentlichte Nachlaß wurde infolge der Inflation nach dem Ersten Weltkrieg vom Verlag Duncker und Humblot nicht in Verlag genommen und ist seither verschollen (siehe *M. Rehbinder*, Die Begründung der Rechtssoziologie durch Eugen Ehrlich, 2. Aufl 1986, 16 Fn 18). Ein unvollständiges Teilstück mit dem Titel „Die Gesellschaft, der Staat und ihre Ordnung" ist in den USA aufgetaucht und wurde von *H. Rottleuthner*, in: ZfRSoz. 1992, 3-15, veröffentlicht.

9 Siehe: Denkschrift über die Lage der deutschen Professoren der Universität Czernowitz, Allgemeines Verwaltungsarchiv, Deutsch-österreichisches Staatsamt für Unterricht, Allgem, Fasz 1102, Z 12230 ex 1919.

10 Allgemeine Zeitung (Czernowitz) vom Sonntag, den 14. Mai 1922.

und der freien Forschung Altäre gebaut wurden, nannte man immer den Namen dieses Gelehrten mit Ehrfurcht, und sprach man von Czernowitz, so fiel auch gleich die Bemerkung: ‚Dort bei Ihnen unten wirkt ja Ehrlich'. Schon äußerlich sah man ihm den tiefen Forscher an. Mit seinem fein geschnittenen Charakterkopf und der breiten Denkerstirne, mit den kurzsichtigen, bezwickerten Augen, deren Lider ein nervöses Vibrieren hatten, glich er jenen Gelehrten deutscher Universitäten, die ihr Leben dem Dienste der Wissenschaft gewidmet haben. Seine Gestalt war schlank, vornübergebeugt, in salopper Haltung. Seine Schüler und Bekannten kannten ihn nur in zwei Arten von Bekleidung gehüllt: In einem überlangen schwarzen Bratenrock aus unvordenklichen Zeiten oder im englischen Anzug mit einer langen dunklen Künstlerkrawatte, die im Winde ihm um Gesicht und Nacken schlug. Sein Gang war hastig, und wer an seiner Seite ging, konnte nur schwer mit ihm Schritt halten. Doktor Eugen Ehrlich hatte sein Gelehrtenheim in der Nähe der Universität, wo ihn seine alte Mutter betreute. Wer ihn aber in seinem Heime auffinden wollte, hatte wenig Glück. Denn Ehrlich war den ganzen Tag in den Räumen der Universität, im Kolleg, im Professorenzimmer oder in der Bibliothek, wo man ihn über Bücher und Schriften gebeugt sah. Er war in seinem Studium so vertieft, dass er höchst selten ein Wort an seine Umgebung richtete und böse war, wenn man ihn störte. Ehrlich, dessen Wissen nicht bloss auf die Jurisprudenz beschränkt war, hielt nahezu die meisten Kollegien. Seine Stunden waren gut besucht und seine Hörer stellten sich im Gegensatz zu denen anderer Kollegen stets pünktlich ein, da sie wussten, dass Ehrlich, ein Freund der Pünktlichkeit, keine Verspätung duldete. Sein Vortrag war auch überaus interessant. In leichtem, allgemein verständlichen Plauderton sprach er über die schwierigsten Probleme und nicht nur die von ihm behandelte Materie, sondern die Art, wie er den trockenen Stoff der verschiedenen Disziplinen seinen Hörern beibrachte, verlieh seiner Lehrstunde besondere Anziehungskraft. Gerade die neu immatrikulierten Juristen genossen in seinem Kolleg die erste Einführung in das Rechtsstudium, und wenn Ehrlich über das römische Recht sprach, gewann dieser abstrakte Stoff Leben, wurde plastisch und greifbar. Man erlebte, was Ehrlich in wundervoller Weise schilderte und erklärte, und sah in schönsten Bildern die Geschichte des römischen Volkes, seine Kultur, sein Recht, seine Wirtschaft vor dem geistigen Auge. Dabei würzte er seine Ausführungen mit oft sarkastischen Aussprüchen, zog die Gegenwart zum Vergleiche heran, geißelte aktuelle Zustände in Politik und Wirtschaft des Staates, des Landes und namentlich der Stadt Czernowitz und scharf fielen die Pfeile aus dem Köcher seiner potenzierten Beobachtungskraft auf alle jene Personen, die im Mittelpunkt des öffentlichen Interesses standen. So traf der Gelehrte meisterhaft den Übergang von der Vergangenheit zur aktuellsten Gegenwart und bannte jede Langeweile, interessierte die Hörer und fesselte ihre Aufmerksamkeit.

Ehrlichs Kollege besaß aber auch andere Anziehungskraft. Seine Hörer wussten, dass jede Stunde irgendeine Pikanterie bringen wird, die Anstoß zur Unterhaltung – und die jungen Studenten lachen so gerne – bringen wird. Namentlich war die ganz außergewöhnliche Zerstreutheit des Gelehrten die Quelle, aus der die Heiterkeit der Studenten ihre Nahrung zog. Sehr oft bot den Anstoß hiezu Ehrlichs sonderliche Kleidung. Wer erinnert sich nicht an den Gelehrten, wie er in verschiedenfarbiger Beschuhung im Kolleg erschien: in einem schwarzen und einem gelben Schuh. Und machte man ihn in absichtlicher Dienstbeflissenheit auf seinen Irrtum aufmerksam, da war er ganz erstaunt, dass ihm solch eine Zerstreutheit passieren konnte, entschuldigte sich, verschwand aus dem Saal und eilte schnurstracks in seine Wohnung, um den Toilettenfehler zu korrigieren. Und die Hörer sassen da und warteten der kommenden Dinge, von denen sie sich wieder Belustigung versprachen. Und siehe da: nach wenigen Minuten erschien er wieder im Lehrsaal.

Der Gelehrte hatte tatsächlich die Beschuhung gewechselt, nur trug er jetzt einen ganzen und einen Halbschuh und oft gleichfalls verschiedenfarbig.

Ehrlich brachte es zustande, die letzte Kleiderrechensprosse zu fassen und dort einen fremden Hut sich aufzusetzen, oder er liess seinen eigenen irgendwo liegen, um nach Stunden verzweifelt in allen Sälen der Universität nach ihm zu suchen. Bekannt sind unter vielen anderen folgende ganz reizende Anekdoten über ihn: Einst war der Gelehrte spät abends bei einem Kollegen zu Besuch. Als er sich nach einiger Zeit verabschieden wollte, konstatierte man, dass es draussen in Strömen regnet. Sein Gastfreund lud ihn ein, bei ihm zu übernachten. Ehrlich stimmte zu und blieb im Gespräch weiter sitzen. Aber plötzlich stand er auf und verschwand aus dem Zimmer. Man wartete, es vergingen Minuten, es verging eine halbe Stunde, ohne dass er zurückkehrte. Schon glaubte der Gastfreund, Ehrlich sei, ohne sich empfohlen zu haben, nach Hause gegangen. Aber siehe da! Plötzlich erschien der Gelehrte durch und durch vom Regen durchnässt, mit Kot bespritzt, ausser Atem. Und er gab auch die Erklärung für sein Verschwinden. Er war nur in seine Wohnung geeilt, um sein Schlafhemd, das er wohl verwahrt unter seinem Arm trug, sich zu holen. Ein zweites Geschichtchen spielte in Paris. Einst verbrachte der Gelehrte dortselbst seinen Urlaub. Einige Tage nach seiner Abreise traf hier ein Telegramm von ihm an seine Mutter ein mit einem merkwürdigen Inhalt. Der Gelehrte ersuchte seine Mutter, ihm seine Pariser Adresse anzugeben. Die Erklärung hiefür war folgende: Ehrlich pflegte immer nach seinem Eintreffen in eine fremde Stadt an seine Angehörigen seine Hoteladresse zu telegraphieren; ebenso tat er es von Paris aus. Nun hatte er hier, nachdem er das Hotel verlassen und nach einiger Zeit in dasselbe zurückkehren wollte, Name, Gasse und Nummer vergessen und ausserdem sein Notizbuch verloren, in dem er die Adresse eingetragen hatte. So musste man ihm erst von Czernowitz aus mitteilen, wo er in Paris eigentlich abgestiegen war.

Wie Ehrlich im privaten Verkehr entgegenkommend war, so streng und gefürchtet war er als Prüfer. Nahezu mit Schadenfreude stöberte er im Gehirne der Kandidaten, bis er eine Lücke fand. Dann sprang er nervös auf und verschwand hinter der Tür, die ins Professorenzimmer führte. Man kannte diese Bewegung. Sie bedeutete das Durchfallen der Kandidaten. Sehr gefährlich für die Prüfungskandidaten war die Zerstreutheit Ehrlichs. Denn er verwechselte die einzelnen Studenten und nur zu oft war das Prüfungskalkül wegen dieser Verwechslung ein falsches. Da er die Namen der Kandidaten vergass, suchte er sich eine Besonderheit an ihnen zu merken. Diese Möglichkeit der Verwechslung wurde von Schlauen sehr oft zum Vorteile ausgenützt. So vereinbarten sie, bei Ehrlich auf jede Frage gleichzeitig zu antworten. Jeder sollte sagen, was er wisse, Professor Ehrlich war daran schon gewöhnt, dass drei gleichzeitig sprachen. Als einst zufällig und gegen die Regel ein vierter Kandidat, der nicht ins Vertrauen gezogen war, zur Prüfung erschien und Ehrlich irgend eine Frage stellte, antworteten drei Kandidaten gemäss ihrer Vereinbarung, nur der vierte schwieg. Aber nach wenigen Minuten hatte er die Situation überblickt und sprach mit den anderen dreien. Ehrlich hörte einige Augenblicke zu, sprang bald nervös auf und sagte: ‚Ich bin, meine Herren, gewöhnt, drei von ihnen gleichzeitig zu hören, vier Sprecher vertrage ich nicht.' Sagte es und das Schicksal der Kandidaten war besiegelt.

Nun ist dieser Mann, um den sich so viele Anekdoten flechten, tot. Trotz seiner Strenge werden seine Hörer seiner in Dankbarkeit gedenken."

Die vorstehenden Erinnerungen aus der Tagespresse an Ehrlichs Wirken als Rechtslehrer in Czernowitz sind eine willkommene Ergänzung der in der Fachpresse enthaltenen spärlichen Äußerungen, die meist nur die „bekannte lebendige Art“ seiner öffentlichen Vorträge, die „geistreichen und in ihrer lebendigen Rhetorik bestechenden Schriften“ sowie seine extreme professorale Zerstreutheit hervorheben[11]. Denn das politische Schicksal von Ehrlichs Heimat, der Bukowina, hat vieles von Ehrlich und seinem Wirken verloren gehen lassen. Bis heute fehlt zum Beispiel ein einigermaßen deutliches Porträtfoto.

III. Ehrlich als Rechtslehrer in der Schweiz

Wohl kaum bekannt sein dürfte, dass Ehrlich noch nach seiner Zeit in Czernowitz, wenn auch nur für ganz kurze Zeit, nämlich für einen Monat, in der Schweiz als Rechtslehrer tätig war. Zwar wussten wir, nach der Entdeckung seines Briefwechsels mit Eugen Huber, dass er vergeblich versucht hat, sich nach Kriegsende in Bern zu habilitieren[12]. Er hatte auch Verbindungen zum Schweizer Studentenbund. Dessen Bemühungen, ihn als Rechts- oder Soziologielehrer in der Schweiz zu etablieren, kamen jedoch über einen Vortrag vor dem Zürcher Juristenverein nicht hinaus[13]. Ehrlich hat aber in seinem Hotelzimmer in Bern für kurze Zeit einem später sehr bekannten japanischen Arbeitsrechtler rechtswissenschaftlichen Privatunterricht gegeben, nämlich Hideharu Sonda, damals Assistenzprofessor an der Handelshochschule in Tokio[14]. Wie es dazu kam und wie sich das Ganze aus japanischer Sicht den Umständen nach darstellte, wurde von Sonda Jahrzehnte später so farbig geschildert, dass ich sicher bin, dass die folgende Wiedergabe einer Übersetzung seiner Erinnerungen an Ehrlich auf das Interesse von Rechtshistorikern und Rechtssoziologen stoßen wird[15].

Die letzten Jahre des Begründers der Rechtssoziologie – Ein Treffen mit Dr. Itsutaro Suehiro[16] im Juni 1920 in Bern gab mir zudem die Gelegenheit, den weltweit berühmten,

---

11 Einige Nachweise bei Rehbinder, wie Fn 8, 16 ff. Siehe auch die Nachweise in der jetzt umfangreichsten und gründlichsten Analyse von Ehrlichs Leben und Werk, nämlich *St. Vogl*, Soziale Gesetzgebungspolitik, freie Rechtsfindung und soziologische Rechtswissenschaft bei Eugen Ehrlich, 2003, 94.

12 Dazu *M. Rehbinder*, Neues über Leben und Werk von Eugen Ehrlich, in: FS H. Schelsky, 1978, 403, 414 ff. Vertieft dargestellt bei *Vogl*, wie Fn 11, 103-105.

13 Nachweise bei *Vogl*, wie Fn 11, 103 f.

14 Siehe *Rehbinder*, wie Fn 12, 417 f.

15 *H. Sonda*, Pioniere des Arbeitsrechts. Erinnerungen an 40 Jahre Arbeitsrecht (japan.), 1959, 15-22, die Übersetzung stammt von lic. phil. Tetsutaro Kawata, Zürich.

16 Itsutaro Suehiro (1888–1951), Prof für Zivilrecht an der kaiserlichen Universität Tokio, der als Begründer der japanischen Arbeitsrechtswissenschaft und der soziologi-

großen Gelehrten und Begründer der Rechtssoziologie, Herrn Prof. Eugen Ehrlich, persönlich kennen zu lernen. Das war ein großer Gewinn, den ich mir nie hätte träumen lassen. Bei diesem Treffen hat Dr. Suehiro mir folgendes erzählt und vorgeschlagen:

„Ich habe in Italien von Herrn Takayanagi gehört (Kenzo Takayanagi, der jetzige Präsident des Komitees für Verfassungsrecht), dass Herr Prof. Eugen Ehrlich in Bern sei. Herr Takayanagi wusste nicht, wohin Prof. Ehrlich (während der Kriegsereignisse) gegangen sei, und suchte nach seinem Wohnsitz in Deutschland und Österreich. Da er ihn nicht finden konnte, gab er die Suche auf und trat die Rückreise nach Japan an. Er reiste von Deutschland aus durch die Schweiz nach Italien. Es war reiner Zufall, dass er, ohne zu wissen, wo sich Herr Prof. Ehrlich aufhielt, bis nach Neapel durchgereist ist. Hier fand er schließlich den Aufenthaltsort des Professors heraus. Herr Takayanagi jedoch konnte nicht in die Schweiz zurückreisen. Es tat ihm leid, dass er selber Herrn Professor nicht besuchen konnte. Deshalb schlug er mir vor, ich solle an Stelle von ihm Ehrlich aufsuchen. Ich habe die Adresse von Prof. Ehrlich. Wollen wir ihn einmal besuchen?"

Da dieser Vorschlag für uns juristische Stipendiaten etwas Besonderes war, sagten wir ihm sofort mit Dank zu und beschlossen, Herrn Prof. Ehrlich an einem Abend in ein erstklassiges Hotel beim Berner Bahnhof, wo Herr Suehiro übernachtete, einzuladen. Jedoch, was bedeutete „alle juristischen Stipendiaten"? Bern war eine kleine Stadt. Es gab nicht viele japanische Juristen. Damals waren die meisten Stipendiaten aus Japan in den naturwissenschaftlichen Fächern tätig. In unserem Fach rechnete ich mit wenigen Kollegen, mit nur 4 oder 5 Personen.

Im Allgemeinen gingen die japanischen Stipendiaten, die Deutsch sprachen, nicht in die Schweiz, sondern nach Deutschland. Zwar gehört die Schweiz auch zum deutschen Kulturkreis, aber sie wollten im Zentrum studieren. Im juristischen Bereich waren nur die Fachleute in die Schweiz gekommen, die zum Beispiel bei Herrn Prof. Eugen Huber an der Universität Bern, der der Vater des Schweizerischen Zivilrechts ist, oder bei Herrn Prof. Carl Wieland an der Universität Basel studieren wollten, dessen Handelsrecht sehr berühmt war. Die chaotische Situation in Deutschland nach dem Ersten Weltkrieg hinderte die Stipendiaten daran, in Deutschland zu studieren. Da Japan im Krieg ein Feind Deutschlands geworden war, vermuteten die Japaner, dass es in Deutschland für Japaner unangenehm sei. Die meisten wagten nicht, nach Deutschland zu reisen, sondern blieben für eine Weile in der Stadt Bern. Diese kleine Stadt hatte nur 150'000 Einwohner, die in mehrstöckigen Häusern wohnten, was in Japan nicht üblich war. Deswegen ist die Wohnfläche der Stadt so klein, dass man keine 10 Minuten vom Beginn bis zum Ende der Hauptstrasse brauchte, auch wenn man langsam ging. Es war ein schöner und prächtiger Anblick, wenn die ganze Gruppe der japanischen Stipendiaten an der Hauptstrasse regelmäßig am Morgen und am Abend auftauchte. Man hätte manchmal meinen können, man sei in einer japanischen Kolonie. Ich war nicht davon begeistert, dass viele der Stipendiaten ihren Kopf in die Schaufenster der Uhrengeschäfte streckten und schwärmerisch die Auslagen bewunderten. An ihren Schultern hingen Fotoapparate. Die Mehrheit der Stipendiaten war Mediziner. Es waren ungefähr 40 oder 50 Leute, Absolventen japanischer Privatuniversitäten, die sich auf die schweizerische Doktorprüfung vorbereiteten. Ich habe

---

schen Jurisprudenz gilt, hat schon früh Ehrlichs Freirechtslehre in Japan rezipiert. Ehrlich hat auch, auf Anforderung von Kenzo Takayanagi, seinen Aufsatz „Gesetz und lebendes Recht" als Originalaufsatz einer der führenden japanischen Rechtszeitschriften zur Verfügung gestellt, siehe *M. Rehbinder* (Hrsg), Ehrlich: Gesetz und lebendes Recht, Berlin 1986, 228-240, mit *meiner* Einleitung, 7 f.

ein Gerücht gehört, warum die nötige Semesteranzahl für die Doktorprüfung von Ausländern von früher 6 auf 4 verkürzt wurde. In der Schweiz freute man sich über das große Interesse der Ausländer an einem schweizerischen Doktortitel. Deswegen hat das Bundesparlament in einem Ausnahmebeschluss ein Gesetz über die verkürzte Studiendauer für Ausländer verabschiedet. Aber niemand hatte damit gerechnet, dass diese Ausnahmeregelung eine Intensivierung der Beziehungen auch zwischen Japan und der Schweiz bringen würde, die ja nicht zur allgemein-politischen Lage passte. Ich frage mich, wie viele japanische Medizinstudenten trotz dieses Gesetzes einen würdigen Doktortitel erhalten haben. Denn es gab unter ihnen einen Medizinstudenten, dessen Dissertation von einem Jurastudenten geschrieben wurde. Aufgrund dieses Falles konnten wir vermuten, was das neue Gesetz in Wahrheit gebracht hatte.

Zurück zum Thema. Auf die Initiative von Dr. Suehiro luden wir japanische Juristen Herrn Prof. Ehrlich an einem Abend ins Hotel ein. Wir waren 4 Leute außer Herrn Dr. Suehiro, nämlich Herr Eishû Miyamoto, Strafrechtler (späterer Doktor und Professor an der Universität Kioto), Herr Takeshirô Moriyama, Arbeits- und Zivilrechtler (späterer Doktor und Präsident der Staatsanwaltschaft, inzwischen verstorben), Herr Yoshitaka Ôtani, Zivil- und Verfassungsrechtler (späterer Doktor und Professor an der Universität Meiji) und ich. Wenn ich die späteren Karrieren der Herren beschreibe, sieht es aus, als ob alles Prominente waren. Aber wir waren damals nur Anfänger, außer Herrn Dr. Suehiro. Ich war sehr nervös und verstand nur unklar, was Prof. Ehrlich uns erzählte. Dasselbe empfanden vermutlich auch die anderen Teilnehmer, da wir plötzlich vor einem international bekannten großen Gelehrten standen. Im Gegensatz zu uns war sich Dr. Suehiro an solche Situationen gewohnt. Er unterhielt sich lange mit Herrn Prof. Ehrlich auf Englisch und Französisch, da er diese beiden Fremdsprachen bei den Friedenskonferenzen in Amerika und Paris geübt hatte. Sein ruhiges und selbstsicheres Verhalten fanden wir beneidenswert.

Herr Prof. Eugen Ehrlich ist weltweit bekannt als der Autor des Buches „Grundlegung der Soziologie des Rechts", 1913. Auch sind seine Werke: „Die Rechtsfähigkeit", „Die Tatsachen des Gewohnheitsrechts" und „Die Juristische Logik" sehr berühmt. Wenn der Erste Weltkrieg nicht ausgebrochen wäre, wäre er nach Amerika gereist, da er von dort eingeladen wurde. Während des letzten Krieges[17] war er Rektor der Universität Czernowitz in Österreich. Nach dem letzten Krieg wurde sein Vaterland aufgrund des Prinzips der Unabhängigkeit der Völker in mehrere Länder aufgeteilt. Die Stadt Czernowitz wurde von den Rumänen übernommen. Er verließ gezwungenermaßen seine Universität sowie sein Vaterland und fand Asyl in dieser kleinen Stadt im schönen Berner Oberland. Aber ich konnte gar nicht verstehen, warum er sein Land verlassen musste, so als hätte er seine abgenutzten Sandalen weggeworfen. Es hätte doch sein können, dass ihm als Juden die Demokratie nach dem Kriege in seinem Land hätte nützen und er hätte frei leben können. Ich hätte danach fragen sollen, als er mir Privatunterricht gab. Leider fand ich keine Gelegenheit dazu. Deswegen bleibt mir diese Frage ein ungelöstes großes Rätsel[18].

Nochmals zurück zum Thema. Ich befolgte den Rat von Dr. Suehiro und bat Herrn Prof. Ehrlich, mir für kurze Zeit Privatunterricht zu erteilen, solange er in Bern war. Als er mir antwortete: „Gut, kommen Sie", war ich selbstverständlich im siebten Himmel.

---

17 Ehrlich war Rektor im Jahre 1906/07.

18 Über Ehrlichs missglückte Rückkehr in die Bukowina siehe jetzt Rehbinder, wie Fn 5, 203 ff.

Aber er sagte mir weiter „Ich plane, im August zu meinem Vetter[19] nach Italien zu reisen, deswegen ist der Unterricht zeitlich beschränkt, wenn Sie einverstanden sind.“ Seine Ankündigung machte mich melancholisch, als sei ich schon jetzt allein gelassen worden. Doch ist es einem jungen Mann nützlich, einen großen Gelehrten kennen zu lernen. Ich meinem Fall lernte ich Herrn Prof. Ehrlich nicht nur kennen, sondern ich bekam auch Privatunterricht, wenn auch nur für einen Monat, dass heißt an insgesamt 6 oder 7 Tagen. Wir waren nur unter uns, und seine Methode zu unterrichten war sehr wohl bedacht[20]. Was könnte ich sonst noch sagen, ausser dass es das größte Glück in meinem Leben war?

Erstaunlicherweise war sein Leben in seinem Zimmer sehr armselig. Es fehlen mir die Worte, darüber zu berichten. Er sah so aus, als ob er ein Asylant sei, der nur seine Haut retten konnte und nur mit Mühe hierher gekommen ist. Er besaß einen sehr zerknitterten Anzug und eine Pfeife. Ich glaube, dass er keine Krawatte hatte. Er war ein überzeugter Junggeselle, ohne Familie und über 70 Jahre alt[21]. Einerseits dachte ich, dass daran nichts zu ändern sei, auf der anderen Seite aber tat es mir sehr leid, dass er alle Habe verloren hatte. Ich konnte auch sehr gut verstehen, wie einsam er war.

Sein Hotel stand nahe der berühmten Kirchenfeldbrücke am Ufer auf der Gegenseite des Parlamentsgebäudes (Bundeshaus). Wenn ich den Namen des Hotels auf Japanisch übersetze, bedeutet er „Hashimotoya“ (Hotel an der Brücke). Es ein Hotel zu nennen, wäre jedoch übertrieben. Mit meiner Pension war es nicht vergleichbar, es war so alt und schmutzig. Es war ein sogenanntes Dritt- oder sogar Viertklass-Hotel. Sein Zimmer war ein Einzelzimmer an der Ecke der zweiten Etage (dritter Stock). Der einzige Vorteil war, dass es nach Süden gerichtet war. Nach japanischer Messweise war das Zimmer dreieinhalb oder vier Tatami-Matten groß. Für den Besuch hatte ich immer einen Termin vereinbart, aber öfters machte er gerade ein Mittagsschläfchen. Da er seine Schuhe im schmutzigen Bett nicht auszog und die Bettdecke quer über ihm lag, war nur sein fahler Glatzkopf sichtbar. Er sah deshalb wie ein alter Bauer aus. Niemand konnte ahnen, er sei ein international bekannter Gelehrter. Bei solcher Gelegenheit nahm ich immer Platz auf dem schäbigen Holzstuhl und verhielt mich ruhig, bis er aufwachte. Dabei erinnerte ich mich sentimental an meinen Vater, der in Japan war, da er gleich alt wie Herr Professor Ehrlich war.

Während dieser kurzen Zeit, weniger als einem Monat, entwickelte sich unsere Beziehung, als ob ich sein Sohn wäre. Ich glaube, dass auch er meine Zuneigung zu ihm ohne Problem akzeptierte. Wenn ich ihm Tabak schenkte, freute er sich sehr darüber, da er Tabak am liebsten hatte. Er freute sich auch, zum Essen eingeladen zu werden. Ich glaube, dass alle Leute, die Bern einmal besucht haben, das Kasino kennen, das am Ufer neben dem Bundeshaus, an der Kirchenfeldbrücke steht. Wir gingen oft ins Restaurant des Kasinos. Wegen seines Alters bekleckerte er sich meist während des Essens. Besonders häufig ließ er Creme auf seine Brust fallen. Wenn ich dann den Fleck an seinem guten (?) Anzug eilends abwischte, ließ er sich das gern gefallen. Es sah so aus, als ob sich ein Sohn um seinen alten Vater kümmerte. Dieser Umgang gefiel mir sehr.

---

19 Recte: Bruder, siehe Fn 3.

20 Sonda skizziert in seinen Erinnerungen den Inhalt von Ehrlichs Privatunterricht, von dem besonders seine Bewertungen der aktuellen Strömungen in der Rechtswissenschaft von Interesse sind. Doch können diese Ausführungen hier aus Platzgründen nicht wiedergegeben werden.

21 Ehrlich, 1862 geboren, sah also älter aus, als er war.

Bald reiste er nach Neapel ab. Er erzählte mir, dass sein Vetter dort lebte, der auch Ehrlich hieß[22]. Beim Abschied schrieb er mir die Adresse des Vetters in Neapel auf und bot mir an, dass ich ihm jederzeit Fragen stellen dürfe. Das war ein endgültiger Abschied zwischen uns. Denn nach dieser letzten Begegnung zog ich nach Berlin um. Mich faszinierte diese große Stadt und ich musste mich an die rapiden Änderungen in der zeitgenössischen Geschichte gewöhnen. Die Tage gingen schnell vorbei und meine Verbindung mit Prof. Ehrlich brach ab. Am Ende des Jahres hörte ich, dass Herr Prof. Ehrlich in Neapel gestorben sei[23]. Ich bedauerte sehr, dass ich keine einzige Postkarte an ihn geschrieben hatte, bevor er starb.

22 Siehe Fn 3.
23 Über Ehrlichs Tod in Wien siehe oben unter I.

Teil V

Soziale Rechtslehre

Arinobu Ohnaka, Tokyo

Der Einfluss der österreichischen Sozialrechtslehre auf das japanische Zivilrecht: Karl Renners Eigentumslehre und Wagatsuma Sakae (1907–1973)

I. Einleitung; II. Wagatsumas Rezeption von Renners Eigentumslehre: A. Renners These und Wagatsuma, B. Soziale Funktion des Rechts, C. Soziale Funktion der unbeweglichen Sachen, D. Kapitalfunktion des Eigentums; III. Vorrang der Forderung gegenüber dem Eigentum im modernen Zivilrecht: A. Funktion der Forderung in der kapitalistischen Wirtschaft, B. Rechtspolitischer Vorschlag; IV. Vom Eigentum zur Nutzung: A. Kooperationspflicht des Verpächters im Bürgerlichen Gesetzbuch der Mandschurei, B. Änderung des Gebäudemietengesetzes von 1941; V. Zusammenfassung.

I. Einleitung

Der folgende Beitrag soll den Einfluss der österreichischen Sozialrechtslehre auf das japanische Zivilrecht und die Zivilrechtsgesetzgebung am Beispiel von Wagatsumas Rezeption der Eigentumslehre Karl Renners erläutern.

Karl Renner (1870–1950) war als Politiker und als großer österreichscher Rechtsdenker bekannt. Hugo Sinzheimer machte deshalb schon bei der Festveranstaltung zu Renners sechzigstem Geburtstag im Jahre 1930 nicht nur auf dessen politische, sondern auch auf seine rechtswissenschaftlichen Verdienste aufmerksam[1]. Japanische Rechtswissenschaftler hatten bereits früh ein anhaltend lebhaftes Interesse an der Rechtstheorie Karl Renners, insbesondere an seiner Eigentumstheorie, entwickelt und vor allem an seinem frühen Werk „Die soziale Funktion der Rechtsinstitute, besonders des Eigentums" (1904), das unter dem Decknamen „Josef Karner" mit einer Abhandlung von Max Adler[2] in der Zeitschrift „Marx Studien I" veröffentlicht worden war. Bereits 1918 wurde die von dem berühmten japanischen Rechtsphilosophen Tsunetô Kyô verfasste Übersetzung eines Teils dieses Werkes in der von dem bekannten Journalisten Hasegawa Nyozekan herausgegebenen Zeitschrift „Warera" (Wir) veröffentlicht, 1928 folgte

1 *H. Sinzheimer*, Karl Renner, Die Justiz, 1931, 255ff.

2 *M. Adler*, Kausalität und Teleologie im Streit um die Wissenschaft, in: Marx-Studien I, 1904.

schließlich die vollständige Übersetzung von Gotô Kiyoshi. Noch heute wird die Übersetzung von Renners Hauptwerk „Die Rechtsinstitute des Privatrechts und ihre soziale Funktion. Ein Beitrag zur Kritik des bürgerlichen Rechts“ (1929, die erweiterte Auflage der Abhandlung von 1904) publiziert. Bekannte Zivilrechtwissenschaftler in Japan, die an der Idee des sozialen Rechts orientiert waren wie z.B. Kawashima Takeyoshi (Tokyo), Yamanaka Yasuo (Fukuoka), Asai Kiyonobu (Kyoto), oder Takagi Takio (Kobe), hatten Renners Eigentumslehre studiert und wurden von ihm maßgeblich beeinflusst. In der Geschichte der japanischen Zivilrechtswissenschaft ist der Einfluss auf Wagatsuma Sakae (1897–1973) aber wohl am bedeutendsten und entscheidendsten.

Wagatsuma war ein Zivilrechtsdogmatiker, der noch heute, dreißig Jahre nach seinem Tode, eine große Wirkung auf die japanische Zivilrechtswissenschaft hat. Insbesondere seine Lehrbücher zum Bürgerlichen Recht (Minpô Kôgi)[3] sind als grundlegende Ausgangspunkte der Zivilrechtswissenschaft und Rechtspraxis anerkannt. Das Thema seines Lebenswerkes betrifft die Wandlung des Zivilrechts im Hinblick auf die Entwicklung des Kapitalismus. Aus diesen Untersuchungen ist sein Hauptwerk „Kindaihô ni okeru saiken no yûetsuteki chii“ (Die Überlegenheit der Forderung über Eigentum im modernen Zivilrecht), 1927–1929, hervorgegangen. Wagatsuma hat Renners Eigentumslehre (von 1904) in seiner Abhandlung „Shihonsyugiseisan sosiki ni okeru syoyûken no sayô“ (Die Funktion des Eigentums in der kapitalistische Industrieorganisation), 1926[4], sehr ausführlich analysiert. Die intensive Beschäftigung mit diesem Thema führte letztlich dazu, dass er Renners Idee seiner eigenen Eigentumslehre zugrunde legte.

Eine Serie von Abhandlungen Wagatsumas über dieses Thema wurde in der Zeitschrift „Hôgakushirin“ veröffentlichtet[5]. Trotz des sehr theoretischen und schwer verständlichen Inhalts fanden sie einen großen Leserkreis. In den Memoiren des Politikwissenschaftlers Maruyama Masao (Tokyo) ist folgendes Zitat zu finden: „In jener Zeit (vor und nach 1934) hatte sich die japanische politische Atmosphäre zwar ganz nach rechts orientiert, aber eine Art Befürworter einer mit intellektuellem Philistertum vermischten Sozialwissenschaft war noch an den Universitäten zu finden. Obwohl ich Student der Politikwissenschaft war, las ich

---

3 *S. Wagatsuma*, Minpô Kôgi I (Allgemeiner Teil des Bürgerlichen Rechts), 1965; *ders*, Minpô Kôgi III (Kreditsicherungsrecht), 1968, *ders*, Minpô Kôgi IV (Allgemeiner Teil des Schuldrechts), 1968; *ders*, Minpô Kôgi V, 1-4 (Besonderer Teil des Schuldrechts), 1954–1972; *ders*, Sinzokuhô (Familienrecht), 1961; *Ariizumi – Wagatsuma*, Minpo Kôgi II (Sachenrecht), 1983. Diese Reihe der Lehrbücher deckt die meisten Bereiche des japanischen Bürgerlichen Gesetzbuches ab, außer dem Erbrecht und den gesetzlichen Schuldverhältnissen aus unerlaubten Handlungen.

4 *H. Kkyôkaizassi*, Bd 45 Nr 3-Nr 5 (1927).

5 *H. Shirin*, Bd 29 Nr 6 (1929)-Bd 31 Nr 14 (1931).

in der Universitätsbibliothek eifrig die Abhandlung Wagatsumas über den Vorrang der Forderung im modernen Zivilrecht. Dieser Eifer hing wahrscheinlich mit der engen Beziehung zu dieser Sozialwissenschaft zusammen“[6].

Die Abhandlungen des jungen Wagatsuma waren eine Art Sensation, deren Wirkungskreis weit über die Gelehrtenwelt hinausging.

Wagatsumas Zivilrechtstheorie blieb nicht nur eine theoretische Untersuchung, sondern beeinflusste auch tatsächlich sein Konzept einer Zivilrechtsgesetzgebung für die Mandschurei, an der Wagatsuma unmittelbar beteiligt war. Außerdem wirkte sie sich auch auf die japanische Gesetzgebung nach dem Zweiten Weltkrieg aus. Diese Gesetzgebung ist heute noch geltendes Recht und ein wichtiger Teil der japanischen Rechtsordnung. Insoweit kommt Wagatsumas Rezeption der Eigentumslehre Karl Renners besondere Bedeutung zu.

Die folgenden Abschnitte skizzieren zunächst Wagatsumas Rezeption von Karl Renners Eigentumslehre (II), danach die Entwicklung dieser Rezeption in einem Überblick (III) und zu guter Letzt den tatsächlichen Einfluss dieser theoretischen Untersuchungen (IV).

II. Wagatsumas Rezeption von Renners Eigentumslehre

A. Renners These und Wagatsuma

Renners Theorie beabsichtigte, entgegen Stammlers These[7] über das Verhältnis zwischen Wirtschaft und Recht, zu beweisen, dass das Recht die Bedingung der Wirtschaft sei und nicht die Ursache der Änderung und der Entwicklung der Wirtschaft. Dazu stellte Renner die folgende Frage: Kann sich ein Rechtsinstitut bei gleich bleibendem rechtlichen Bestand, also ohne Änderung des Gesetzes, dennoch in seiner wirtschaftlichen Natur, in seinen ökonomischen und sozialen Funktionen ändern? Er bejahte diese Frage und durch seine These über das Verhältnis zwischen Wirtschaft und Recht[8]. Dabei behauptete er, dass die sozialen Funktionen des bäuerlichen Eigentums ganz andere seien als das Eigentum in der kapitalistischen Gesellschaft, trotz gleichem rechtlichen Bestand (Eigentum).

---

6 *M. Maruyama*, Kigire no omoide (Die fragmentarischen Erinnerungen), in: Jurist Nr 563 (1973), 122 f.

7 *R. Stammler*, Wirtschaft und Recht nach der materialistischen Geschichtsauffassung, 1896; vgl auch *ders*, Die Gesetzmäßigkeit der Rechtsordnung und Volkswirtschaft (1902), in: Rechtsphilosophische Abhandlungen I, 1925, 169 ff; *ders*, Richtiges Recht, 1902, 239 ff.

8 *J. Karner* (Karl Renner), Die soziale Funktion der Rechtsinstitute, besonders des Eigentums, Marxstudien I, 1904, 3.

Unter dieser Prämisse stellte er eine weitere Frage: Wenn bei gleichbleibendem Stand der Gesetze ein Rechtsinstitut seine wirtschaftliche Funktion ändert, muss dieser Wandel nicht auch auf das Gesetz reflektieren, muss sich nicht auch die Norm wandeln? Damit deutete er den Wandel zu sozialorientierten Rechtsinstituten hin an[9].

Wagatsuma lehnte jedoch die primäre These Renners ab, weil er die Identität des Eigentums im rechtlichen Bestand verneinte[10]. Warum interessierte er sich also für Renners Eigentumslehre?

B. Soziale Funktion des Rechts

Bevor Wagatsuma Renners Eigentumslehre in seiner methodologischen Abhandlung „Sihô no houhouron ni kannsuru ichi kôsatsu“ (Ein Gedanke zur Methodenlehre im Privatrecht) analysierte, behauptete er, dass man das Recht nicht nur als Folge wirtschaftlicher Verhältnisse betrachten könne, sondern es stehe in Wechselbeziehung mit der Wirtschaft[11]. Von diesem Standpunkt[12] aus lehnte er Renners These ab, achtete aber auf die Analyse der Funktionen des Eigentums selbst. Für Wagatsuma war Renners Betrachtung über das Verhältnis zwischen rechtlichen Instituten und ihren sozialen Funktionen einzigartig und bemerkenswert. Er verstand Renners Eigentumslehre also nicht als einen Beitrag zum Verhältnis zwischen Recht und Wirtschaft, sondern als einen Beitrag zur Klärung der sozialen Funktion des Eigentums in einer kapitalistischen Gesellschaft[13].

---

9 *Karner*, wie Fn 8, 23.

10 *S. Wagatsuma*, Shihonsyugiseisan sosiki ni okeru syoyûken no sayô (Die Funktion des Eigentums in der kapitalistische Industrieorganisation); *H. Kyokaizassi*, Bd 29 Nr 6, 1926, 72.

11 *S. Wagatsuma*, Kindaihô ni okeru saiken no yûetsuteki chii (Vorrang der Forderung gegenüber dem Eigentum im modernen Zivilrecht), Nachdruck, 1953, 367.

12 Dabei behaupte er insbesondere unter Hinweis auf kritische Bemerkungen von Max Weber und Max Adler. Vgl *M. Weber*, R. Stammlers „Ueberwindung“ der materialistischern Geschichtsauffassung“, 1907, in: Gesammelte Aufsätze zur Wissenschaftslehre, 1922, 291ff; *ders*, Nachtrag zu dem Aufsatz über R. Stammlers „Uerberwindung“ der materialistischen Geschichtsauffassung“, in: ebda, 360ff; *M. Adler*, Zur Erkenntniskritik der Sozialwissenschaft, in: *ders*, Marxistische Probleme, 5.Aufl, 150ff; *ders*, R.Stammlers Kritik der materialistischen Geschichtsauffassung, in: ebda, 214ff.

13 *Wagatsuma*, wie Fn 10, 76.

C. Soziale Funktion der unbeweglichen Sachen

In seiner Abhandlung von 1926 erklärt Wagatsuma ausführlich die gesamte Rennersche Eigentumstheorie der Abhandlung von 1904 und insbesondere die Funktion der Konnexinstitute: Grundeigentum und Miete (oder Pacht) beziehungsweise Hypotheken.

Nach Renner tritt die charakteristische Funktion des Eigentums in der kapitalistischen Gesellschaft durch Miete oder Pacht in Erscheinung. Denn in diesem Fall sei die Besitzfunktion des Eigentums dessen primäre Funktion, anders als beim bäuerlichen Eigentum würde hier das Eigentum wirtschaftlich nur durch den Erhalt des Mietzinses funktionieren. Das Eigentum sei daher in diesem Fall ein Rententitel bei dem der Zugewinn durch den Mietzins des Mieters eintrete[14].

Im Fall der Hypothek gelte das Gleiche wie bei Miete oder Pacht. Wenn z.B. jemand das Eigentum an einem Grundstück erwirbt, aber der Kaufpreis für das Grundstück durch Bestellung einer Hypothek bereitgestellt wird, so ist der Erwerber Eigentümer unter dem Gesichtspunkt der Besitzstellung, aber nicht in wirtschaftlicher Hinsicht wie bei Miete oder Pacht. Denn der Hypothekargläubiger streicht den Zugewinn des Grundstücks ein. So betrachtet, haben Pacht und Hypothek eine ganz ähnliche wirtschaftliche Funktion. In beiden Fällen gelangt der Zugewinn in Form des „Pachtzinses“ oder „Darlehenszinses“ zu einer dem Eigentümer verschiedenen Person[15]. Zwar ist in diesen Beispielen die rechtliche Position der Eigentümer verschieden, von der wirtschaftlichen Funktion her gesehen könne man aber den Grundstückserwerber mit dem Pächter gleichstellen[16].

D. Kapitalfunktion des Eigentums

Wagatsuma maß Renners Meinung zur Funktion des Eigentums in seiner Abhandlung von 1926 sehr viel Bedeutung bei. Er behauptete, dass die Verstärkung der Forderung des Mieters oder Pächters – vom Gesichtspunkt der sozialen Funktion des Eigentums aus – die Äußerung der eigentlichen Funktion sei. Die hL der Zivilrechtsdogmatik hingegen charakterisierte den Schutz des Mieters und Pächters im Verhältnis zum Eigentümer als Verdinglichung des Schuldverhältnisses[17].

Renner bezeichnete diese Funktion des Eigentums als Kapitalfunktion. Seiner Ansicht nach war diese so wichtig, dass sie sich zum wirtschaftlichen Eigentum

---

14 *Karner*, wie Fn 8, 65ff.

15 Ebda, 78ff.

16 Ebda, 82ff.

17 *Wagatsuma*, wie Fn 10 Hôgaku kyôkaizassi, Bd 45 Nr 5, 721f.

entwickeln würde. Bei der Untersuchung dieses Problems betrachtete Wagatsuma, anders als Renner, die Forderung als Konnexinstitut des Eigentums.

III. Vorrang der Forderung gegenüber dem Eigentum im modernen Zivilrecht

A. Funktion der Forderung in der kapitalistischen Wirtschaft

Ausgehend von Renners Eigentumslehre konzipierte Wagatsuma eine umfassende Theorie über die Funktion der Forderung. Einerseits erlange das Eigentum, wie schon Renner gezeigt habe, in Verbindung mit einem Vertrag die Funktion der Herrschaft durch einen anderen. Auf diese Weise werde das Gut gemäß einer Nutzungsformel zur Forderung selbst[18]. Dadurch benötigen andererseits die Forderungen, die als Güter eine eigene Position erwerben, eine Sicherung der Rückzahlung und fördern damit die Verpfändung der Güter[19]. In diesem Fall habe das Gut die Funktion des Pfands[20]. Die Verbindung dieser beiden Arten von Forderungen bilde die kapitalistische Wirtschaftordnung. Bei dieser Betrachtungsweise erhalte das Eigentum nicht mehr seine ursprüngliche, wichtige Funktion, es befinde sich vielmehr in einem „schlafenden" Zustand[21].

B. Rechtspolitischer Vorschlag

Aufgrund dieser theoretischen Betrachtung bildete sich Wagatsuma auch ein rechtspolitisches Werturteil. Er sagte zB, dass ein Grundstück erst dann eine soziale Funktion haben könne, wenn das Eigentum an dem Grundstück mit einer Pacht verbunden werde. Wenn es also um die Kapitalfunktion des Grundstückes gehe, so darf nicht angenommen werden, dass das Eigentum, das hiebei nur ein

---

18 *Wagatsuma*, wie Fn 11, 13ff.
19 Ebda, 306.
20 Ebda, 307.
21 Ebda, 312ff. Wagatsma behauptete dass die Absolutheit des Eigentums nur eine rechtliche und wirtschaftliche Fiktion sei. Dabei zitierte er K. Menger: „ Der Grundsatz der Unverletzlichkeit und der Unbeschränktheit des Privateigentums ist heute kaum mehr als eine Fiktion"(*ders*, Das bürgerlichen Recht und die besitzlosen Volksklassen. Eine Kritik des Entwurfs eines bürgerliches Gesetzbuches für das Deutsche Reich, 1890, 116); vgl auch *K. Renner*, Die Wirtschaft als Gesamtprozess und die Sozialisierung, 1924, 155ff u 352ff; *ders*, Die Rechtsinstitute des Privatrechts und ihre soziale Funktion – Ein Beitrag zur Kritik des bürgerlichen Rechts, 1929, 160ff.

Bestandteil sei, diese Funktion störe[22]. Damals gewährte das japanische Gebäudemietengesetz dem Vermieter ein freies Kündigungsrecht unter Einhaltung bestimmter Kündigungsfristen. Dazu meinte Wagatsuma, dass der Eigentümer des Hauses auf diese Weise willkürlich die Nutzung hindern und den dieses Gebäude nutzenden Betrieb aufgrund dieser Bestimmungen einstellen könne. Eine derartige rechtliche Regelung störe aber die Kapitalfunktion des Eigentums[23].

IV. Vom Eigentum zur Nutzung

A. Kooperationspflicht des Verpächters im Bürgerlichen Gesetzbuch der Mandschurei

In der Mandschurei traten 1937 drei Teile eines Bürgerlichen Gesetzbuches (Allgemeiner Teil, Sachenrecht, Schuldrecht) in Kraft. Der Inhalt glich dem des japanischen BGB. Wagatsuma wurde auf Wunsch von Kishi Nobusukes an der Gesetzgebung als Verfasser beteiligt. Zur gleichen Zeit untersuchte er als Mitglied der Kommission (für die Untersuchung der Rechtslage an Grundstücken) den wahren Sachverhalt der Grundstücksnutzung in der Mandschurei. Dieses Gesetzbuch verpflichtete den Vermieter, anders als das japanische BGB, bei der Registrierung mit dem Mieter zu kooperieren (589 MBGB). Diese Bestimmung ist nach Wagatsuma ein klarer Ausdruck der Idee vom Schutz des Nutzungsrechts und die natürliche Konsequenz der sozialen Funktion des Eigentums[24].

B. Änderung des Gebäudemietengesetzes von 1941

Wagatsumas Eigentumslehre fand eine weitere Konkretisierung in einer Gesetzesänderung von 1941. Bei der Änderung des Gebäudemietengesetzes von 1941 wurde nicht nur das Kündigungsrecht des Vermieters, sondern auch die Ablehnung der Vertragsverlängerung eingeschränkt. Natürlich lagen die vorrangigen Motive zu dieser Änderung in dem geringen Angebot an Wohnraum in der Kriegs- und dann Nachkriegszeit. Aber diese Beschränkung sollte nicht nur für den Wohnraummietvertrag gelten, sondern generell für alle Gebäudemietverträge. Eine Gruppe der Bürokraten, die diese Änderung konzipierte, berief sich dabei

---

22 *Wagatsuma*, wie Fn 11, 212ff.
23 Ebda, 216 Anm (2).
24 *S. Wagatsuma*, Teitôken to riyôken no chyowa wo ronzu (Ein Beitrag über die Harmonisierung des Pfandrechts und Nutzungsrecht), Mnshûkoku zassi, Bd 6, 1937, 122.

auf die Eigentumslehre Wagatsumas. Noch heute ist die durch diese Gesetzesänderung entstandene Rechtslage dem Grunde nach unverändert gültig.

V. Zusammenfassung

Wagatsumas Eigentums- und Forderungslehre beruhte, ausgehend von der Wandlung der sozialen Funktion des Eigentums in die Funktion einer Forderung, auf der These von der Verbindung der Funktionen der Forderung und damit auf dem Vorrang des Finanzkapitals[25]. Diese rechtliche Theorie liegt der japanischen Wirtschaftspolitik nach dem Zweiten Weltkrieg zugrunde, die von der Stärkung des Grundstücksnutzungsrechts und der durch Finanzkapital, insbesondere durch die von Banken kontrollierte Industrie, charakterisiert wird[26]. Renners Eigentumslehre gab dazu den entscheidenden Impuls.

---

25 *Wagatsuma*, wie Fn 11, 317ff.

26 Das diskutierte Wagatsuma selbst in seinem Buch „Keizaisaikenn to tôseirippou (Wiederaufbau unserer Wirtschaft und Gesetzgebung)", 1948.

Gerald Schöpfer, Graz

Zur sozialen Rechtslehre Anton Mengers und Karl Renners

I. Die soziale Situation in Österreich in der zweiten Hälfte des 19. Jahrhunderts

Mit dem Revolutionsjahr 1848 wurden in Österreich eine Reihe von dynamischen Veränderungsprozessen eingeleitet: Durch die Bauernbefreiung wurde die Grundherrschaft beendet, dies begünstigte die Industrialisierung und die damit verbundene Modernisierung der Gesellschaft. Dies geschah einerseits durch die vielfachen Induktionswirkungen jener Geldströme, welche mit den Ablöseregelungen verbunden waren, andererseits durch die einsetzende Landflucht, welche mittels der Sogwirkung des stark expandierenden sekundären Sektors verstärkt wurde. Man darf nicht übersehen: Grundherrschaft bedeutete nicht nur Ausbeutung, sondern auch soziale Bindungen. Viele der nunmehr frei gewordenen Bauern konnten auf Grund ihrer Betriebsgrößen die neue Freiheit kaum nutzen, und sie konnten nicht als Selbständige am Markt bestehen. Aber auch die unselbständigen landwirtschaftlichen Hilfskräfte verdingten sich in den aufkommenden Industriebetrieben. Die neue Gewerbeordnung von 1859 beendete das Zunftwesen.

Diese liberalen Reformen machten den Weg für die so genannte „Gründerzeit" frei, die allein im Aufschwungzyklus von 1867 bis 1873 zur Konzessionierung von 1.005 neuen Aktiengesellschaften führte. Im Jahr 1873 kam es in Wien zum Börsenkrach, welcher sich ausweitete und schließlich eine europaweite Wirtschaftskrise einleitete, die sich sogar bis in die USA auswirkte. Die Weltwirtschaftskrise von 1873 unterbrach den wirtschaftlichen Optimismus dieser Epoche und legte schonungslos die sozialen Schwächen des damaligen Wirtschaftssystems offen. Es hatte sich bereits vorher der Industrialisierungsprozess unter problematischen sozialen Verhältnissen ereignet. Die Gegensätze zwischen Arm und Reich wurden immer krasser, die Masseneinkommen der Arbeiter schwankten um das Existenzminimum und die Proletarisierung griff um sich.

Durch die Aufhebung der Grundherrschaft und die Zerschlagung des Zunftwesens war auch der rudimentäre soziale Schutz, den diese Institutionen vordem bieten konnten, verloren gegangen. „Fin de siecle" ist zwar das Synonym für Operettenseligkeit und dekadentes Genießen im Wohlstand. Doch die gesellschaftliche Realität war, dass sich das Gros der Bevölkerung in einer sozial völlig ungesicherten Situation befand.

Zusammenfassend kann festgehalten werden: Die so genannte „Soziale Frage" wurde immer dringlicher.

II. Lösungsversuche für die „Soziale Frage"

Die skizzierte soziale Situation provozierte im gesamten deutschen Sprachraum harsche Kritik am Wirtschaftsliberalismus und an den von den englischen Klassikern dominierten volkswirtschaftlichen Doktrinen. Sozialistische Strömungen, welche den Kapitalismus und die Marktwirtschaft rundweg ablehnten, erhielten regen Zulauf. Es bildeten sich aber auch staatssozialistische Strömungen, die – wie z.B. Ferdinand Lassalle – weit weniger radikal waren, und zunächst das Kurienwahlrecht durch ein demokratisches Wahlrecht ersetzt wissen wollten, weil auf Grund der demographischen Gegebenheiten, dann ohnedies über den demokratischen Weg der gesetzgebenden Körperschaften allmählich ein Sozialstaat verwirklicht werden könnte. Von größter realer Bedeutung waren auch die Aktivitäten der „jüngeren Historischen Schule" (z.B. Gustav von Schmoller), in deren Umfeld im Jahr 1872 der „Verein für Socialpolitik" begründet worden war. Während die Klassiker, die man als eher sozial neutral einstufen konnte, die vorhandenen Rechtsnormen unkritisch als gegeben hingenommen hatten, engagierten sich die Vertreter der Historischen Schule vehement für die sozial Benachteiligten und forderten rechtliche Reformen. Damit hatten sie auch Erfolg: Unter ihrem Einfluss entstand im Deutschen Reich das von Kanzler Otto Fürst von Bismarck initiierte Sozialversicherungswerk, welches in der Folge große Induktionswirkungen auf das übrige Europa, so auch auf Österreich hatte, wo diese sozialen Innovationen mit einer Verzögerung von einigen Jahren umgesetzt wurden.

Für einzelne universitäre Exponenten des „Vereins für Socialpolitik" wurde die meist hämisch gemeinte Bezeichnung „Kathedersozialist" angewandt. Sie ist auch vereinzelt auf Anton Menger gemünzt worden, obwohl er sich selbst von den damals gängigen Strömungen abzugrenzen suchte und beharrlich seine völlig eigenständigen Spuren zog. Diese völlige Ablehnung der damaligen „mainstreams", seine kämpferische Haltung gegen Karl Marx, dem er unter anderem Plagiatismus vorwarf[1], lassen ihn als einen überaus unbequemen Zeitgenossen erscheinen, der nicht nur die Marxisten vor den Kopf stieß, sondern sich durch seine antiklerikale Haltung auch führende und Sozialreformen nicht abgeneigte Köpfe des nicht sozialistischen Lagers (so etwa Karl Freiherr von Vogelsang[2]) zu seinen Gegnern machte. Dies dürfte mit ein Grund dafür sein, dass es Anton Menger schwer hatte, sich mit seinen Auffassungen durchzusetzen und dass er heute zu den eher unbekannten Autoren zählt.

So steht er auch heute noch stets im Schatten seines bekannteren Bruders Karl, welcher als Begründer der Wiener Grenznutzenschule große Meriten hat und dessen marginalanalytisches Instrumentarium heute noch Beachtung findet. In sozialen und politischen Fragen war Anton Menger mit seinen Brüdern, dem erwähnten berühmten Nationalökonomen Karl Menger und dem Rechtsanwalt und Abgeordneten der deutschliberalen Partei, Max Menger, durchaus unterschiedlicher Meinung.

III. Zur Biographie Anton Mengers

A. Allgemeines

Anton Menger kam am 12. September 1841 als Sohn des Anton Menger von Wolfensgrün im äußersten Osten der zisleithanischen Reichshälfte, im galizischen Maniow zur Welt. Er promovierte 1865 an der Wiener Universität zum Doktor der Rechtswissenschaften, ab 1869 war er als Rechtsanwalt tätig. Als sich an der Wiener Universität die plötzliche Chance auf einen Lehrstuhl für Zivilprozessrecht ergab, nutzte er diese, indem er sich in relativ kurzer Zeit im Zivilprozessrecht zu habilitieren verstand. Im Jahr 1874 wurde er zum außerordentlichen und 1877 zum ordentlichen Professor für Zivilprozessrecht ernannt. Nach der Erlangung des begehrten Ordinariates verlagerten sich seine wissenschaftlichen Interessen immer deutlicher weg vom Zivilprozessrecht, in eine andere, grundlegende Richtung, die man mit dem Prädikat „Juristensozialismus“ bedacht hat.

Trotz seiner sehr weit politisch „links“ einstufbaren politischen Grundhaltung wurde er mit vielen akademischen Funktionen bedacht und war 1885/96 Rektor der Wiener Universität. Im Jahr 1897 wurde ihm sogar der Titel eines k.k. Hofrates verliehen. 1899 ging er aus gesundheitlichen Gründen in den vorzeitigen

1 *A. Menger*, Das Recht auf den vollen Arbeitsertrag (=Recht), 1. Aufl, 1886, Vorrede.

2 Vgl Frh v *Vogelsang*, Rezension von Anton Mengers „Das Recht auf den vollen Arbeitsertrag“, in: Österreichische Monatsschrift für christliche Sozialreform VIII, 11. Heft, 1886, 583-609.

Ruhestand, am 2. Februar 1906 ging sein Lebensweg zu Ende[3]. Es ist interessant, dass ihm trotz seiner politischen Tendenzen in Österreich kaum Schwierigkeiten erwuchsen, sondern sogar viele Ehren zuteil wurden, während er beispielsweise in Berlin wegen seiner auffallenden Bücherkäufe von sozialistischer Literatur unter polizeilicher Beobachtung stand[4].

B. Anton Mengers „Juristensozialismus"

Anton Menger kritisierte vehement die bürgerliche Jurisprudenz seiner Zeit. In den einleitenden Bemerkungen zu seiner Neuen Staatslehre legte er seine Ansichten über den Zusammenhang von Macht und Recht dar. Er meint, dass alle bisherigen Rechtsordnungen aus Machtverhältnissen entstanden sind und immer den Zweck verfolgten, den Nutzen der wenigen Mächtigen auf Kosten der breiten Volksmassen zu fördern[5].

Diese Gedanken tauchen nicht nur bei Mengers Zeitgenossen Ludwig Gumplowicz und Gustav Ratzenhofer, sondern auch bereits bei Thomas Morus auf, der in den Gesetzen Kunstgriffe der Reichen im Namen des Staates sah, welche darauf abzielten den Eigennutz dieser Klasse entgegen einer gerechten Gesellschaftsordnung zu erhalten[6].

Deshalb beschränkte sich für Anton Menger die Aufgabe des Juristen keineswegs auf die Interpretation vorhandener Normen, sondern an ihm liege es vielmehr, auch den Zusammenhang zwischen Macht und Recht kritisch zu prüfen, „um daraus die Schlüsse für die Rechtsgestaltung der Zukunft zu ziehen[7]".

Bereits in seinem Gutachten über die Vorschläge zur Errichtung einer eidgenössischen Hochschule für Rechts- und Staatswissenschaft, welches er auf Wunsch der Schweizer Bundesregierung im Jahre 1889 verfasste, wies Menger darauf hin, dass sich die derzeitige juristische Ausbildung im Wesentlichen dar-

---

3 Vgl dazu im Detail G. *Schöpfer*, Anton Mengers Staatslehre, Verband der wissenschaftlichen Gesellschaften Österreichs, Dissertationen der Universität Graz, Bd 19, 1973; *K. H. Kästner*, Anton Menger (1841–1906), Leben und Werk, Tübingen 1974; *G. Schöpfer*, Der österreichische Sozialpionier Anton Menger und sein Werk, in: Österreich in Geschichte und Literatur, Jg 19, Heft 6, 1975; *H. Hörner*, Anton Menger, Recht und Sozialismus, 1977.

4 *M. Wolensky*, Anton Menger und seine Bibliothek, Schriftenreihe der Sozialwissenschaftlichen Studienbibliothek, 1991, 29.

5 *A. Menger*, Neue Staatslehre (=Staatslehre), 1903, 3.

6 *T. Morus*, Utopia, in: *Meinecke – Oncken* (Hrsg), Klassiker der Politik I, 1922, 111.

7 *A. Menger*, Über die socialen Aufgaben der Rechtswissenschaft (=Aufgaben), 2. Aufl, 1905, 46.

auf beschränke, sich mit der Vergangenheit und Gegenwart des Rechtes zu beschäftigen:

„Eine vollständige Beherrschung des Rechtsstoffes wird aber der Studierende nur dann erlangen, wenn ihm in den akademischen Vorträgen nicht bloß die Geschichte und die Dogmatik des Rechts, sondern auch sein Zusammenhang mit den zu jeder Zeit herrschenden Kultur- und Machtverhältnissen erschlossen wird[8]".

In diesem Zusammenhang greift er die historische Rechtsschule mit dem Vorwurf an, in „einem Autoritätsglauben, der unverkennbar an die wissenschaftlichen Methoden des Mittelalters erinnert[9]", dieser Aufgabe nicht gerecht geworden zu sein[10].

Schon in seinem Werk „Das Recht auf den vollen Arbeitsertrag" veröffentlichte Anton Menger seine Meinung, dass sich die sozialistischen Bestrebungen nicht nur in einem Angriff auf die herrschende ökonomische Struktur, sondern auch auf deren rechtlichen Überbau richten sollten.

In seiner viel beachteten Inaugurationsrede als Rektor der Wiener Universität konnte Menger darauf verweisen, dass das eben genannte und im Jahre 1886 erstmals veröffentlichte Werk nach einer Entwicklungsperiode der deutschen Rechtswissenschaft, in welcher der soziale Gedanke fast vollständig vernachlässigt wurde, eine erstmalige „Anwendung der socialen Ideen auf die Jurisprudenz der Culturvölker" darstelle[11].

Zweifellos ist diese Formulierung nicht frei von einer gewissen Übertreibung. Auch Benvenuto Donati übersieht in seinem Werk „Il socialismo giuridico e la riforma del diritto", worin er Anton Menger als den eigentlichen Schöpfer des „Juristensozialismus" feiert und Mengers Formulierung wieder gibt, wonach die von ihm angeregte juristische Ausarbeitung des Sozialismus die wichtigste Aufgabe der zeitgenössischen Rechtsphilosophie sei, dass es ja neben Menger noch eine Reihe weiterer bedeutender Rechtswissenschafter gab, welche etwa zur gleichen Zeit auf die soziale Bindung des Rechtes hinwiesen.

Neben Anton Menger sind an besonderer Stelle außer Rudolf von Jhering vor allem Otto von Gierke zu erwähnen; bereits im Jahr 1873 wies er im zweiten Band seines Werkes „Das Deutsche Genossenschaftsrecht", auf die Differenz zwischen deutscher und römischer Rechtsidee hin und unterstrich, dass sich das

8 *A. Menger*, Gutachten über die Vorschläge zur Errichtung einer eidgenössischen Hochschule für Rechts- und Staatswissenschaft (=Gutachten), 1889, 9.

9 *Menger*, wie Fn 7, 40.

10 *Menger*, wie Fn 8, 9.

11 *Menger*, wie Fn 7, 30.

„deutsche Recht auf dem Gedanken der Gegenseitigkeit als ein System von Rechten und Pflichten" aufbaue – die deutsche Rechtsidee „musste ... in einer Form in das Volksbewusstsein treten, welche der Beschränkung der Befugnis durch das Recht der Gemeinschaft und der Genossen Ausdruck gab[12]".

Als am 31. Jänner 1888 der erste BGB-Entwurf samt Motiven veröffentlicht wurde, wurde dessen unsoziale Haltung von zahlreichen Wissenschaftern heftig kritisiert – wiederum ist neben Anton Menger auch Otto von Gierke zu nennen, dessen geistige Position (er kommt aus dem evangelisch-sozialen Lager um Naumann) und Beweggründe zur Kritik sich von Menger in grundsätzlicher Weise unterscheiden. Während Menger nach einer eingehenden Analyse der in der Realität vorgefundenen Kluft zwischen den besitzlosen und besitzenden Volksklassen rechtspolitische Forderungen erhob, fand Gierke durch seine genossenschaftlichen Untersuchungen das Verständnis des Rechts als Sozialfunktion[13].

Otto von Gierke ist der Ansicht, dass das germanische Privatrecht „durch und durch sozial"[14] war und schlug vor: „An den germanischen Rechtsgeist also wenden wir uns, wenn wir vor einer Neuordnung unseres Privatrechtes stehen, und von ihm empfangen wir die Mahnung, der sozialen Aufgabe eingedenk zu sein, die das Privatrecht in der heutigen Gesellschaft zu lösen hat[15]".

So kann der wesentliche Unterschied in der Kritik von Menger und jener von Gierke darin gesucht werden, dass Gierke durch einen rechtsimmanenten Prozess zum sozialen Recht findet, während Menger rechtsexterne sozialistische Gedanken ins Recht umzusetzen vermeinte[16]. Wenngleich Gierke und Menger aus verschiedenen Richtungen kamen und in ihrer Kritik sehr entgegengesetzte Wege gingen, war ihr Ziel annähernd das gleiche: Die Sozialbezogenheit der Rechtsnormen. In seiner Kritik des Entwurfes des BGB wurde Anton Menger im Vorwort zur 1. Auflage recht deutlich:

„Die Wissenschaft des bürgerlichen Rechts hat diesem Jahrhundert im Rahmen der überlieferten Methoden große Fortschritte gemacht. Unsere Juristen haben nicht nur das

---

12 *O. v. Gierke*, Das Deutsche Genossenschaftsrecht II, Geschichte des deutschen Körperschaftsbegriffs, 1873, Neudruck der Akademischen Druck- und Verlagsanstalt Graz 1954, 130f.

13 Vgl *F. Jobs*, Otto von Gierke und das moderne Arbeitsrecht, Dissertation, 1968, 15.

14 *O. v. Gierke*, Die soziale Aufgabe des Privatrechts (=Aufgabe), in: Deutsches Rechtsdenken, Heft 12, 1948, 6.

15 *Menger*, Aufgaben, wie Fn 7, 12.

16 Vgl *F. Wieacker*, Privatrechtsgeschichte der Neuzeit, 1952, 269.
Er schreibt: „Die sozialistische Kritik (...) von Marx über Proudhon zu Menger greift von der Position des ökonomischen Materialismus aus mit echter ethischer Leidenschaft sowohl den idealistischen Formalismus wie den Individualismus des herrschenden Privatrechts an."

Privatrechtssystem bis in seine geringfügigsten Einzelheiten ausgebildet, sondern sie haben auch seine geschichtlichen Grundlagen in unübersehbarer Fülle gesammelt und bearbeitet. Aber wie befinden sich die Völker bei diesem so hoch entwickelten Privatrecht? Wie befinden sich namentlich die besitzlosen Volksklassen, welche überall die ungeheure Mehrheit bilden? Diese entscheidende Frage ist noch von keinem Juristen gestellt worden (...)[17]"

Menger begnügte sich nicht mit einer Kritik der bürgerlichen Jurisprudenz, er bot auch Lösungen an. In seiner Kritik am Entwurf des Bürgerlicher Gesetzbuches für das Deutsche Reich ging es ihm um die Einarbeitung des sozialen Gedankens innerhalb des vorgegebenen Rahmens, etwa ein Dutzend Jahre später bot Anton Menger in seiner „Neuen Staatslehre" bereits eine umfassendere Lösung an, nämlich eine gesamte Neuordnung des vorhandenen Rechtes und des Staates, welche zur Schaffung eines so genannten „volkstümlichen Arbeitsstaates" führen sollte.

Bereits im Jahr 1886 hatte Menger angedeutet, dass sein Werk, „Das Recht auf den vollen Arbeitsertrag" nur das Fragment aus einem größeren Werk sei[18], und 1899 publizierte Menger bereits einen kleinen Ausschnitt aus seiner in Ausarbeitung, befindlichen „Neuen Staatslehre" in der von Maximilian Harden herausgegebenen Zeitschrift „Zukunft"[19].

Menger wollte den volkstümlichen Arbeitsstaat im Wege der Evolution verwirklichen; dabei sollte dem Staat die führende Rolle zukommen. Wiederholt wies er darauf hin, dass der Übergang vom individualistischen Machtstaat zum volkstümlichen Arbeitsstaat unter Vermeidung von Härten und Grausamkeiten ohne unmittelbare Gewalt vor sich gehen sollte – sogar „auf die Gefahr hin, dass dadurch der vollständige Triumph der sozialistischen Ideen in weite Ferne gerückt wird"[20], beziehungsweise „um Jahrhunderte verzögert wird"[21].

Wenngleich Mengers „Neue Staatslehre" nicht den erhofften Widerhall fand, fielen seine Gedanken zum „Juristensozialismus" auf fruchtbaren Boden. Zu den jenen Autoren, die seine Gedanken aufgriffen, zählte auch Dr. Karl Renner, der nach seiner Karriere als Jurist schließlich einer der bedeutendsten österreichischen Politiker des 20. Jahrhunderts werden sollte.

---

17 *A. Menger*, Das Bürgerliche Recht und die besitzlosen Volksklassen. Eine Kritik des Entwurfes eines Bürgerlichen Gesetzbuches für das Deutsche Reich III, 2. Aufl, 1890.

18 *Menger*, Recht, 3. Aufl, wie Fn 1, 3.

19 *A. Menger*, Die soziale Bewegung in der Kulturwelt, in: Die Zukunft, Bd 26, 1899, 327-329.

20 *Menger*, wie Fn 5, 317f.

21 Ebda, 301.

IV. Zur Biographie Karl Renners

A. Allgemeines

Karl Renner wurde am 14. Dezember 1870 im mährischen Unter-Tannowitz als 18. Kind einer unbegüterten Weinbauernfamilie geboren. Nach der mit Auszeichnung abgelegten Matura, begann er nach der Ableistung des Militärdienstes mit dem Studium der Rechtswissenschaften an der Wiener Universität. Bereits als Student engagierte er sich für Fragen der Arbeiterbildung und er beschäftigte sich intensiv mit sozialen Problemen. Im Jahr 1895 begründete er den Verein der Naturfreunde, und er kam mit dem sozialdemokratischen Politiker Dr. Viktor Adler in engen Kontakt. Ab Dezember 1895 war er im Archiv beziehungsweise der Bibliothek des Reichsrates beschäftigt. 1898 schloß er das Studium mit dem Doktorat der Rechtswissenschaften ab. In der Folge wurde Karl Renner Abgeordneter im Reichsrat und im niederösterreichischen Landtag.

Nach dem Zusammenbruch der österreichisch- ungarischen Monarchie wurde er in der neu entstandenen Republik Österreich zum höchsten Staatsamt berufen. Karl Renner war der erste Staatskanzler der Ersten Republik, er war auch Leiter der Friedensdelegation, die in St. Germain die unerfreulichen Bedingungen des Friedensvertrages entgegenzunehmen hatte. Als im Jahr 1920 die Sozialdemokraten in Opposition gingen, trat Renner – im Gegensatz zu Otto Bauer – weiterhin für ein innenpolitisches Klima des Ausgleiches ein. Im Jahr 1931 wurde er zum Präsidenten des österreichischen Nationalrates gewählt. Sein spontaner Entschluss am 4. März 1933, den Vorsitz im Parlament zurückzulegen, um sich in die Abgeordnetenbänke zu begeben und damit angesichts der knappen Abstimmungsverhältnisse für seine Partei die Stimme zu sichern, bot nach dem Rücktritt der beiden anderen Parlamentspräsidenten für Bundeskanzler Engelbert Dollfuß die Chance, die These von der „Selbstausschaltung" des Parlamentes zu vertreten und einen autoritären Kurs einzuschlagen.

Nach dem Zusammenbruch des NS-Regimes und der Wiedererrichtung Österreichs bildete Karl Renner am 27. April 1945 in Wien die erste österreichische Bundesregierung, am 20. Dezember 1945 wurde er von der Bundesversammlung zum ersten Bundespräsidenten der Zweiten Republik gewählt. Karl Renner starb am 31. Dezember 1950[22].

---

22 Vgl dazu im Detail: *H. Fischer* (Hrsg), Karl Renner – Porträt einer Evolution, 1970; *W. Rauscher*, Karl Renner – Ein österreichischer Mythos, 1995; *S. Nasko – J. Reichl*, Karl Renner – Zwischen Anschluß und Europa, 2000.

B. Zu Renners Wirken als Jurist

Bereits ab dem Jahr 1897 begann Karl Renner Arbeiten zur Nationalitätenfrage zu veröffentlichen. Schließlich war dieser Problemkreis für den Weiterbestand der Monarchie von entscheidender Bedeutung. In der Folge griff Karl Renner die Anregungen Anton Mengers auf, der bereits 1895 von einer „socialen Rechtswissenschaft" gesprochen hatte, von der Aufgabe des Juristen, die

> „Congruenz zwischen Recht und Macht zu erhalten und den socialen Katastrophen (...) rechtzeitig vorzubeugen[23]. Diese Funktion sollten die Juristen mit voller Unabhängigkeit nach oben und unten ausüben (...)[24]"

In dem auf Mengers Inaugurationsrede folgenden Jahr prophezeite der Berliner Universitätsprofessor Josef Kohler:

> „Anton Mengers Rede über die socialen Aufgaben der Rechtswissenschaft wird ohne Zweifel Aufsehen erregen und viele Kreise der Wissenschaft aufrütteln[25]".

Josef Kohler sollte, wenn man von der Entwicklung des Rechtspositivismus absieht, Recht bekommen: Innerhalb weniger Jahre vollzog sich eine grundsätzliche Wandlung im Denken über die Aufgaben des Juristen. Während noch im Jahre 1884 etwa Bernhard Windscheid die Funktion des Juristen in einer Sichtung und Systematisierung des geltenden Rechtes erblickte, und gesetzespolitische Erwägungen „ethischen, politischen oder volkswirtschaftlichen Charakters nicht für eine Aufgabe des Juristen an sich" hielt[26], brachte Anton Menger die Diskussion um die legislativ-politische Aufgabe des Juristen ins Rollen.

Ende April des Jahres 1903 stellte Dr. Karl Renner, damals Bibliothekar der Bücherei des österreichischen Reichsrats, sein Werk „Die soziale Funktion der Rechtsinstitute" fertig, welches im Jahre 1904 in den von Max Adler und Rudolf Hilferding herausgegebenen Marx-Studien publiziert wurde. Der Autor verbarg sich hinter dem Pseudonym Dr. Josef Karner, welches er durch Weglassung eini-

---

23 *Menger*, wie Fn 7, 46.

24 Ebda.

25 *J. Kohler*, Die deutsche Rechtswissenschaft und das deutsche Bürgerliche Gesetzbuch, Mit Bezug auf Anton Mengers Rede über die sozialen Aufgaben der Rechtswissenschaft, in: Zeitschrift für das Privat- und Öffentliche Recht der Gegenwart XXIII, 1896, 217f.

26 Vgl *W. Schubert*, Die Entstehung der Vorschriften des BGB über Besitz und Eigentumsübertragung, ein Beitrag zur Entstehungsgeschichte des BGB, in: Münsterische Beiträge zur Rechts- und Staatswissenschaft, Heft 10, 1966, 183f.

ger Buchstaben aus seinem tatsächlichen Namen verfertigt hatte (KAR/L-REN/NER).

Renner versuchte in diesem Werk eine Auseinandersetzung mit dem „zwieschlächtigen Charakter der Rechtsinstitute": mit ihrer juristischen Natur und ihrer sozialen Funktion[27].

25 Jahre nach der ersten Auflage im Jahr 1929 legte Karl Renner nochmals diese Studie in einer erweiterten Auflage vor. Für Renner war das Recht nicht einfach der Überbau oder das sklavische Spiegelbild des materiellen Unterbaues, wie es die dogmatischen Marxisten sahen; noch war es völlig losgelöst von den ökonomischen und gesellschaftlichen Gegebenheiten zu sehen. Dass er sich für seine bedeutsame Studie das Privatrecht ausgesucht hatte, kam nicht von ungefähr, denn dieses war für ihn als Schutz kapitalistischer Eigentumsrechte das „bürgerliche" Recht im wahrsten Sinne des Wortes.

Im Kontrast zu Anton Menger, welcher in seinen kühnen Gedankenflügen als ein weltfremder Idealist eingestuft werden kann, war Karl Renner ein Jurist und Politiker, welcher seine sozialistischen Ideen mit einem realistischen Blick auf deren Umsetzbarkeit vertrat. Seine überaus verbindliche und ausgleichende Grundeinstellung brachte ihm auch das Prädikat „Hofratssozialist"[28] ein.

Karl Renner zählte zu jenen Politikern, die in der aufgewühlten Situation nach 1918, den Konsens suchten. So trat er auch für sozialpartnerschaftliche Gespräche ein, und propagierte die Verlagerung der klassenkämpferischen Auseinandersetzungen in „Verrechtlichung und Institutionalisierung", also weg von der Straße auf den Verhandlungstisch[29].

Allerdings scheute sich Karl Renner nicht, das Stichwort der so genannten „Klassenjustiz" zu verwenden. In einer Nationalratsrede nahm er zur Strafrechtsreform Stellung und führte dabei unter anderem aus:

> „Unter Klassenjustiz ist nicht der Urteilsspruch des einzelnen Richters, sondern sind die gesamten Rechtseinrichtungen, die zu diesem Urteilsspruch führen, die ganze Justiz zu verstehen. Es ist zum Beispiel auch Klassenjustiz, wenn in so und so vielen Fällen betrügerischer Krida, in so und so vielen Fällen der Vergeudung von Spargeldern überhaupt nicht geurteilt wird (...) Aber die Klassenjustiz kommt auch darin zum Ausdruck, daß die Richter ihrer Geburt nach, ihrer Erziehung nach, nicht voraussetzungslose Menschen sind, daß sie in irgendeinem bestimmten Milieu aufgewachsen sind, das für ein grundver-

27 *J. Karner*, Die soziale Funktion der Rechtsinstitute, 1. Aufl, in: Marx-Studien, Blätter zur Theorie und Politik des wissenschaftlichen Sozialismus I, 1904, 65-192.

28 *A. Brusatti*, Wirtschafts- und Sozialgeschichte des industriellen Zeitalters, 1967, 152.

29 *N. Leser*, Zwischen Reformismus und Bolschewismus, 1968, 35.

schiedenes, entgegengesetztes, ja ganz neuartiges Milieu, wie das des Proletariates, das Verständnis gar nicht haben kann[30]!"

V. Zur Kritik am herkömmlichen Juristenbild

Die kritische Haltung Mengers, die sichtlich auch Karl Menger beeinflusst hatte, sollte nicht ohne Auswirkungen bleiben.

So karikierte beispielsweise auch die so genannte „Freirechtsschule", namentlich Hermann Kantorowicz, die herkömmliche Idealvorstellung vom Juristen:

> „Ein höherer Staatsbeamter mit akademischer Ausbildung, sitzt er, bewaffnet bloss mit einer Denkmaschine, freilich einer von der feinsten Art, in seiner Zelle. Ihr einziges Mobilar ein grüner Tisch, auf dem das staatliche Gesetzbuch vor ihm liegt. Man reicht ihm einen beliebigen Fall, einen wirklichen oder nur erdachten, und entsprechend seiner Pflicht, ist er imstande, mit Hilfe rein logischer Operationen und einer nur ihm verständlichen Geheimtechnik, die vom Gesetzgeber vorherbestimmte Entscheidung im Gesetzbuch mit absoluter Exaktheit nachzuweisen[31]".

Hermann Kantorowicz, der seine Gedanken unter dem Pseudonym „Gnaeus Flavius" veröffentlicht hatte, war einer der entscheidenden Streiter in jener großen Auseinandersetzung, welche nicht ohne Auswirkungen auf die Abfassung des Art. 1 des ZGB bleiben konnte, da die insbesondere im Deutschen Reich und in Österreich mit Vehemenz geführte Diskussion zu einer Stellungsnahme anlässlich der Kodifikation veranlasste[32].

Es ist auch ein entscheidendes Verdienst von Anton Menger, durch seine Kritik an der bürgerlichen Jurisprudenz und an der historischen Rechtsschule den Weg für eine kritische Sichtung des Überlieferten und den Einzug von neuen Gedanken anstelle der überholten geöffnet zu haben.

Er war einer der Mitverursacher jener Situation in der deutschen Rechtswissenschaft, welche Richard Engländer in seinem Artikel, „Die Renaissance des Naturrechtes" ein wenig polemisch wie folgt beschrieb: „Es geschehen Zeichen und Wunder: der arrogantesten aller Wissenschaften, der Jurisprudenz, fängt an, an ihrer Gottesähnlichkeit bange zu werden[33]".

---

30 *K. Renner*, Nationalratsrede vom 21. September 1927, Abgedruckt in: *H. Fischer* (Hrsg), Karl Renner – Porträt einer Evolution, 1970, 259.

31 *G. Flavius*, Der Kampf um die Rechtswissenschaft, 1906, 7.

32 *P. Tuor*, Das Schweizerische Zivilgesetzbuch, eine systematische Darstellung mit Berücksichtigung der Rechtssprechung des Schweizerischen Bundesgerichts, 1953, 27.

33 *R. Engländer*, Die Renaissance des Naturrechtes (=Renaissance), in: Der Kampf-Sozialdemokratischen Monatsschrift 1 (Oktober 1907 bis September 1908), 1908, 547.

VI. Zusammenfassung

Die Tatsache, dass Mengers Werke auf das Denken der Juristen und somit auf die weitere Rechtsentwicklung einen nachhaltigen Einfluss ausüben, ist unverkennbar.

Ihm war die Gesellschaftsbezogenheit des Rechtes stets vor Augen und von einer Sozialisierung des Rechtes erhoffte er sich den Einzug des Sozialismus in die Gesellschaftsstruktur. Noch 1908 konnte Richard Engländer in der sozialistischen Monatsschrift „Der Kampf" auf den „Irrtum" Mengers hinweisen,

> „dass durch die Mittel der Jurisprudenz allein, durch das Gesetz und Gericht die Gesellschaftsordnung geändert werden könnte[34]", denn: „Durch Richtersprüche lässt sich der Kapitalismus nicht aus den Angeln heben[35]".

Dieser Spott kam zu früh. Mengers „Juristensozialismus" hat mehr Einfluss auf die Sozialisierung der Gesellschaftsstruktur gehabt, als manch anderer zur gleichen Zeit ventilierter revolutionärer Sozialgedanke.

Wenn man sich zwar der Meinung Kohlers[36] und Wesenbergs[37] anschließen muss, dass der Anspruch Mengers in seiner berühmten Rektoratsrede, dass „die Rechtswissenschaft der Culturvölker geradezu auf ein verlorenes Jahrhundert zurückblickt[38]", übertrieben war, so dürfte gerade diese Übertreibung die Auseinandersetzung mit dem Wahrheitsgehalt dieses Ausspruches provoziert haben. Eine vorsichtigere Formulierung hätte die Gemüter sicher weniger bewegt und wäre, ohne ihren Zweck erreicht zu haben, bald vergessen worden. Gerade für einen so wichtigen Anlass, wie eine Rektorratsrede, dürfte Menger seine Worte genau gewählt und in einer dosierten Demagogie das geeignete Mittel erblickt haben, aufzurütteln. Unbeirrt von der Kritik vieler Zeitgenossen setzte er das ganze Gewicht seiner Persönlichkeit dafür ein, die Lösung der sozialen Frage auf juristischer Ebene anzustreben. Durch seine Schriften trug er zur theoretischen Grundlage der Sozialreformen bei[39].

---

34 *Engländer*, wie Fn 33, 552.
35 Ebda.
36 *J. Kohler*, Die deutsche Rechtswissenschaft und das deutsche bürgerliche Gesetzbuch. Mit Bezug auf Anton Mengers Rectoratsrede über die socialen Aufgaben der Rechtswissenschaft, in: Zeitschrift für das Privat- und Öffentliche Recht der Gegenwart XXIII, 1896, 221.
37 *G. Wesenberg*, Neuere deutsche Privatrechtsgeschichte, 2. Aufl, 1969, 165.
38 *Menger*, wie Fn 7, 41.
39 Vgl *H. Benedikt*, Die wirtschaftliche Entwicklung in der Franz-Joseph-Zeit, in: Wiener Historische Studien IV, 1958, 132.

Doch nicht nur das Recht hat sich in sozialer Hinsicht gewandelt, sondern auch die Gesellschaft, für die es gesetzt wurde. Von ungetrübter Aktualität ist jene Formulierung, welche das Mitglied des Deutschen Reichstages, Edmund Fischer, im Jahr 1918 prägte:

„Eine Grenze, wo die bürgerliche Gesellschaft aufhört und die sozialistische Gesellschaft beginnt, gibt es nicht. Wir leben in der sogenannten bürgerlichen Gesellschaft, in der sich sozialistische Einrichtungen entwickeln[40]".

Seitdem diese Zeilen geschrieben worden sind, ist indessen mehr als ein dreiviertel Jahrhundert vorübergegangen; zwar verwenden wir heute noch dieselben Begriffe, aber es haben sich ihre Inhalte gewandelt. „Bürgerlich" und „sozialistisch" erscheint nicht mehr als derart schroffe Antithese, wie damals. Wenngleich die Reste der Ideologen der so genannten bürgerlichen und sozialistischen Parteien durch eine tiefe Kluft getrennt sind, sind deren konkrete Forderungsprogramme nähergerückt.

Die Schwächen der Staatslehre des Anton Menger sind offenkundig: Der Einzelne ist im volkstümlichen Arbeitsstaat, welcher nach heutigen Begriffen extrem undemokratisch aufgebaut ist, den Behörden vollkommen ausgeliefert. Aber auch die Organisation des Wirtschaftsprozesses könnte heutigen Begriffen nicht standhalten, und durch manche Formulierung erweist sich Menger mitunter als ein weltfremder Theoretiker.

Gewiss hat der Nonkonformist Menger in manch wesentlichem Punkt geirrt – aber vielen Anfeindungen zum Trotz hat er der sozialeren Gestaltung unseres Rechtes unabwägbare Dienste erwiesen.

---

40 *E. Fischer*, Das sozialistische Werden, 1918, 552.

Abkürzungs- und Siglenverzeichnis

ABGB	Allgemeines Bürgerliches Gesetzbuch
Abs	Absatz
ADV	automatisierte Datenverarbeitung
AGO	Allgemeine Gerichtsordnung
AnwZ	Anwaltszeitschrift
AöR	Archiv des öffentlichen Rechts
BGB	Bürgerliches Gesetzbuch
B-VG	Bundesverfassungsgesetz
ders	derselbe
DJT	Deutscher Juristentag
DÖV	Die öffentliche Verwaltung
dZPO	deutsche Zivilprozessordnung
EGMR	Europäischer Gerichtshof für Menschenrechte
EMRK	Europäische Menschenrechtskonvention
EuGH	Europäischer Gerichtshof
EuGRZ	Europäische Grundrechte (Zeitschrift)
Fasz	Faszikel
Fn	Fußnote
Frh	Freiherr
FS	Festschrift
GG	Grundgesetz für die Bundesrepublik Deutschland
GrünhutsZ	Grünhuts Zeitschrift für das Privat- und öffentliche Recht der Gegenwart
GS	Gedenkschrift
hL	herrschende Lehre
Hrsg	Herausgeber
idF	in der Fassung

idR	in der Regel
ieS	im engeren Sinn
insb	insbesondere
iVm	in Verbindung mit
iS	im Sinn
JBl	Juristische Blätter
JRP	Journal für Rechtspolitik
JV	Japanische Verfassung
JW	Juristische Wochenschrift
JZ	Juristenzeitung
Lit	Literatur
LJZ	Liechtensteinische Juristenzeitung
ND	Neudruck, Nachdruck
ÖBA	Österreichisches Bankarchiv
ÖJZ	Österreichische Juristenzeitschrift
ÖVA	Österreichisches Verwaltungsarchiv
öZPO	österreichische Zivilprozessordnung
Rz	Randzahl
StGG	Staatsgrundgesetz
ua	und andere
va	vor allem
VfGG	Verfassungsgerichtshofgesetz
VfGH	Verfassungsgerichtshof
vgl	vergleiche
VVDStRL	Veröffentlichungen der Vereinigung der Deutschen Staatsrechtslehrer
ZfRSoz	Zeitschrift für Rechtssoziologie
ZfRV	Zeitschrift für Rechtsvergleichung
Ziff	Ziffer
ZNR	Zeitschrift für Neuere Rechtsgeschichte
ZÖR	Zeitschrift für öffentliches Recht

ZPO	Zivilprozessordnung
ZVR	Zeitschrift für vergleichende Rechtswissenschaft
ZZP	Zeitschrift für Zivilprozeßrecht
ZZPInt	Zeitschrift für internationales Zivilprozeßrecht

Autorenverzeichnis

Prof. Dr. Hidetake Akamatsu
School of Law, Okayama University

Prof. Dr. Makoto Ohishi
Faculty of Law, Kyoto University

o. Univ.-Prof. Dr. Theo Öhlinger
Institut für Staats- und Verwaltungsrecht, Universität Wien

Associate Prof. Dr. Arinobu Ohnaka
Faculty of Law, Hosei University

o. Univ.-Prof. Dr. h.c. Dr. Walter H. Rechberger
Institut für zivilgerichtliches Verfahren, Universität Wien

Em. o. Prof. Manfred Rehbinder
Institut für Urheber- und Medienrecht, Universität Zürich

o. Univ.-Prof. DDr. Gerald Schöpfer
Institut für Wirtschafts-, Sozial- und Unternehmensgeschichte, Universität Graz

Associate Prof. Dr. Atsushi Takada
Faculty of Integrated Human Studies, Kyoto University

Associate Prof. Dr. Kazuhiro Takii
School of Business Administration, University of Hyogo

Dr. Rieko Ueda
Faculty of Education, University of Kumamoto

o. Univ.-Prof. Dr. iur. Dr. h.c. Manfried Welan
Institut für Nachhaltige Wirtschaftsentwicklung, Universität für Bodenkultur Wien

RECHTS- UND SOZIALWISSENSCHAFTLICHE REIHE

Herausgegeben von Wilhelm Brauneder

Band 1 Wilhelm Brauneder (Hrsg.): Grundlagen transatlantischer Rechtsbeziehungen im 18. und 19. Jahrhundert. 1992.

Band 2 Wilhelm Brauneder/Kaname Nishiyama (Hrsg.): Lorenz v. Steins "Bemerkungen über Verfassung und Verwaltung" von 1889. Österreichisch-japanische Rechtsbeziehungen I. 1992.

Band 3 Edmund Günther Primosch: Bilaterale völkerrechtliche Verträge zwischen Österreich und der Bundesrepublik Deutschland im Lichte statusrechtlicher Normen. 1992.

Band 4 Christian Sima: Österreichs Bundesverfassung und die Weimarer Reichsverfassung. Der Einfluß der Weimarer Reichsverfassung auf die österreichische Verfassung 1920 bis 1929. 1993.

Band 5 Erich Reiter: Österreichische Sicherheits- und Verteidigungspolitik. Aufsätze und Essays. 1993.

Band 6 Marlies Raffler: Bürgerliche Lesekultur im Vormärz. Der Leseverein am Joanneum in Graz (1819-1871). 1993.

Band 7 Gerte Reichelt (Hrsg.): Europäisches Kollisionsrecht. Die Konventionen von Brüssel, Lugano und Rom. Ausländische Erfahrungen und österreichische Perspektiven. 1993.

Band 8 Stefan Bremicker: Schleswig-Holstein als Kondominium. Die österreichische Verwaltung in den Elbherzogtümern. 1994.

Band 9 Lothar Höbelt (Hrsg.): Österreichs Weg zur konstitutionellen Monarchie. Aus der Sicht des Staatsministers Anton v. Schmerling. 1994.

Band 10 Wilhelm Brauneder (Hrsg.): Internationalität der Finanzkontrolle. 1995.

Band 11 Erwin A. Schmidl (Hrsg.): Freund oder Feind? Kombattanten, Nichtkombattanten und Zivilisten in Krieg und Bürgerkrieg seit dem 18. Jahrhundert. 1995.

Band 12 Wilhelm Brauneder (Hrsg.): Österreichisch-deutsche Rechtsbeziehungen I. Rechtsangleichung 1850-1938. 1996.

Band 13 Sven Bielefeldt: Österreichisch-deutsche Rechtsbeziehungen II. Rechtsvereinheitlichung im Privatrecht 1938-1945. 1996.

Band 14 Gerhard Oberkofler/Peter Goller: Geschichte der Universität Innsbruck (1669-1945). 1996. 2., unveränderte Auflage 1996.

Band 15 Heinrich Schneider: Europäische Sicherheitsarchitektur. Konzeptionen und Realitäten. 1996.

Band 16 Gunther Hauser: Der Parlamentarismus während der ÖVP-Alleinregierung 1966-1970. 1996.

Band 17 Erich Reiter (Hrsg.): Europas Sicherheitspolitik im globalen Rahmen. 1997.

Band 18 Peter Goller: Naturrecht, Rechtsphilosophie oder Rechtstheorie? Zur Geschichte der Rechtsphilosophie an Österreichs Universitäten (1848-1945). 1997.

Band 19 Gerhard Schulz: Entwicklung und Perspektiven des österreichischen Devisenrechts. Ein System im Umbruch. 1997.

Band 20 Kazuhiro Takii (Hrsg.): Lorenz von Steins Arbeiten für Japan. Österreichisch-japanische Rechtsbeziehungen II. 1998.

Band 21 Wilhelm Brauneder/Elisabeth Berger (Hrsg.): Repräsentation in Föderalismus und Korporativismus. 1998.

Band 22 Elisabeth Berger (Hrsg.): Eine Zivilrechtsordnung für Liechtenstein. Die Entwürfe des Landvogts Joseph Schuppler. 1999.

Band 23 Susanne Lichtmannegger: Die Rechts- und Staatswissenschaftliche Fakultät der Universität Innsbruck 1945-1955. Zur Geschichte der Rechtswissenschaft in Österreich im 20. Jahrhundert. 1999.

Band 24 Wilhelm Brauneder/Norbert Leser (Hrsg.): Staatsgründungen 1918. 1999.

Band 25 Clausdieter Schott (Hrsg.): Das Freiburger ABGB-Gutachten. Gutachten der vorderösterreichischen Juristenfakultät Freiburg im Breisgau zum "Entwurf eines allgemein bürgerlichen Gesetzbuches" (1797). 2000.

Band 26 Bernhard Schöniger-Hekele: Die österreichische Zivilprozeßreform 1895. Wirkung im Inland bis zum Ausbruch des Ersten Weltkrieges 1914. Ausstrahlung ins Ausland. 2000.

Band 27 Sascha Ferz: Ewige Universitätsreform. Das Organisationsrecht der österreichischen Universitäten von den theresianischen Reformen bis zum UOG 1993. 2000.

Band 28 Michael Axmann: Genese europäischer Rechtsetzungsverfahren. 2001.

Band 29 Elisabeth Berger: Erwerb und Änderung des Familiennamens. 2001.

Band 30 Peter Goller/Gerhard Oberkofler (Hrsg.): Österreichische Grundrechtsreform. Die Protokolle des Expertenkollegiums für Probleme der Grund- und Freiheitsrechte (1962-1965). Unter Mitarbeit von Hans R. Klecatsky. 2003.

Band 31 Antonio Martino: Spanien zwischen Regionalismus und Föderalismus. Entstehung und Entwicklung des Staates der Autonomien (*Estado de las Autonomías*) als historischer Prozeß. 2004.

Band 32 Lothar Classen: Der völkerrechtliche Status von Bosnien-Herzegowina nach dem Berliner Vertrag vom 13.7.1878. 2004.

Band 33 Wilhelm Brauneder/Kazuhiro Takii (Hrsg.): Die österreichischen Einflüsse auf die Mordernisierung des japanischen Rechts. Österreichisch - Japanische Rechtsbeziehungen III. 2007.

www.peterlang.de

FSC
www.fsc.org
MIX
Papier | Fördert
gute Waldnutzung
FSC® C083411

Kolibri 360 GmbH
Ferdinand-Jühlke-Straße 7
99095 Erfurt, Deutschland
produktsicherheit@kolibri360.de

Druck:
CPI Druckdienstleistungen GmbH
im Auftrag der
Kolibri 360 GmbH
Ferdinand-Jühlke-Str. 7
99095 Erfurt